Didier BOUQUET

Registre
aux
bourgeois d'Arras

Médiathèque d'Arras

BB55

(1775-1791)

Avant-propos

Les archives communales situées à la Médiathèque d'Arras conservent de très anciens documents pour aider à la reconstitution des familles arrageoises.

Il existe par exemple la série des registres aux bourgeois d'Arras couvrant la période 1464-1790 (BB48 à BB55).

<u>Registres aux bourgeois (extrait de l'inventaire des archives communales)</u>

BB47 : 170 folios parchemin – toussaint 1422 au 31/10/1464 : **<u>article détruit</u>**
BB48 : 304 folios parchemin – 6/11/1464 au 30/10/1524 (interruption 22/7/1479 au 13/11/1482)
BB49 : 247 folios parchemin – 4/11/1524 au 30/10/1568.
BB50 : 364 folios parchemin – 3/12/1568 au 30/10/1651.
BB51 : 240 folios parchemin – 13/11/1651 au 20/10/1693.
BB52 : 155 folios parchemin – 30/10/1693 au 30/10/1711
BB53 : 276 folios parchemin – toussaint 1711 au 28/2/1731.
BB54 : 351 folios parchemin – 1/3/1731 au 28/12/1774.
BB55 : 176 folios parchemin – 13/1/1775 au 12/4/1791 (dernière récréantise le 13/11/1790).

De nombreux historiens ou généalogistes s'en sont servis, on trouve ça et là des annotations provenant de ces registres.

Qu'est-ce qu'un bourgeois d'Arras ?

Je reprendrai ici la définition donnée de façon admirable par Philippe SUEUR (le Conseil Provincial d'Artois 1640-1790 page 314 – édition 1978) : « le titre de **bourgeois d'Arras** était recherché dans toutes les classes de la société demeurant à Arras. Loin d'être incompatible avec la noblesse, il était sollicité et conservé par tous ceux qui possédaient ou voulaient posséder du bien dans la ville. C'était en effet l'unique moyen d'obtenir l'exemption du quart forain, droit de mutation dû à la commune (à raison de 25% sur les biens immeubles et 50% sur les meubles) par ceux qui n'étaient pas bourgeois naturellement ou civilement, ou mariés à des étrangers ou par ceux qui, fils de bourgeois, omettaient de récréanter la bourgeoisie du père. Ce serment était exigible avant de prendre un état civil ou de remplir une charge publique ».

Tout au long de ces registres on trouvera principalement les récréantements de bourgeois, c'est-à-dire un fils renouvelant son droit de bourgeoisie mais aussi des réceptions de nouveaux bourgeois avec financement ou gratuitement. La plupart du temps on mentionne la profession. Chaque année a lieu l'élection des 12 échevins de la ville d'Arras.

Vous aurez parfois la chance de découvrir plusieurs générations de bourgeois pour une même famille. C'est un des atouts principaux de ce type de relevé : remonter les généalogies avec certitude en complément des autres sources que sont les registres paroissiaux ou les actes notariés.

J'ai retrouvé sur internet le serment des bourgeois d'Arras que l'on aurait pu lire dans le livre des serments si celui-ci n'avait pas disparu :

« vous fianchez la bourgeoisie à tenir an et jour et depuis là en avant aux us et coutumes de vos devanciers et promettez à aider et soustenir les us, les coustumes, les franquises et les privilèges de la bourgeoisie et obéirez au mayeur et aux échevins et les conseillerez et aiderez en bonne foy, si mestier est à vo sens et à vo pooir et ne ferez ny faire ferez assemblée ne alliance contraire à la ville ne aux échevins et se vous le savez vous le noncherez et le conseil de la Halle et des échevins celerez et apporterez par brevet tout vo vaillant par escrit aux échevins, justement et loyalement toutefois que approchiés, sommés et requis en serés et contribuerez avec eulx et les autres bourgeois à tous les frais et mises de ladite ville pour l'acquit d'icelle en quelque manière que se prend et assié et à ce vous submectes et obligez. Ainsi que vous l'avez fianché et promis vous le jurez se Dieu vous ait chil sainct et tout l'y autre ».

Et voici un extrait de l'ouvrage d'Adolphe GUESNON « inventaire chronologique des chartes de la ville d'Arras » dans lequel on trouve le serment (originel) des échevins « qu'ils font si tost qu'ils sont entrés et nommés, lequel se fait en la main du maieur, en l'église de la Magdaleine, en la présence des reliques Saint Vaast » :

Vous fianchiez que pour 1 an vous gouvernerés le loy et eschevinage d'Arras bien et loyalment et garderés les drois de Dieu et de sainte Eglise, les drois le roy de France, nostre sire, les drois no seigneur le conte d'Artois, sa vie, ses membres et son honneur terrienne, les drois Saint-Vaast, les drois du chastelain d'Arras et les drois le mayeur d'Arras et garderés entièrement et sur toutes choses tout ce qui est contenu en la chartre de la ville et les drois et les usages et coustumes d'icelle et ferés en bonne foy, droit et loy à tous. Ainsi que vous l'avés fianchié, vous le jurés, se dieux vous ait et chil saint et tou li autre.

Didier BOUQUET – Talence, mars 2021
didier.bouquet(a)orange.fr

Folio 1R :

[1] gratis : **Fidel Antoine Joseph POYART** fils de Luc Joseph et de Marie Catherine NAVE a été reçu bourgeois gratis à la recommandation de monsieur Landru échevin et a prêté le serment ce jourd'hui 13/1/1775..

[2] gratis : **Pierre Joseph COCQUEL** fils de Jean Charles et de Marie Marguerite GOTRANT a été reçu bourgeois gratis à la recommandation de monsieur Boniface argentier et a prêté serment ce jourd'hui 13/1/1775.

[3] gratis : **Constant Barnabé MASSY** fils de Jacques et de Marie HELLUIN a été reçu bourgeois de cette ville et cité gratis à la recommandation de monsieur Lallart Delebucquière échevin et a prêté serment ce jourd'hui 13/1/1775.

[4] gratis : **Jean Baptiste Marie Joseph WAIMEL** fils de Jean Baptiste et de Marie Pétronille LEBRUN a été reçu bourgeois de cette ville gratis à la recommandation de monsieur Grimbert secrétaire greffier et a prêté serment ce jourd'hui 13/1/1775.

Folio 1V :

[5] gratis : **Pierre Jean Nicolas GILLES** fils de Jean et de Marie Madeleine THORIGNY a été reçu bourgeois de cette ville et cité gratis à la recommandation de monsieur Théodoze Augustin Dupuich échevin et a prêté serment ce jourd'hui 13/1/1775.

[6] Saint Jean : **Charles Joseph Albert DUVERRET** fils de Charles tailleur a récréanté sa bourgeoisie et prêté le serment ordinaire ce jourd'hui 13/1/1775.

[7] 12 livres : **Guislain François Marie DESPRETZ** fils de Jean François et de Marie Isabelle GOUDART a été reçu bourgeois de cette ville et cité moyennant finance de douze livres qu'il a payé à l'argentier et a prêté serment le 13/1/1775.

[8] gratis : **Claude Joseph FESSART** fils de Jean et d'Anne Marguerite DESPRETZ a été reçu bourgeois de cette ville et cité gratis à la recommandation de monsieur Gorlier et a prêté serment le 13/1/1775.

[9] Sainte Croix : **Michel Etienne Joseph BAUDRELIQUE** fils de Louis Joseph a récréanté sa bourgeoisie et prêté le serment ordinaire ce jourd'hui 13/1/1775.

[10] Sainte Madeleine : **Louis Antoine Joseph DELATTRE** fils de Léonard François et de Marie Françoise DE NEUVILLE a récréanté sa bourgeoisie et prêté le serment ordinaire ce jourd'hui 17/1/1775.

Folio 2R :

[11] Sainte Croix : **Charles Joseph GRIGNY** fils de François Joseph et de Marie Anne LEGRIS a récréanté sa bourgeoisie et prêté le serment ordinaire ce jourd'hui 17/1/1775.

[12] **Augustin DELABBE** natif de Rebreuve fils d'Etienne et de Marie Anne DELALIAU reçu à la recommandation de l'argentier le 20/1/1775.

[13] gratis : **François Michel PERSONNE** natif de Monchy au Bois fils de Nicolas et de Marie Cécile HAON a été reçu bourgeois gratis à la recommandation de monsieur Liborel avocat échevin et a prêté le serment ordinaire ce jourd'hui 20/1/1775.

[14] gratis : **Jean DELORE** doreur sur métaux natif de Bas Limousin paroisse de Saint Privat fils de Jean et d'Elizabeth LASALLE a été reçu bourgeois gratis à la recommandation de monsieur Bayart procureur du roi sindic et a prêté serment ce jourd'hui 27/1/1775.

[15] gratis : **Théodoze LEGER** natif du village de Mondicourt fils de Nicolas Philippe et de Marie Barbe BUISSAN a été reçu bourgeois gratis à la recommandation de monsieur Despalungues échevin et a prêté le serment ce jourd'hui 27/1/1775.

[16] 12 livres : **André PETIT** garçon boulanger natif de Douai fils d'André et de Marie Joseph DELATTRE a été reçu bourgeois de cette ville et cité moyennant finance de douze livres qu'il a payé entre les mains du sieur Boniface trésorier receveur et a prêté le serment ordinaire ce jourd'hui 31/1/1775.

[17] 12 livres : **Antoine François Dominique COFFIN** natif de cette ville fils de Joseph Augustin et de Marie Catherine Thérèse LEFEBVRE a été reçu bourgeois de cette ville et cité moyennant finance de douze livres qu'il a payé es mains de monsieur Boniface trésorier receveur et a prêté le serment ordinaire ce jourd'hui 31/1/1775.

[18] **Charles Joseph Furcy DENYS** natif de cette ville fils de Pierre Philippe maître maçon et de feue Eléonore

Folio 2V :

Thérèse MARTIN a récréanté sa bourgeoisie et prêté le serment ordinaire en chambre de l'hôtel commun de la ville et cité d'Arras pardevant monsieur Lallart Delebucquière échevin commissaire de semaine ce jourd'hui 18/2/1775.

[19] Sainte Croix : **Adrien François DELECQ** natif de cette ville fils d'Ambroise et de Marie Françoise LEROEUX a récréanté sa bourgeoisie et prêté le serment ordinaire en chambre de l'hôtel commun de la ville et cité d'Arras pardevant monsieur Lallart Delebucquière échevin commissaire de semaine ce jourd'hui 18/2/1775.

[20] 18 livres : **Pierre François BRIOIS** fils d'Antoine Joseph et de Marie Anne MOREL natif du village de Wailly a été reçu à la bourgeoisie de cette ville et cité moyennant finance de dix-huit livres qu'il a payé au trésorier receveur de cette ville et cité et a prêté le serment ordinaire pardevant messieurs en nombre ce jourd'hui 21/2/1775.

[21] 12 livres : **Louis Guislain HANOT** natif d'Achicourt fils de Jean Baptiste et de Marie Guislaine DISTINGUIN a été reçu à la bourgeoisie de cette ville et cité moyennant finance de douze livres qu'il a payé au trésorier receveur de cette ville et cité et a prêté le serment ordinaire ce jourd'hui 21/2/1775.

Folio 3R :

[22] 18 livres : **Pierre Joseph DEVOS** natif d'Oblinghem châtellenie de Cassel fils de Pierre François et de Marie Isabelle DELEMARE a été reçu bourgeois de cette ville moyennant finance de dix-huit livres qu'il a payé es mains de l'argentier de cette ville et cité et a prêté le serment ordinaire en chambre de l'hôtel commun de la ville et cité d'Arras ce jourd'hui 28/2/1775.

[23] gratis : **Florent Joseph MARTIN** natif de Beugin fils de Fiacre et de Marie Françoise CALAUT a été reçu bourgeois de cette ville et cité gratis à la recommandation de monsieur Henry avocat et échevin et a prêté le serment ordinaire en chambre de l'hôtel commun de ladite ville et cité d'Arras pardevant messieurs en nombre ce jourd'hui 28/2/1775.

[24] **Louis Pierre PREVOST** natif de cette ville fils de Louis René et de Marie Marguerite DELEVAQUE a récréanté la bourgeoisie et a prêté le serment ordinaire en chambre de l'hôtel commun de la ville et cité d'Arras pardevant monsieur Lallart échevin ce jourd'hui 3/3/1775.

[25] **Amable Antoine Joseph MONIER** natif de cette ville fils d'Albert Joseph et Madeleine Joseph LENGLET a récréanté sa bourgeoisie et prêté le serment en chambre de l'hôtel commun de la ville et cité d'Arras pardevant monsieur Gorlier avocat échevin ce jourd'hui 9/3/1775.

[26] **Louis Modeste Tranquille LAVIGNE** natif de cette ville fils d'Adrien Gabriel bourgeois de cette ville et de Jeanne Thérèse DEGUISNE a récréanté sa bourgeoisie et prêté le serment en chambre de l'hôtel commun de la ville et cité d'Arras pardevant monsieur Gorlier avocat échevin commissaire de semaine ce jourd'hui 11/3/1775.

Folio 3V :

[27] **Charles Joseph Aubert MARTEL** natif de cette ville fils de Jean Adrien bourgeois de cette ville et de Marie Claire BIENFAIT a récréanté sa bourgeoisie et prêté le serment en chambre de l'hôtel commun de la ville et cité d'Arras pardevant monsieur Gorlier avocat échevin commissaire de semaine ce jourd'hui 11/3/1775.

[28] 12 livres : **Louis Joseph HURET** natif du village de Beaurains fils de Louis et de Marie Guislaine HE a été reçu bourgeois de cette ville et cité moyennant finance de douze livres qu'il a payé es mains de l'argentier et a prêté le serment ordinaire en chambre de l'hôtel commun de cette ville et cité pardevant messieurs en nombre ce jourd'hui 17/3/1775.

[29] **Louis Bonaventure SALMON** fils de Félix bourgeois de cette ville et de Marie Anne Joseph PENEL a récréanté sa bourgeoisie et prêté le serment ordinaire pardevant monsieur Despalungue échevin commissaire de semaine ce jourd'hui 21/3/1775.

[30] gratis : **François Isaac DE CHAUMONT** écuyer chevalier de l'ordre royal et militaire de Saint Louis a été reçu bourgeois de cette ville sans aucune finance attendu qu'il était nommé échevin de cette ville et cité de la part de monsieur l'évêque pourquoi après avoir prêté serment de bourgeois le 21/3/1775 il a prêté celui d'échevin pour remplacer monsieur Raulin de Belval nommé mayeur de cette dite ville et cité.

Folio 4R :

[31] 12 livres : **Pierre Joseph LECLERCQ** natif de Saint Aubin lez Arras fils de Pierre François et de Marguerite Joseph LUCAS a été reçu bourgeois de cette ville et cité moyennant finance de douze livres payé à l'argentier et a prêté le serment ordinaire en chambre de l'hôtel commun ce jourd'hui 28/3/1775.

[32] gratis : **Pierre Guislain HENIQUE** du village d'Agnez lez Duisans fils de Martin Jacques et de Marie Guislaine DHOUDAIN a été reçu bourgeois de cette ville et cité gratis à la recommandation de monsieur Raulin de Belval mayeur et a prêté le serment ordinaire pardevant messieurs en nombre en chambre de l'hôtel commun le 31/3/1775.

[33] gratis : **Louis Joseph Eloy HOULIER** natif de Tournai fils de Philippe François et de Marie Catherine DELO a été reçu bourgeois de cette ville et cité gratis à la recommandation de monsieur de Chaumont échevin et a prêté le serment ordinaire en chambre pardevant messieurs en nombre le 31/3/1775.

[34] gratis : **Pierre François LEQUETE** natif de Beaurains fils de Jean François et de Jeanne Marguerite ROGER a été reçu bourgeois de cette ville gratis à la recommandation de monsieur Henry Bruno Lallart échevin et a prêté le serment en chambre pardevant messieurs en nombre le 31/3/1775.

[35] 12 livres : **Pierre Joseph PLANQUETTE** natif de cette ville fils de Jean François et de Guislaine Françoise LEQUIN a été reçu bourgeois de cette ville faute d'avoir récréanté et a payé douze livres es mains de l'argentier et prêté le serment en chambre pardevant messieurs en nombre le 31/3/1775.

Folio 4V :

[36] 12 livres : **Philippe Joseph DE NIEPE** natif du village de Chelers fils de Jean Baptiste et de Marie Marguerite VATTELOT a été reçu bourgeois de cette ville et cité moyennant douze livres payées à l'argentier de cette ville et cité et a prêté le serment en chambre de l'hôtel commun pardevant messieurs en nombre ce jourd'hui 4/4/1775.

[37] **Antoine Joseph Maurice PATURAUX** fils d'Alexis bourgeois de cette ville et de feue Marie Barbe Philippe DUFRENOY a récréanté sa bourgeoisie et prêté le serment ordinaire pardevant monsieur Gorlier avocat échevin de la ville et cité d'Arras ce jourd'hui 19/4/1775.

[38] 12 livres : **Pierre François VITU** natif de Nuncq fils de Claude et de Marie Joseph BECQUET a été reçu bourgeois de cette ville et cité moyennant douze livres qu'il a payé es mains de l'argentier et a prêté le serment ordinaire en chambre pardevant messieurs en nombre ce jourd'hui 21/4/1775.

[39] **Fidel Constant Modeste LERICHE** natif de cette ville fils de Gilles François et de Marie Barbe HERMAN a récréanté sa bourgeoisie et prêté le serment ordinaire pardevant monsieur Delarsé avocat et échevin commissaire de semaine et prêté le serment ordinaire ce jourd'hui 22/4/1775.

[40] 12 livres : **Louis Joseph LANCEL** fils d'Augustin bourgeois de cette ville et de Marie Isabelle VASSEUR a été reçu bourgeois de cette ville faute d'avoir récréanté sa bourgeoisie et a payé douze livres à l'argentier de cette ville et prêté le serment ordinaire en chambre de l'hôtel commun pardevant messieurs en nombre ce jourd'hui 25/4/1775.

Folio 5R :

[41] 24 livres : **Gabriel Hubert RETZ** natif de Saint Rémy en Bourgogne fils de Jean Henry et d'Agathe MILOT a été reçu à la bourgeoisie de cette ville et cité moyennant finance de vingt-quatre livres qu'il a payé à l'argentier de cette ville et a prêté le serment ordinaire en chambre de l'hôtel commun pardevant messieurs en nombre ce jourd'hui 5/5/1775.

[42] 12 livres : **Nicolas Joseph CORDONIER** natif de Saint Pierre en Ostreville diocèse de Boulogne sur mer fils de Charles François et de Marie Pétronille DURANT a été reçu bourgeois de cette ville moyennant finance de douze livres qu'il a payé à l'argentier de cette ville et a prêté le serment ordinaire pardevant messieurs en nombre en chambre d'hôtel commun ce jourd'hui 12/5/1775.

[43] 18 livres : **Charles GALOT** fils de Charles et de Marguerite PETIT natif de Beaurains baillage de Falaise a été reçu bourgeois de cette ville et cité moyennant finance de dix-huit livres qu'il a payé à l'argentier de cette ville et a prêté le serment ordinaire pardevant messieurs en nombre en chambre de l'hôtel commun ce jourd'hui 12/5/1775.

[44][45] **Joseph Guillaume** et **François Joseph LENGLET** fils d'Albert Joseph LENGLET et de Marie Marguerite Brigitte LEGRAND ont récréanté leur bourgeoisie et ont prêté le serment ordinaire en chambre de l'hôtel commun de la ville et cité d'Arras ce jourd'hui 15/5/1775.

[46] 12 livres : **Louis Joseph DELASSUS** natif de Bucquoy fils de Pierre Antoine et de Marie Albertine RIVAUX a été reçu à la bourgeoisie de cette ville et cité moyennant finance de douze livres qu'il a payé à l'argentier et a prêté le serment ordinaire en chambre de l'hôtel commun pardevant messieurs en nombre le 23/5/1775.

Folio 5V :

[47] **Antoine Marie Félix BRAS** fils d'Antoine Guislain François et de Marie Florence SALOME a récréanté sa bourgeoisie et prêté le serment ordinaire pardevant monsieur Despalungue échevin commissaire de semaine ce jourd'hui 1/6/1775.

[48] 12 livres : **Norbert Joseph COCQUIDÉ** natif de Ruitz fils de Laurent et de Marie Madeleine FARDEL a été reçu bourgeois de cette ville moyennant finance de douze livres et a prêté le serment ordinaire en chambre de l'hôtel commun de la ville et cité d'Arras pardevant messieurs en nombre ce jourd'hui 30/5/1775.

[49] 12 livres : **Etienne Joseph CARPENTIER** fils de Pierre et de François ROBIQUET natif de cette ville a été reçu bourgeois et a prêté serment ordinaire après avoir payé douze livres à l'argentier de cette ville pour avoir omis de récréanter avant se marier fait en chambre de l'hôtel commun de la ville et cité d'Arras le 30/5/1775.

[50] 12 livres : **Louis François DEHAY** fils de Jean François et de Marie Madeleine LENGLET natif de cette ville a été reçu bourgeois après avoir payé douze livres à l'argentier de cette ville pour avoir omis de récréanter sa bourgeoisie avant de se marier et a prêté serment ordinaire pardevant messieurs en nombre en chambre de l'hôtel commun de la ville et cité d'Arras le 30/5/1775.

[51] **Alexandre Fidel HOCQUET** natif de cette ville fils de Nicolas Joseph HOCQUET et de Marie Eléonore JOURDAIN a récréanté sa bourgeoisie et prêté le serment ordinaire pardevant monsieur Despalungues échevin commissaire de semaine ce jourd'hui 2/6/1775.

Folio 6R :

[52] 12 livres : **Pierre Antoine CORRIEZ** natif de Wanquetin fils de Pierre Antoine et de Marie Jacobée THOREL a été reçu bourgeois de cette ville et cité moyennant finance de douze livres qu'il a payé à l'argentier et a prêté le serment ordinaire pardevant messieurs en nombre en chambre de l'hôtel commun ce jourd'hui 13/6/1775.

[53] 24 livres : **Alexandre Joseph CANDELIER** natif de cette ville fils de maître Philippe Joseph vivant procureur au conseil d'Artois et de Marie Barbe Angélique SALMON a été reçu bourgeois de cette ville et a payé vingt-quatre livres à l'argentier de cette ville et cité et prêté le serment ordinaire pardevant messieurs en nombre en chambre de l'hôtel commun de la ville et cité d'Arras le 16/6/1775.

[54] **François Joseph DERVILLE** natif de cette ville fils de François bourgeois maître cordonnier et de Marie Joseph GAUTIER a récréanté sa bourgeoisie et prêté le serment ordinaire pardevant monsieur Delarse avocat et échevin de la ville et cité d'Arras en chambre de l'hôtel commun le 21/6/1775.

[55][56] **Antoine Joseph** et **François Michel Modeste DESAILLIEZ** fils de François Guillain Joseph et de Marie LEVREL natifs de la cité ont en vertu de l'édit de 1749 portant réunion de la cité à la ville récréanté leur bourgeoisie pardevant monsieur Delarsé avocat échevin de la ville et cité et ont prêté le serment ordinaire en chambre de l'hôtel commun le 21/6/1775.

Folio 6V :

[57] **Jean Baptiste Fidel MINART** natif de cette ville fils de Martin Vincent et de Michelle BEUGNET a récréanté sa bourgeoisie et prêté le serment ordinaire pardevant monsieur Delarsé avocat échevin commissaire de semaine en chambre de l'hôtel commun de la ville et cité d'Arras le 22/6/1775.

[58] 12 livres : **Etienne Athanase PROUVEST** fils d'Athanase et de Marie Joseph CAUVEL natif d'Hugy lez Duisans a été reçu bourgeois de cette ville et cité moyennant finance de douze livres qu'il a payé à l'argentier de cette ville et a prêté le serment ordinaire pardevant messieurs en nombre en chambre de l'hôtel commun de la ville et cité d'Arras le 23/6/1775.

[59] Sainte Croix : **Louis Joseph Albert CARPENTIER** natif de cette ville fils de Mathieu CARPENTIER bourgeois de cette ville et de Constance DE ROME a récréanté sa bourgeoisie et prêté le serment ordinaire pardevant monsieur Landru échevin commissaire de semaine en chambre de l'hôtel commun de la ville et cité d'Arras ce jourd'hui 3/7/1775.

[60] 12 livres : **Pierre Joseph DELIEGE** natif d'Hénin sur Cojeul fils de Jean François et de Marie Guislaine PLOUVIER a été reçu bourgeois de cette ville et cité moyennant finance de douze livres qu'il a payé à l'argentier de cette ville et cité et a prêté le serment pardevant messieurs en nombre en chambre de l'hôtel commun de la ville et cité d'Arras ce jourd'hui 4/7/1775.

[61] 12 livres : **Jean François BAUDIN** natif de cette ville fils de Pierre Adrien et de Marie DUFLOT a été

Folio 7R :

reçu bourgeois de cette ville et cité moyennant la somme de douze livres qu'il a payé à l'argentier de cette ville et cité et a prêté le serment pardevant messieurs en nombre en chambre de l'hôtel commun de la ville et cité d'Arras ce jourd'hui 4/7/1775.

[62] **Amable François Bertin CLEMENT** natif de cette ville fils de maître Augustin CLEMENT procureur au conseil provincial d'Artois et de Marie Madeleine GOSSART a récréanté sa bourgeoisie et prêté le serment ordinaire pardevant monsieur Dupuich échevin commissaire de semaine en chambre de l'hôtel commun de la ville et cité d'Arras le 19/7/1775.

[63] 12 livres : **Denys Marie Alexis FLAHAUT** maître perruquier fils de feu Charles Antoine et de Marie Jeanne BRIDENNE natif d'Etaples a été reçu bourgeois de cette ville et cité moyennant finance de douze livres qu'il a payé à l'argentier et a prêté le serment ordinaire pardevant messieurs en nombre en chambre de l'hôtel commun de la ville et cité d'Arras ce jourd'hui 21/7/1775.

[64] **Adrien Joseph RIBOLET** natif de cette ville fils de Nicolas Aubert bourgeois de cette ville et de Marie Rose LEGRAND a récréanté sa bourgeoisie et prêté le serment ordinaire pardevant monsieur Lallart échevin commissaire de semaine en chambre de l'hôtel commun de la ville et cité d'Arras ce jourd'hui 26/7/1775.

[65] **Louis Joseph NOBLET** natif de cette ville fils de Charles et de Joseph FLAMENT a récréanté sa bourgeoisie et prêté le serment ordinaire pardevant monsieur Chaumont échevin commissaire de semaine ce jourd'hui 31/7/1775.

Folio 7V :

[66] Saint Nicaise : **François Géry Joseph BOUCHER** natif de la cité de cette ville fils d'Antoine François et de Françoise DEMELAIN a récréanté sa bourgeoisie et prêté le serment ordinaire pardevant monsieur Chaumont échevin commissaire de semaine ce jourd'hui 11/9/1775.

[67] 12 livres : **Pierre François VANHEKE** natif de Lokre lez la ville de Gand fils de Liévin et de Jeanne VANHOLLEWINCKEL a été reçu bourgeois de cette ville et cité moyennant douze livres qu'il a payé à l'argentier de cette ville et cité et a prêté serment ordinaire en chambre de l'hôtel commun de la ville et cité d'Arras pardevant messieurs en nombre ce jourd'hui 12/9/1775.

[68] **François Xavier CUVELIER** natif de cette ville fils de Jean Martin et de Rosalie CHOPIN a récréanté sa bourgeoisie et prêté le serment ordinaire pardevant monsieur Chaumont échevin commissaire de semaine en chambre de l'hôtel commun de la ville et cité d'Arras ce jourd'hui 16/9/1775.

[69] **Adrien Grégoire LEGAR** natif de cette ville fils de Luc Guislain bourgeois de cette ville et d'Elizabeth Joseph SALMON a récréanté sa bourgeoisie et prêté le serment ordinaire pardevant monsieur Lallart de Lebucquière échevin commissaire de semaine en chambre de l'hôtel commun de la ville et cité d'Arras ce jourd'hui 20/9/1775.

[70] **Louis François Albert Joseph DEVILLERS** natif de cette ville fils d'Antoine Philippe bourgeois de cette ville et de Marie Catherine DESMASIERES a récréanté sa bourgeoisie et prêté le serment ordinaire pardevant monsieur Lallart de Lebucquière échevin commissaire de semaine en chambre de l'hôtel commun de la ville et cité d'Arras ce jourd'hui 22/9/1775.

Folio 8R :

[71] 24 livres : **Marie Félix Joseph MONTFORT** natif de Valenciennes fils de Jean Antoine Joseph et de Jeanne Isabelle MALET sur requête présentée en ce siège a été reçu à la bourgeoisie de cette ville et cité moyennant finance de vingt-quatre livres qu'il a payé à l'argentier de cette ville et cité et a prêté le serment ordinaire pardevant messieurs en nombre en chambre de l'hôtel commun de la ville et cité ce jourd'hui 22/9/1775.

[72] **Jean François Guislain DERETZ** natif de cette ville fils de Pierre Antoine François bourgeois de cette ville et de Demoiselle Hélène Scholastique Louise CAUDRON a récréanté sa bourgeoisie et prêté le serment ordinaire pardevant monsieur Lallart échevin commissaire de semaine en chambre de l'hôtel commun de la ville et cité d'Arras ce jourd'hui 6/10/1775.

[73] **Augustin Antoine Joseph DERETZ** natif de cette ville fils de Pierre Antoine François bourgeois de cette ville et de Demoiselle Hélène Scolastique Louise CAUDRON a récréanté sa bourgeoisie et prêté le serment ordinaire pardevant monsieur Lallart échevin commissaire de semaine en chambre de l'hôtel commun de la ville et cité d'Arras le 6/10/1775.

[74] 12 livres : **Charles François DEFOSSEUX** natif de Dainville fils de Michel et de Gertrude DANCHIN a été reçu à la bourgeoisie de cette ville et cité moyennant finance de douze livres qu'il a payé à l'argentier de cette ville et cité et a prêté le serment ordinaire pardevant messieurs en nombre en chambre de l'hôtel commun de la ville et cité d'Arras ce jourd'hui 10/10/1775.

Folio 8V :

[75] 12 livres : **Robert Joseph DARSONVILLE** natif de Cambrai fils de François et de Marie Madeleine BUISSY a sur requête par lui présentée été reçu à la bourgeoisie de cette ville moyennant finance de douze livres qu'il a payé à l'argentier de cette ville et prêté le serment ordinaire pardevant messieurs en nombre en chambre de l'hôtel commun de la ville et cité d'Arras ce jourd'hui 17/10/1775.

[76] **Louis François Jean Baptiste LENGLET** natif de cette ville fils de Jean François bourgeois de cette ville et de Marie Madeleine Hipolite DELEAU a récréanté sa bourgeoisie et prêté le serment ordinaire pardevant monsieur Liborel avocat échevin en chambre de l'hôtel commun de la ville et cité d'Arras le 25/10/1775.

[77] 12 livres : **Jean Louis DELIEGE** natif de Thilloy lez Mofflaine fils de Charles Albert et de Marie Anne BLANCHE a sur requête présentée ce jourd'hui été reçu bourgeois de cette ville et cité et prêté le serment ordinaire pardevant messieurs en nombre en chambre de l'hôtel commun de la ville et cité d'Arras après avoir payé douze livres de finance es mains de l'argentier de cette dite ville et cité ce jourd'hui 27/10/1775.

[70] **Joseph Fidel FONTAINE** natif de cette ville fils de Charles bourgeois de cette ville et de Marie Agnès DESEVE a récréanté sa bourgeoisie et prêté le serment ordinaire pardevant monsieur Delarsé avocat échevin

Folio 9R :

en chambre de l'hôtel commun de la ville et cité d'Arras ce jourd'hui 7/11/1775.

[71] **Gabriel Joseph SALMON** natif de cette ville fils de Philippe Louis bourgeois et de Marie Anne Claire COUPE a récréanté sa bourgeoisie et prêté le serment ordinaire pardevant monsieur Lallart échevin en chambre de l'hôtel commun de la ville et cité d'Arras ce jourd'hui 21/11/1775.

[72] 12 livres : **Roland Bruno WATELLE** natif d'Athies fils de Louis et de Marie Rose DELYS a été reçu bourgeois moyennant douze livres le 27/11/1775.

[73] 12 livres : **Adrien Joseph BULOT** fils de Bernard et de Marie Barbe HURE natif de Saulchy Lestrée a été reçu bourgeois de cette ville moyennant finance de douze livres qu'il a payé es mains du trésorier receveur de cette ville et a prêté le serment ordinaire en chambre de l'hôtel commun de la ville et cité d'Arras pardevant messieurs en nombre ce jourd'hui 5/12/1775.

[74] 12 livres : **Pierre Guislain HUSTIN** natif de Dainville fils de Pierre Antoine et de Scolastique Thérèse BOUCHE a été reçu à la bourgeoisie de cette ville et cité moyennant finance de douze livres qu'il a payé autrefois au receveur de cette ville et a prêté le serment ordinaire pardevant messieurs en nombre en chambre de l'hôtel commun de la ville et cité d'Arras ce jourd'hui 12/12/1775.

[75] 12 livres : **Noël François MORIAUCOURT** natif du village de Wanquetin fils de Joseph et de Jeanne Claire VALLET a été reçu à la bourgeoisie de cette ville et cité moyennant finance de douze livres qu'il a payé es

Folio 9V :

mains de l'argentier et a prêté le serment ordinaire en chambre de l'hôtel commun de la ville et cité d'Arras pardevant messieurs en nombre ce jourd'hui 29/12/1775.

[76] **Guillaume Baptiste Félix MASINCQ** natif de cette ville fils de Jean Baptiste et de Marie Louise THERY a été reçu bourgeois de cette ville à la recommandation de monsieur Henry avocat échevin et a prêté le serment ordinaire en chambre de l'hôtel commun pardevant messieurs en nombre ce jourd'hui 2/1/1776.

[77] **Pierre Joseph François DION** natif de cette ville fils de Jean Philippe bourgeois de cette ville et de Catherine Angélique HERIN a récréanté sa bourgeoisie et prêté le serment ordinaire pardevant monsieur Gorlier avocat échevin en chambre de l'hôtel commun de la ville et cité d'Arras ce jourd'hui 3/1/1776.

[78] **Simon CARPENTIER** natif de cette ville fils de Pierre et de Marie Françoise ROBIQUET a été reçu bourgeois de cette ville et cité à la recommandation de monsieur Bayart procureur du roi sindic et a prêté le serment ordinaire pardevant messieurs en nombre en chambre de l'hôtel commun de la ville et cité d'Arras ce jourd'hui 5/1/1776.

[79] gratis : **Pierre COUPY** natif de l'églantier

Folio 10R :

fils d'Ives et de Marie Madeleine LEMAIRE a été reçu à la bourgeoisie à la recommandation de monsieur Landru échevin et a prêté le serment ordinaire pardevant messieurs en nombre en chambre de l'hôtel commun de la ville et cité d'Arras le 5/1/1776.

[80] gratis : **François Mathieu Valéry LOUCHET** natif de Saint Martin de Wuincourt en Picardie fils de François Mathieu et de Marie Anne GOIARD a été reçu bourgeois gratis à la recommandation de monsieur Gorlier avocat échevin et a prêté serment en chambre de l'hôtel commun de la ville et cité d'Arras pardevant messieurs en nombre ce jourd'hui 9/1/1776.

[81] gratis : **Jean Marie BOUTRY** natif de Hautecloque fils d'Antoine et de Marie Claire MARMUS a été reçu bourgeois gratis à la recommandation de monsieur Despalungue échevin et a prêté le serment ordinaire pardevant messieurs en nombre en chambre de l'hôtel commun de la ville et cité d'Arras ce jourd'hui 12/1/1776.

[82] gratis : **Jacques François LONGATTE** natif de Méricourt sur mer fils de Jean Baptiste et de Véronique VITASSE a été reçu bourgeois gratis à la recommandation de monsieur Chaumont échevin et a prêté le serment ordinaire pardevant messieurs en nombre en chambre de l'hôtel commun de la ville et cité d'Arras ce jourd'hui 12/1/1776.

Folio 10V :

[83] **Pierre François CAMUS** natif de la cité de cette ville fils d'Adrien François habitant de la cité et d'Anne Thérèse DUMARQUEZ a en vertu de l'édit de 1749 récréanté sa bourgeoisie et prêté le serment en chambre de l'hôtel commun de la ville et cité d'Arras pardevant monsieur Liborel avocat et échevin ce jourd'hui 12/1/1776.

[84] gratis : **Louis Joseph DRONCOURT** fils de Philippe et de Marie Barbe CABY natif d'Orchies a ce jourd'hui été admis à la bourgeoisie et prêté le serment en chambre de l'hôtel commun de la ville et cité d'Arras pardevant messieurs en nombre ce jourd'hui 16/1/1776 gratis à la recommandation de monsieur Lallart.

[85] gratis : **Jean Liévin LECLERCQ** natif de Mingoval fils de Philippe Jacques et de Marie Anne HAUTECOEUR a été ce jourd'hui admis à la bourgeoisie et prêté le serment en chambre de l'hôtel commun de la ville et cité d'Arras pardevant messieurs en nombre ce jourd'hui 16/1/1776 gratis à la recommandation de monsieur Delarsé.

Folio 11R :

[86] 12 livres : **Antoine Joseph PIRON** fils de Jean Lambert et de Anne Joseph CRESPIN natif d'Yves pays de Liège a été reçu bourgeois de cette ville et cité moyennant finance de douze livres qu'il a payé es mains du trésorier receveur et a prêté le serment ordinaire en chambre de l'hôtel commun de la ville et cité d'Arras pardevant messieurs en nombre ce jourd'hui 23/1/1776.

[87] gratis : **Jean Jacques MARCONNOT** fils de Jean François et de Marie Catherine CHAPUIS natif de la paroisse de Cogniers en Franche Comté a été reçu bourgeois de cette ville et cité gratis à la recommandation de monsieur Grimbert greffier et a prêté le serment ordinaire en chambre de l'hôtel commun de la ville et cité d'Arras pardevant messieurs en nombre ce jourd'hui 26/1/1776.

[88] gratis : **Pierre Joseph GUILBERT** fils de Pierre et de Brigitte LELONG natif d'Armentières a sur sa requête été reçu bourgeois de cette ville gratis à la recommandation de monsieur Lallart Delebucquière et a prêté le serment ordinaire pardevant messieurs en nombre en chambre de l'hôtel commun de la ville et cité d'Arras ce jourd'hui 30/1/1776.

[89] **Charles Joseph Alexandre LENOIRE** natif de cette ville fils de Charles Louis bourgeois de cette ville et de Marie Thérèse Joseph MOREL a récréanté la bourgeoisie et prêté le serment ordinaire pardevant monsieur Chaumont échevin en chambre de l'hôtel commun de la ville et cité d'Arras ce jourd'hui 7/2/1776.

Folio 11V :

[90] **Jean Baptiste DUBOIS** fils de Jean Baptiste bourgeois maître menuisier et de Marie Madeleine LAMBERT a récréanté sa bourgeoisie et prêté le serment ordinaire pardevant monsieur Dupuich échevin commissaire de semaine en chambre de l'hôtel commun de la ville et cité d'Arras ce jourd'hui 23/2/1776.

[91] **Antoine Joseph LECLERCQ** fils de Louis Alexandre bourgeois de cette ville et de Marie Joseph DE CAMBRAY a récréanté sa bourgeoisie et prêté le serment ordinaire en chambre de l'hôtel commun de la ville et cité d'Arras pardevant monsieur Chaumont écuyer échevin commissaire de semaine ce jourd'hui 26/2/1776.

[92] 12 livres : **Jean BLONDEL** natif de Beaurains fils de Jean et de Madeleine POITEAU a sur requête par lui présentée été reçu bourgeois de cette ville moyennant finance de douze livres qu'il a payé au trésorier receveur de cette ville moyennant finance de douze livres qu'il a payé au trésorier receveur de cette ville et cité et a prêté le serment ordinaire en chambre de l'hôtel commun pardevant messieurs en nombre ce jourd'hui 27/2/1776.

[93] gratis : **Benoît Xavier DRECOURT** natif d'Etrun fils de Jean Pierre et de Marie Madeleine Joseph DOURNEL a été reçu bourgeois gratis à la recommandation de monsieur Raulin de Belval mayeur de cette ville et cité et a prêté le serment ordinaire pardevant messieurs en nombre en chambre de l'hôtel commun de la ville et cité d'Arras ce jourd'hui 27/2/1776.

Folio 12R :

[94] 12 livres : **Jean Albert CARRÉ** natif du village d'Athies fils de Jean Louis et de Marie Catherine LEMOINE a sur requête par lui présentée été admis à la bourgeoisie de cette ville et cité moyennant finance de douze livres qu'il a payé au trésorier receveur et a prêté le serment ordinaire pardevant messieurs en nombre en chambre de l'hôtel commun ce jourd'hui 1/3/1776.

[95] gratis : **Pierre HORDEQUIN** natif de Beauval en Picardie fils de Pierre et de Catherine MALHERBES a sur requête été reçu à la bourgeoisie de cette ville gratis à la recommandation de monsieur Dupuich échevin et a prêté le serment ordinaire pardevant messieurs en nombre en chambre de l'hôtel commun de la ville et cité d'Arras ce jourd'hui 5/3/1776.

[96] 12 livres : **Jean LAIRE** natif de Maurs en Auvergne fils d'Antoine et de Françoise LAFFON a sur requête été reçu bourgeois de cette ville et cité moyennant finance de douze livres qu'il a payé au trésorier receveur de cette ville et ciré et a prêté le serment ordinaire pardevant messieurs en nombre en chambre de l'hôtel commun de la ville et cité d'Arras ce jourd'hui 5/3/1776.

[97] **Augustin GODART** natif de cette ville fils de Maclou bourgeois de cette ville et de Marie Jeanne Austreberte MUSQUINET a récréanté sa bourgeoisie et prêté le serment ordinaire en chambre de l'hôtel commun de la ville et cité d'Arras pardevant monsieur Despalungue échevin commissaire de semaine ce jourd'hui 8/3/1776.

Folio 12V :

[98] **Louis Joseph GODART** natif de cette ville fils de Maclou bourgeois de cette ville et de Marie Jeanne Austreberte MUSQUINET a récréanté sa bourgeoisie et prêté le serment ordinaire pardevant monsieur Despalungue échevin commissaire de semaine en chambre de l'hôtel commun de la ville et cité d'Arras ce jourd'hui 8/3/1776.

[99] **Augustin Joseph FOURMAUT** fils de Jérosme bourgeois de cette ville et de Marie Joseph BLONDEL a récréanté sa bourgeoisie et prêté le serment ordinaire pardevant monsieur Liborel avocat échevin commissaire de semaine en chambre de l'hôtel commun de la ville et cité d'Arras ce jourd'hui 18/3/1776.

[100] **Augustin François COCHET** natif de cette ville fils d'Albert Antoine bourgeois de cette ville et de Jeanne POTDEVIN a récréanté sa bourgeoisie et prêté le serment ordinaire en chambre de l'hôtel commun pardevant monsieur Liborel avocat et échevin commissaire de semaine ce jourd'hui 19/3/1776.

[101] **Dominique Vaast Joseph DISTINGUIN** natif de cette ville fils de Jean Joseph bourgeois de cette ville et de Françoise Elisabeth SOHIER a récréanté sa bourgeoisie et prêté le serment ordinaire pardevant monsieur Liborel avocat échevin commissaire de semaine en chambre de l'hôtel commun de la ville et cité d'Arras ce jourd'hui 22/3/1776.

Folio 13R :

[102] **Charles Philippe Joseph DELEAU** natif de cette ville fils de Philippe Marie bourgeois de cette ville et de Marie Catherine CANDELIER a récréanté sa bourgeoisie et prêté le serment ordinaire pardevant monsieur Liborel avocat échevin commissaire en chambre de l'hôtel commun de la ville et cité d'Arras ce jourd'hui 22/3/1776.

[103] **François Joseph LEBLANC** natif de cette ville fils de Dominique Alphonse bourgeois et de Catherine Joseph BOURDIN a récréanté sa bourgeoisie et prêté le serment ordinaire pardevant monsieur Delarsé avocat échevin commissaire de semaine en chambre de l'hôtel commun de la ville et cité d'Arras ce jourd'hui 26/3/1776.

[104] 12 livres : **Philippe Joseph MOLIN** natif du faubourg de Saint Nicolas en Meaulens fils d'Adrien et de Marie Noëlle MONTFORT a été reçu bourgeois de cette ville et cité moyennant finance de douze livres qu'il a payé au trésorier receveur de cette dit ville et cité et a prêté le serment ordinaire en chambre de l'hôtel commun de la ville et cité d'Arras pardevant messieurs en nombre ce jourd'hui 29/3/1776.

[105] **Philippe Antoine Joseph ROGER** natif de cette ville fils de Jean Baptiste bourgeois de cette ville et de Marie Suzanne PITEUX a récréanté sa bourgeoisie et prêté le serment ordinaire en chambre de l'hôtel commun de la ville et cité d'Arras ce jourd'hui 18/4/1776.

[106] **Nicolas François Marie DEVILLERS** natif du faubourg de Saint Sauveur fils de Paul Clément bourgeois de cette dite ville et

Folio 13V :

de Elizabeth HENNEBOIS a récréanté sa bourgeoisie et prêté le serment ordinaire pardevant monsieur Lallart échevin commissaire de semaine en chambre de l'hôtel commun de la ville et cité d'Arras ce jourd'hui 26/4/1776 et attendu qu'il était marié il a nouveau prêté le serment de bourgeoisie après admission d'icelle moyennant finance de douze livres qu'il a payé au trésorier receveur en chambre de l'hôtel commun pardevant messieurs en nombre.

[107] **Charles Louis LAGACHE** natif de cette ville fils de Pierre Romain bourgeois de cette ville et de Demoiselle Reine Françoise DE MAILLIAC a récréanté sa bourgeoisie et prêté le serment ordinaire pardevant monsieur Despalungue échevin commissaire de semaine ce jourd'hui 30/4/1776.

[108] gratis : **François Joseph LOGER** natif de cette ville clerc de la bourse commune de cette ville fils de Pierre et de Marie Rose DELESTRE a été reçu bourgeois gratis attendu les circonstances et a prêté le serment ordinaire pardevant messieurs en nombre en chambre de l'hôtel commun de la ville et cité d'Arras le 21/5/1776.

[109] 12 livres : **Clémentine Catherine HARRIS** native de Londres fille de Jacques et de Lydia CLARK a été reçu bourgeoise de cette ville et cité moyennant finance de douze livres qu'elle a payé au trésorier de cette ville et a prêté le serment ordinaire en chambre de l'hôtel commun ce jourd'hui 14/6/1776.

Folio 14R :

[110] **Jacques Hypolite DRANSART** natif de cette ville fils de Jean Baptiste Procope bourgeois de cette ville et d'Isabelle Julie VASSEUR a récréanté sa bourgeoisie et prêté le serment ordinaire pardevant monsieur Chaumont échevin commissaire de semaine en chambre de l'hôtel commun de la ville et cité d'Arras ce jourd'hui 28/6/1776.

[111] **Jean Baptiste Joseph WEMEL** natif de Lille fils de Jean Baptiste et d'Angélique LAGACHE a récréanté sa bourgeoisie et prêté le serment ordinaire pardevant monsieur Gorlier avocat échevin commissaire de semaine en chambre de l'hôtel commun de la ville et cité d'Arras le 13/7/1776 [en marge : nota WEMEL est fils de Jean Baptiste Marie Joseph WAIMEL reçu bourgeois le 13/1/1775 par lequel il fut présenté pour récréanter sa bourgeoisie il y a un reçu dans l'acte de baptême à Lille].

[112] **Benoît Louis Joseph LALLART** natif de cette ville fils de Bon Antoine LALLART bourgeois de cette ville et Demoiselle Marie Catherine Françoise DAMBRINES a récréanté sa bourgeoisie et prêté le serment ordinaire pardevant monsieur Dourlens avocat et échevin de cette ville et cité d'Arras en chambre de l'hôtel commun ce jourd'hui 20/7/1776.

[113] **Antoine Joseph LALLART** natif de cette ville fils de Bon Antoine LALLART bourgeois de cette ville et Demoiselle Catherine Françoise DAMBRINES a récréanté sa bourgeoisie et prêté le serment ordinaire pardevant monsieur Dourlens avocat et échevin de la ville et cité d'Arras en chambre de l'hôtel commun ce jourd'hui 20/7/1776.

[114] 12 livres : **Louis François TESTART** natif de cette ville fils de Guillaume François et de Françoise Joseph Natalie GABRIAUX a sur requête été reçu bourgeois de cette ville et prêté le serment ordinaire en

Folio 14V :

chambre de l'hôtel commun pardevant messieurs en nombre après avoir payé douze livres devant témoins au trésorier receveur de cette dite ville et cité ce jourd'hui 2/8/1776.

[115] 12 livres : **Pierre Philippe SEVIN** natif du faubourg de Sainte Catherine fils de Jean Baptiste Crépin et de Marie Barbe Henriette DEQUETTE a sur requête été reçu bourgeois de cette ville et cité moyennant finance de douze livres qu'il a payé es mains de l'argentier de cette ville et cité et a prêté le serment ordinaire pardevant messieurs en nombre en chambre de l'hôtel commun ce jourd'hui 2/8/1776.

[116] 12 livres : **Pierre Antoine ODOUL** natif de Bucquoy fils de Louis et de Marie Madeleine DE BEUGNY a sur requête présentée en ce siège été reçu bourgeois de cette ville et cité moyennant finance de douze livres payé au trésorier de cette ville et cité et a prêté le serment ordinaire pardevant messieurs en nombre en chambre de l'hôtel commun ce jourd'hui 6/8/1776.

[117] **Frédérik François Louis AUGER** natif de cette ville fils de Jean Paul bourgeois de cette ville et de Guislaine LAMOUREUX a récréanté sa bourgeoisie et prêté le serment ordinaire pardevant Chaumont échevin commissaire de semaine en chambre de l'hôtel commun de cette ville et cité ce jourd'hui 6/8/1776.

Folio 15R :

[118] **Cirile Laurent Géry CARDIN** natif de cette ville fils de Jean François Joseph bourgeois de cette dite ville et d'Antoinette TABARY a récréanté sa bourgeoisie et prêté le serment ordinaire pardevant monsieur Chaumont échevin commissaire de semaine en chambre de l'hôtel commun de la ville et cité d'Arras ce jourd'hui 8/8/1776.

[119] 12 livres : **Louis GILETTE** natif de Grasse en Provence fils de François et de Jeanne AIMEDIEU a sur requête par lui présentée été reçu bourgeois de cette ville et cité moyennant finance de douze livres qu'il a payé au trésorier receveur et a prêté le serment ordinaire pardevant messieurs en nombre ce jourd'hui 9/8/1776.

[120] 12 livres : **Pierre François TURLURE** natif de Mingoval fils de Jérosme et de Marie Madeleine HUON a été reçu bourgeois de cette ville et cité moyennant finance de douze livres qu'il a payé au trésorier receveur de cette ville et cité et a prêté le serment ordinaire pardevant messieurs en nombre en chambre de l'hôtel commun de la ville et cité d'Arras ce jourd'hui 23/8/1776.

[121] 12 livres : **Jean François Louis MASSE** natif du faubourg de Sainte Catherine lez Arras fils de Jean et de Catherine Louise BOULET a sur requête présentée été reçu bourgeois de cette ville moyennant finance de douze livres qu'il a payé à l'argentier de cette ville et a prêté le serment ordinaire pardevant messieurs en nombre en chambre de l'hôtel commun de la ville et cité d'Arras le 3/9/1776.

Folio 15V :

[122] **Philippe Cirille LEVRAY** natif de cette ville fils de Jean Robert bourgeois et d'Anne Françoise CARON a récréanté sa bourgeoisie et prêté le serment en chambre de l'hôtel commun de la ville et cité d'Arras pardevant monsieur Liborel avocat et échevin commissaire de semaine ce jourd'hui 10/9/1776.

[123] **Pierre Louis KROMPHART** natif de cette ville fils d'André Louis bourgeois de cette ville et de Marie Alexandrine DUPRES a récréanté sa bourgeoisie et prêté le serment ordinaire pardevant monsieur Liborel avocat et échevin commissaire de semaine en chambre de l'hôtel commun de la ville et cité d'Arras ce jourd'hui 10/9/1776.

[124] 12 livres : **Anselme Joseph BINET** natif de la paroisse de Saint Pierre Empont de la ville d'Orléans fils d'Anselme Joseph et de Catherine BRODART a été reçu bourgeois de cette ville et cité moyennant finance de douze livres qu'il a payé au trésorier receveur de cette dite ville et a prêté le serment ordinaire en chambre de l'hôtel commun de la ville et cité d'Arras pardevant messieurs en nombre ce jourd'hui 10/9/1776.

[125] gratis : **Pierre Augustin DUBOIS** natif de Fouquières fils d'Augustin Joseph et d'Elizabeth Joseph MONTFROID a sur requête présentée en ce siège été reçu bourgeois gratis à la recommandation de monsieur Dourlens avocat échevin et a prêté le serment ordinaire en chambre de l'hôtel commun de la ville et cité d'Arras pardevant messieurs en nombre ce jourd'hui 13/9/1776.

Folio 16R :

[126] **Pierre Philippe Joseph DELACHAMBRE** natif de cette ville fils de Joseph Constant bourgeois et de Rosalie DE HOLLANDE a récréanté sa bourgeoisie et prêté le serment ordinaire en chambre de l'hôtel commun de la ville et cité d'Arras es mains de monsieur Dourlens avocat et échevin commissaire de semaine ce jourd'hui 20/9/1776.

[127] **Joseph Louis MONCHEAUX** natif de cette ville fils de Jean Louis et de Thérèse DELATTRE a récréanté sa bourgeoisie et prêté le serment ordinaire en chambre de l'hôtel commun de la ville et cité d'Arras es mains de monsieur Dourlens avocat et échevin commissaire de semaine ce jourd'hui 20/9/1776.

[128] 12 livres : **Jean Baptiste SIMON** natif de cette ville fils de Jean Baptiste et d'Agnès GUFFROY a été reçu bourgeois de cette ville et cité moyennant finance de douze livres qu'il a payé es mains du trésorier receveur et a prêté le serment ordinaire pardevant messieurs en nombre en chambre de l'hôtel commun de la ville et cité d'Arras ce jourd'hui 20/9/1776.

[129] **Philippe Mathieu Joseph PAJOT** natif de cette ville fils de Roch Emmanuel bourgeois et de Catherine Rose LHOSTE a récréanté sa bourgeoisie et prêté le serment ordinaire pardevant monsieur Despalungue échevin de cette ville et cité en chambre de l'hôtel commun ce jourd'hui 1/10/1776.

[130] 12 livres : **Cazimir Joseph LEFEBVRE** natif de cette ville fils de Jean Charles et d'Anne Joseph ROGER a été reçu à la bourgeoisie de cette ville moyennant douze livres qu'il a payé au trésorier receveur de cette ville et cité et a prêté le serment ordinaire pardevant messieurs en nombre en chambre de l'hôtel commun ce jourd'hui 1/10/1776.

Folio 16V :

[131] **Pierre Guislain CABUILLE** natif de cette ville fils de François et de Marie Michelle BOUDRINGHIN a récréanté sa bourgeoisie et prêté le serment ordinaire pardevant monsieur Delarsé avocat et échevin en chambre de l'hôtel commun ce jourd'hui 11/10/1776.

[132] gratis : **Nicolas Robert HALART** natif de Bucquoy fils de Nicolas et de Marie Joseph RANSON a été reçu bourgeois gratis à la recommandation de monsieur Boniface trésorier receveur de cette ville et cité et a prêté serment en chambre de l'hôtel commun pardevant messieurs en nombre ce jourd'hui 5/11/1776.

[133] 12 livres : **Dieudonné Joseph ALARD** natif de Roncq fils de Dominique et de Marie Françoise DURIETZ a été reçu bourgeois de cette ville et cité moyennant finance de douze livres qu'il a payé au trésorier receveur et a prêté le serment ordinaire en chambre de l'hôtel commun de la ville et cité d'Arras ce jourd'hui 5/11/1776.

[134] 12 livres : **Jean François GUILLOTE** natif de cette ville fils de Michel et de Marie Anne BINSE a été reçu bourgeois de cette ville et cité moyennant finance de douze livres qu'il a payé au trésorier receveur et a prêté le serment ordinaire en chambre de l'hôtel commun de cette ville et cité le 5/11/1776.

[135] **Nicolas Augustin HALLO** natif de cette ville fils de Pierre Michel Félix bourgeois et de Marie Louise CHENEVIERRE a récréanté sa bourgeoisie et prêté le serment ordinaire en chambre de l'hôtel commun de la ville et cité d'Arras

Folio 17R :

pardevant monsieur Lallart échevin commissaire de semaine ce jourd'hui 9/11/1776.

[136] 18 livres : **Pierre Philippe CARPENTIER** natif du village d'Athies fils de Jean Philippe et de Marie Jeanne Louise CENSIER a sur requête par lui présentée été reçu bourgeois de cette ville et cité moyennant finance de dix-huit livres qu'il a payé es mains du sieur Boniface trésorier receveur et a prêté le serment ordinaire en chambre de l'hôtel commun pardevant messieurs en nombre ce jourd'hui 12/11/1776.

[137] 9 livres : **Marie Eléonore COUET** native de Paris fille de Louis et de Marie Elisabeth GAUTIER a sur sa requête été reçue bourgeoise de cette ville moyennant finance de neuf livres qu'elle a payé au trésorier receveur et a prêté le serment ordinaire pardevant messieurs en nombre en chambre de l'hôtel commun de cette et cité d'Arras ce jourd'hui 12/11/1776.

[138] 18 livres :**Pierre Laurent SADIN** natif d'Athies fils de Pierre et de Marie Françoise LEFEBVRE a sur sa requête été reçu bourgeois de cette ville et cité moyennant finance de dix-huit livres qu'il a payé au trésorier receveur de cette ville et cité et a prêté le serment ordinaire pardevant messieurs en nombre en chambre de l'hôtel commun le 12/11/1776.

[139] **Thomas DEALET** natif de cette ville fils de Thomas et de Gabrielle BLONDEL a récréanté sa bourgeoisie en qualité de fils de bourgeois de la cité en vertu de l'édit de réunion à la ville de 1749 et a prêté le serment ordinaire pardevant monsieur Landru échevin commissaire de semaine ce jourd'hui 26/11/1776.

Folio 17V :

[140] **Jean François Placide PIERON** natif de cette ville fils de Jean François et de Marie Madeleine DUFOUR a récréanté sa bourgeoisie en qualité de fils de bourgeois de la cité en vertu de l'édit de réunion de la ville de 1749 et a prêté le serment ordinaire pardevant monsieur Landru échevin commissaire de semaine ce jourd'hui 26/11/1776.

[141] 12 livres : **Alexis Marie WIART** natif du village de Roeux fils de Marc François et de Marie Marguerite DELABY a été reçu bourgeois de cette ville et cité moyennant finance de douze livres qu'il a payé au trésorier receveur et a prêté le serment ordinaire pardevant messieurs en nombre en chambre de l'hôtel commun de la ville et cité d'Arras ce jourd'hui 26/11/1776.

[142] 12 livres : **Jean Baptiste DELATTRE** fils de Jacques et de Marie Thérèse HIERRE natif de Saint Sauveur a été reçu bourgeois de cette ville et cité moyennant finance de douze livres payées au trésorier receveur et a prêté le serment ordinaire en chambre de l'hôtel commun le 29/11/1776.

[143] **Louis Joseph GAILLARD** natif de cette ville fils de Nicolas Joseph GAILLARD et de Marie Louise MORDACQ a récréanté sa bourgeoisie et prêté le serment ordinaire pardevant monsieur Landru échevin commissaire de semaine ce jourd'hui 30/11/1776.

[144] **François Louis Joseph GUIO** natif de cette ville fils de Jean François bourgeois de cette ville et de

Folio 18R :

Isabelle Julie SAUTOY a récréanté sa bourgeoisie et prêté le serment ordinaire pardevant monsieur Gorlier avocat échevin en chambre de l'hôtel commun de la ville et cité ce jourd'hui 2/12/1776.

[145] **François Joseph Xavier PETIT** fils de Robert Noël PETIT et d'Amable Louise ALLOY a récréanté sa bourgeoisie et prêté le serment ordinaire pardevant monsieur Gorlier avocat échevin commissaire de semaine en chambre de l'hôtel commun de la ville et cité d'Arras le 2/12/1776.

[146] 24 livres : **Pierre François FLAMEND** natif du village de Fampoux fils de Sébastien et de Jeanne Marguerite FLAMEND a été reçu bourgeois de cette ville et cité moyennant finance de vingt-quatre livres qu'il a payé au trésorier receveur et a prêté le serment ordinaire pardevant messieurs en nombre en chambre de l'hôtel commun de la ville et cité d'Arras ce jourd'hui 3/12/1776.

[147] 12 livres : **Jean Baptiste Joseph GAMBIER** natif du Pont à Vendin fils de Pierre François et de Marie Thérèse DUPONT a été reçu bourgeois de cette ville et cité moyennant finance de douze livres qu'il a payé es mains du trésorier receveur et a prêté le serment ordinaire pardevant messieurs en nombre en chambre de l'hôtel commun de la ville et cité d'Arras ce jourd'hui 3/12/1776.

[148] **Guislain Jean Baptiste Marie DERUELLE** natif de cette ville fils de Martin François bourgeois de cette ville et de Marie Anne VIGNIER a récréanté sa bourgeoisie sa bourgeoisie et prêté le serment ordinaire en chambre de l'hôtel commun de la ville et cité d'Arras es mains de monsieur Gorlier avocat et échevin ce jourd'hui 4/12/1776.

Folio 18V :

[149] 12 livres : **Grégoire COIFFIER** natif de cette ville fils de Philippe et de Marie Rose BONAVENTURE a sur requête par lui présentée été reçu bourgeois de cette ville et cité moyennant finance de douze livres qu'il a payé au trésorier receveur et a prêté le serment ordinaire pardevant messieurs en nombre en chambre de l'hôtel commun de la ville et cité d'Arras ce jourd'hui 6/12/1776.

[150] **Pierre Philippe COIFFIER** natif de cette ville fils de Grégoire et de Marguerite BRASSEUR a récréanté sa bourgeoisie et prêté le serment ordinaire pardevant monsieur Gorlier avocat et échevin commissaire de semaine en chambre de l'hôtel commun de la ville et cité d'Arras ce jourd'hui 7/12/1776.

[151] **Pierre Guislain VOITURIER** natif de cette ville fils d'Augustin bourgeois de cette ville et cité et de Monique CARON a récréanté sa bourgeoisie et prêté le serment ordinaire pardevant monsieur Dupuich échevin commissaire de semaine en chambre en chambre de l'hôtel commun de la ville et cité d'Arras ce jourd'hui 13/12/1776.

[152] 12 livres : **Jean Baptiste Louis Ignace BOCHEZ** natif de Béthune fils de Louis et de Françoise VARET a été reçu bourgeois de cette ville et cité moyennant finance de douze livres qu'il a payé au trésorier receveur de cette ville et a prêté le serment ordinaire pardevant messieurs en nombre en chambre de l'hôtel commun de la ville et cité d'Arras ce jourd'hui 17/12/1776.

Folio 19R :

[153] **Henry Joseph BOUCHER** fils de Louis Joseph et de Séraphine PLOUVIER natif de cette ville a récréanté sa bourgeoisie et prêté le serment ordinaire pardevant monsieur Delarsé avocat et échevin commissaire de semaine en chambre de l'hôtel commun de la ville et cité d'Arras ce jourd'hui 24/12/1776.

[154] **Herman Joseph Placide DELIGNY** fils d'Antoine François Louis bourgeois de cette ville et de Marie Aldegonde Guislaine CRESPEL a récréanté sa bourgeoisie et prêté le serment ordinaire pardevant monsieur Landru échevin commissaire de semaine ce jourd'hui 2/1/1777.

[155] **Louis Joseph COLIN** natif de cette ville fils de Pierre François bourgeois de cette ville et d'Isabelle Agnès BERRU a récréanté sa bourgeoisie et prêté le serment ordinaire pardevant monsieur Landru échevin commissaire de semaine en chambre de l'hôtel commun de la ville et cité d'Arras le 3/1/1777.

[156] gratis : **Guislain Joseph DETREE** natif du Mont Saint Eloy fils d'Alexis et de Marie Joseph SEVIN a été reçu bourgeois gratis à la recommandation de monsieur Delarsé avocat échevin et a prêté le serment ordinaire en chambre de l'hôtel commun de la ville et cité d'Arras ce jourd'hui 3/1/1777.

[157] gratis : **Georges TOURSEL** fils de Pierre et de Marie Adrienne CUEGNET a été reçu bourgeois gratis à la recommandation de monsieur Grimbert avocat secrétaire greffier de la ville et cité d'Arras et a prêté le serment ordinaire pardevant messieurs en nombre en chambre de l'hôtel commun de la ville et cité d'Arras le 7/1/1777.

Folio 19V :

[158] gratis : **Pierre Antoine DELATTRE** fils d'Adrien et d'Antoinette GALLET a été reçu bourgeois gratis à la recommandation de monsieur Liborel avocat et échevin de cette ville et a prêté le serment ordinaire pardevant messieurs en nombre en chambre de l'hôtel commun de la ville et cité d'Arras le 7/1/1777.

[159] 12 livres : **Pierre François Joseph VENNIN** natif de Sailly sur la Lys fils de Pierre François et de Marie Pétronille Thérèse PLATEVOES a sur requête par lui présentée en ce siège été reçu bourgeois de cette ville et cité moyennant finance de douze livres qu'il a payé au trésorier receveur et a prêté le serment ordinaire pardevant messieurs en nombre en chambre de l'hôtel commun de cette ville et cité ce jourd'hui 10/1/1777.

[160] gratis : **Jean Guislain LEROY** natif de Ligny lez Bapaume fils de Nicolas et de Jeanne Barbe CARNAIL a été reçu bourgeois gratis à la recommandation de monsieur de Belval mayeur et a prêté le serment ordinaire pardevant messieurs en chambre de l'hôtel commun de cette ville et cité ce jourd'hui 10/1/1777.

[161] **Jean François STIENE** natif de Willerval fils de Charles Antoine bourgeois de cette ville et de Liévine BEUGNET a récréanté sa bourgeoisie et prêté le serment ordinaire pardevant monsieur Dupuich échevin commissaire de semaine en chambre de l'hôtel commun de la ville et cité d'Arras ce jourd'hui 17/1/1777.

Folio 20R :

[162] **Hubert STIENE** natif de Willerval fils de Charles Antoine bourgeois de cette ville et de Liévin BEUGNET a récréanté sa bourgeoisie et prêté le serment ordinaire pardevant monsieur Dupuich échevin commissaire de semaine en chambre de l'hôtel commun de la ville et cité d'Arras ce jourd'hui 17/1/1777.

[163] gratis : **Jean Charles BRINGON** natif de Savy fils de Jean Charles et d'Anne Jeanne SAINT LEGER a sur sa requête été reçu bourgeois gratis à la recommandation de monsieur Lallart de le Bucquière échevin de cette ville et cité et a prêté le serment ordinaire en chambre de l'hôtel commun pardevant messieurs en nombre ce jourd'hui 17/1/1777.

[164] gratis : **Louis François BASSERY** natif de Simencourt fils de Jean Louis et de Marie Joseph LIEVRE a été reçu sur sa requête bourgeois gratis à la recommandation de monsieur Lallart échevin de cette ville et cité et a prêté le serment ordinaire pardevant messieurs en nombre en chambre de l'hôtel commun de la ville et cité d'Arras le 17/1/1777.

[165] 12 livres : **Louis Barnabé DHENIN** natif de Farbus fils de Barnabé et de Marie Dominique FRANQUEVILLE a été reçu bourgeois de cette ville et cité moyennant finance de douze livres qu'il a payé au trésorier receveur et a prêté le serment ordinaire en chambre de l'hôtel commun pardevant messieurs en nombre ce jourd'hui 17/1/1777.

Folio 20V :

[166] 18 livres : **Adrien LEDRU** natif de Oisy fils d'Adrien et de Jeanne Alexandrine BRUVART a sur requête par lui présentée été reçu bourgeois de cette ville et cité moyennant la finance de dix-huit livres qu'il a payé au trésorier receveur et a prêté le serment ordinaire pardevant messieurs en nombre en chambre de l'hôtel commun de la ville et cité d'Arras ce jourd'hui 17/1/1777.

[167] gratis : **Liévin BARBARE** natif du village d'Oignies en Artois fils de Dominique et de Marguerite ROBIQUET a été reçu sur sa requête bourgeois gratis à la recommandation de monsieur Landru échevin de cette ville et cité et a prêté le serment ordinaire pardevant messieurs en nombre en chambre de l'hôtel commun de la ville et cité d'Arras ce jourd'hui 22/1/1777.

[168] gratis : **Gaspart Joseph WALTON** natif de Béthune fils de Charles et de Marie Michelle CARON a été reçu sur sa requête bourgeois gratis à la recommandation de monsieur Boniface argentier de cette ville et cité et a prêté le serment ordinaire pardevant messieurs en nombre en chambre de l'hôtel commun de la ville et cité d'Arras ce jourd'hui 22/1/1777.

Folio 21R :

[169] **Pierre Joseph COURTOIS** fils de Louis Joseph et de Marie Adrienne SOTHIEU natif de cette ville a récréanté sa bourgeoisie et prêté serment pardevant monsieur Despalungue échevin de semaine ce jourd'hui 28/1/1777.

[170] **Alexis Joseph Constant BRONGNIART** fils de Pierre Félix et de Marie Isabelle Catherine LERICHE natif de Saint Pol a récréanté sa bourgeoisie et prêté serment pardevant monsieur Despalungue échevin de semaine ce jourd'hui 29/1/1777.

[171] **Léonard Vindicien Guislain DEBOUT** fils de Guislain et de Marie Joseph FROMENT a récréanté sa bourgeoisie et prêté serment pardevant monsieur Despalungue échevin de semaine ce jourd'hui 30/1/1777.

[172] gratis : Maître **Mathias Joseph LEROY** avocat au Conseil d'Artois natif d'Avion fils du sieur Prosper François et de Demoiselle Marie Louise SENESCHAL a été reçu bourgeois gratis à la recommandation de monsieur Gorlier avocat et échevin et a prêté le serment ordinaire pardevant messieurs en nombre en chambre de l'hôtel commun ce jourd'hui 4/2/1777.

Folio 21V :

[173] gratis : **Jean Jacques DOFFIN** natif de Bonnières fils de Jean et de Marie Anne BELGRAVE a été reçu bourgeois gratis à la recommandation de monsieur Despalungue échevin gentilhomme et a prêté le serment ordinaire pardevant messieurs en nombre en chambre de l'hôtel commun de la ville et cité d'Arras ce jourd'hui 18/2/1777.

[174] **Albert Emmanuel FROMENTIN** natif de cette ville fils de Charles François Joseph FROMENTIN bourgeois écuyer seigneur de Gomecourt, de Bienvillers au bois, Monchy etc et de dame Marie Albertine Françoise DANTIN a récréanté sa bourgeoisie et prêté le serment ordinaire pardevant monsieur Dupuich commissaire de semaine en chambre de l'hôtel commun de la ville et cité d'Arras ce jourd'hui 26/2/1777.

[175] **Marie Joseph Régis FROMENTIN** natif de cette ville fils de Charles François Joseph bourgeois écuyer seigneur de Bienvillers au Bois, Monchy etc... et de Dame Marie Albertine Françoise DANTIN a récréanté sa bourgeoisie et prêté le serment ordinaire en chambre de l'hôtel commun de cette ville et cité pardevant monsieur Dupuich échevin commissaire de semaine ce jourd'hui 21/2/1777.

[176] **François Joseph Romain FROMENTIN** fils de Charles François Joseph bourgeois écuyer seigneur de Gommecourt, Bienvillers au Bois, Monchy etc... et de Dame Marie Albertine Françoise DANTIN a récréanté sa bourgeoisie et prêté le serment ordinaire pardevant monsieur Dupuich échevin commissaire de la ville et cité d'Arras ce jourd'hui 21/2/1777.

Folio 22R :

[177] 12 livres : **Jacques François Joseph MAILLE** natif de cette ville fils de Jacques Antoine et de Marie Françoise BEAUVAIS a été reçu bourgeois de cette ville et cité sur requête présentée en ce siège moyennant finance de douze livres qu'il a payé au trésorier receveur et a prêté le serment ordinaire en chambre de l'hôtel commun de la ville et cité d'Arras pardevant messieurs en nombre ce jourd'hui 25/2/1777.

[178] gratis : **Pierre Charles PECQUEUR** fils de Ferdinand et de Marie Monique DELDIC a été reçu bourgeois gratis à la recommandation de monsieur Dourlens avocat et échevin et a prêté le serment ordinaire en chambre de l'hôtel commun pardevant messieurs en nombre ce jourd'hui 25/2/1777.

[179] gratis : **Jean Baptiste Gabriel MOREL** fils de Raphael et de Delphine MOREL natif de Caucourt a été reçu bourgeois gratis à la recommandation de monsieur Bayart procureur à Clay ? sindic et a prêté le serment ordinaire en chambre de l'hôtel commun pardevant messieurs en nombre ce jourd'hui 25/2/1777.

[180] **Louis Dominique HURTEAUX** natif de cette ville fils de François Louis Dominique bourgeois de cette ville et de Marie Catherine HARDUIN a récréanté sa bourgeoisie et prêté le serment ordinaire pardevant monsieur Delarsé avocat échevin commissaire de semaine en chambre de l'hôtel commun de la ville et cité d'Arras ce jourd'hui 28/2/1777.

[181] **Pierre Joseph DUPRET** natif de cette ville fils de Pierre bourgeois de cette ville et d'Angélique FONTAINE a récréanté sa bourgeoisie et prêté le serment ordinaire pardevant monsieur Lallart échevin commissaire de semaine en chambre de l'hôtel commun de la ville et cité d'Arras ce jourd'hui 3/3/1777.

Folio 22V :

[182] **Louis Guislain Joseph DEHEE** natif de cette ville fils de Jean Guislain bourgeois de cette ville et de Pélagie THERIEZ a récréanté sa bourgeoisie et prêté le serment ordinaire pardevant monsieur Lallart de le Bucquière en chambre de l'hôtel commun de la ville et cité d'Arras ce 11/3/1777.

[183] 12 livres : **Jean Baptiste HAULOT** natif de Notre Dame du Bourg diocèse de Rouen fils de Jean Baptiste et de Marie Madeleine BRIAN a sur requête présentée été reçu bourgeois de cette ville et cité moyennant finance de douze livres qu'il a payé au trésorier receveur et a prêté le serment ordinaire pardevant messieurs en nombre en chambre de l'hôtel commun de la ville et cité d'Arras ce jourd'hui 21/3/1777.

[184] 12 livres : **Pierre Antoine DEHORNES** natif d'Achicourt fils de Nicolas et de Marie Joseph BOBEUX a été reçu bourgeois de cette ville et cité moyennant finance de douze livres qu'il a payé au trésorier et a prêté le serment ordinaire en chambre de l'hôtel commun de la ville et cité d'Arras pardevant messieurs en nombre ce jourd'hui 21/3/1777.

[185] gratis : **Louis Joseph CABARET** fils d'André Louis et de Marie Thérèse Natalie TRIO a sur requête présentée en ce siège été reçu bourgeois gratis attendu qu'il était fils de bourgeois et élevé à la maison commune des orphelins de cette ville et a prêté le serment ordinaire en chambre de l'hôtel commun de la ville et cité d'Arras pardevant messieurs en nombre ce jourd'hui 25/3/1777.

Folio 23R :

[186] **Pierre François HAUVELLE** fils de Liévin bourgeois de cette ville et de Marie Joseph DAVID a récréanté sa bourgeoisie et prêté le serment ordinaire es mains de monsieur Landru échevin en chambre de l'hôtel commun de la ville et cité d'Arras le 27/3/1777.

[187] 12 livres : **Jean Louis FRANÇOIS** natif de Quiéry la Motte fils de Louis et d'Anne Thérèse COCU a sur requête présentée été reçu bourgeois de cette ville et cité et payé douze livres au trésorier receveur et prêté le serment ordinaire en chambre de l'hôtel commun de la ville et cité d'Arras pardevant messieurs en nombre ce jourd'hui 4/4/1777.

[188] 12 livres : **Pierre Joseph Isidore DESIR** natif de Ferrière la Petite en Hainaut fils d'Ignace et de Marie Louise Joseph LOUETTE a sur requête par lui présentée été reçu bourgeois de cette ville et cité moyennant finance de douze livres qu'il a payé au trésorier receveur et a prêté le serment ordinaire en chambre de l'hôtel commun de la ville et cité d'Arras pardevant messieurs en nombre ce jourd'hui 11/4/1777.

[189] **Charles Joseph PERLIN** natif de cette ville fils de Pierre bourgeois et de Marie Anne Joseph HERMAN a récréanté sa bourgeoisie et prêté le serment ordinaire pardevant monsieur Dourlens avocat et échevin commissaire de semaine en chambre de l'hôtel commun de la ville et cité d'Arras ce jourd'hui 17/4/1777.

[190] **Jean Baptiste Joseph Waast VOIER** natif de cette ville fils de Jean Baptiste Joseph bourgeois

Folio 23V :

et de Marie Anne Joseph OBRON a récréanté sa bourgeoisie et prêté le serment ordinaire pardevant monsieur Dourlens avocat échevin commissaire de semaine en chambre de l'hôtel commun de la ville et cité d'Arras ce jourd'hui 18/4/1777.

[191] 12 livres : **Louis François Joseph DE RANSART** natif de cette ville fils de Jean François et de Jeanne Françoise SALMON a été reçu bourgeois de cette ville faute d'avoir récréanté en temps et payé douze livres au trésorier receveur de cette ville et cité et prêté le serment ordinaire en chambre de l'hôtel commun pardevant messieurs en nombre ce jourd'hui 22/4/1777.

[192] 12 livres : **Pierre BULLEUX** natif de Seraincourt fils de Nicolas et de Jeanne RICHARD a sur requête présentée été reçu bourgeois de cette ville et cité moyennant finance de douze livres qu'il a payé au trésorier receveur et a prêté le serment ordinaire en chambre de l'hôtel commun de la ville et cité d'Arras pardevant messieurs en nombre ce jourd'hui 2/5/1777.

[193] **François Joseph Bruno IZAMBART** natif de cette ville fils de Nicolas Joseph bourgeois et de Marie Anne Catherine Thérèse GORLIER a récréanté sa bourgeoisie et prêté le serment ordinaire pardevant monsieur Landru échevin commissaire de semaine en chambre de l'hôtel commun de la ville et cité d'Arras ce jourd'hui 5/5/1777.

[194] **Pierre Guislain Noël DEFONTAINE** natif de cette ville fils de Charles bourgeois et de Marie Thérèse GODART a récréanté sa bourgeoisie et prêté le serment ordinaire pardevant

Folio 24R :

monsieur Landru échevin commissaire de semaine en chambre de l'hôtel commun de la ville et cité d'Arras ce jourd'hui 9/5/1777.

[195] 6 livres : **Agnès Joseph LAMOURETTE** native de Frévent fille de François et de Marie Joseph BARDOU a été reçue bourgeoise de cette ville et cité moyennant la somme de six livres qu'elle a payé au trésorier receveur de cette ville et cité et a prêté le serment ordinaire pardevant messieurs en nombre en chambre de l'hôtel commun de la ville et cité d'Arras ce jourd'hui 13/5/1777.

[196] gratis : **Antoine Louis BASSEZ** valet de la ville et cité d'Arras fils de Louis et d'Elisabeth BERTIN a été reçu bourgeois de cette ville et cité gratis attendu les circonstances et a prêté le serment ordinaire pardevant messieurs en nombre ce jourd'hui 23/5/1777 en chambre de l'hôtel commun de la ville et cité d'Arras.

[197] gratis : **Pierre Antoine BASSEZ** natif de cette ville fils de Louis et d'Elisabeth BERTIN a été reçu bourgeois de cette ville et cité gratis à la recommandation de monsieur Chaumont échevin gentilhomme et a prêté le serment ordinaire en chambre de l'hôtel commun de la ville et cité d'Arras pardevant messieurs en nombre ce jourd'hui 23/5/1777.

[198] 18 livres : **André Aubert SAUVAGE** natif de Neuville Vitasse fils de Jacques Léon et de Guislaine VALET a été reçu bourgeois de cette ville et cité moyennant la somme de dix-huit livres qu'il a payé au trésorier receveur de cette ville et cité et a prêté le serment ordinaire pardevant messieurs en nombre en chambre de l'hôtel commun ce jourd'hui 27/5/1777.

Folio 24V :

[199] 12 livres : **Eugène Louis Joseph CROQUISON** natif de Ligny sur Canche fils de Jacques Joseph et de Marie Barbe DUCHEMIN a été reçu bourgeois de cette ville et cité et a prêté le serment ordinaire pardevant messieurs en nombre en chambre de l'hôtel commun ce jourd'hui 27/5/1777.

[200] **Jean Baptiste Joseph VAUCLIN** natif de cette ville fils de Charles bourgeois de cette ville et de Marie Françoise DELESTREE a récréanté sa bourgeoisie et prêté le serment ordinaire pardevant monsieur Chaumont échevin commissaire de semaine en chambre de l'hôtel commun ce jourd'hui 30/5/1777.

[201] **Pierre François Joseph Emmanuel MINART** natif de cette ville fils de Martin François bourgeois de cette ville et de Jeanne Marguerite DENAIN a récréanté sa bourgeoisie et prêté le serment ordinaire pardevant monsieur Chaumont échevin commissaire de semaine en chambre de l'hôtel commun de la ville et cité d'Arras ce jourd'hui 31/5/1777.

[202] 12 livres : **Pierre Ignace MONCHY** natif de Carency fils d'Ignace et de Marie Philippe DESPRES a été reçu bourgeois moyennant finance de douze livres payé au trésorier receveur et a prêté le serment ordinaire pardevant messieurs en nombre en chambre de l'hôtel commun de la ville et cité d'Arras ce jourd'hui 3/6/1777.

Folio 25R :

[203] **Philippe Joseph LEFEBVRE** natif de la cité de cette ville fils de Philippe Guislain Joseph et de Marie Anne HUNEZ a récréanté sa bourgeoisie et prêté le serment ordinaire pardevant monsieur Dupuich échevin commissaire de semaine en chambre de l'hôtel commun ce jourd'hui 4/6/1777.

[204] 12 livres : **Pierre Guislain WATEL** natif de Monchy le Preux fils de Martin et de Marie Françoise PECQUEUR garçon boulanger a sur requête été reçu bourgeois de cette ville et cité moyennant finance de douze livres et a prêté le serment ordinaire en chambre de l'hôtel commun pardevant messieurs en nombre ce jourd'hui 6/6/1777.

[205] **Charles François Alexandre DEBUIRE** natif de cette ville fils de Jacques Guislain bourgeois et de Marie Scolastique CLEMENT a récréanté sa bourgeoisie et prêté le serment ordinaire pardevant monsieur Dupuich échevin commissaire de semaine en chambre de l'hôtel commun de la ville et cité le 6/6/1777.

[206] gratis : **Benoît Alexis Joseph LAINE** natif de Vendegie au Bois fils de Jérosme et de Marie Barbe Henriette CAMEL a sur sa requête été reçu bourgeois gratis à la recommandation de monsieur Dupuich échevin et a prêté le serment ordinaire pardevant messieurs en nombre en chambre de l'hôtel commun de la ville et cité d'Arras ce jourd'hui 17/6/1777.

[207] **Pierre François Etienne HALLO** native de cette ville fils d'Etienne Joseph bourgeois et d'Isabelle Guislaine CAPLAIX a récréanté sa bourgeoisie et prêté le serment ordinaire pardevant monsieur Lallart échevin commissaire de semaine en chambre de l'hôtel commun de la ville et cité d'Arras ce jourd'hui 16/6/1777.

<u>Folio 25V :</u>

[208] **Augustin FOURMAUT** natif de Roclencourt fils de Michel bourgeois et de Marie Joseph LOMBART a récréanté sa bourgeoisie et prêté le serment ordinaire pardevant monsieur Chaumont échevin commissaire de semaine en chambre de l'hôte commun de la ville et cité d'Arras ce jourd'hui 25/6/1777.

[209] 12 livres : **Stanislas PROYART** natif de Mercatel fils de Jean Baptiste et de Marie Scolastique DHENIN a sur requête présentée été reçu bourgeois de cette ville et cité moyennant finance de douze livres et a prêté le serment ordinaire pardevant messieurs en nombre en chambre de l'hôtel commun ce jourd'hui 27/6/1777.

[210] 12 livres : **Pierre Guislain WAQUIEZ** fils d'Antoine et de Marie Catherine LEGRAND a été reçu bourgeois moyennant 12 livres le 4/7/1777.

[211] **Eloy Auguste Marie DELEAU** fils d'Antoine et de Marie Claire CARPENTIER a récréanté sa bourgeoisie et prêté le serment ordinaire pardevant monsieur Dourlens avocat et échevin commissaire de semaine en chambre de l'hôtel commun de la ville et cité d'Arras ce jourd'hui 14/7/1777.

[212] **Charles Nicolas Antoine Joseph PEUGNET** natif de cette ville fils de Charles Guislain bourgeois et de Catherine Joseph DELEAU a récréanté sa bourgeoisie et prêté le serment ordinaire en chambre de l'hôtel commun de la ville et cité d'Arras pardevant monsieur Dourlens avocat et échevin de ladite ville ce jourd'hui 15/7/1777.

<u>Folio 26R :</u>

[213] **Guislain Félix Joseph MINART** natif de cette ville fils de Charles Guislain bourgeois boucher de cette ville et de Jeanne Hélène BLONDEL a récréanté sa bourgeoisie et prêté le serment ordinaire en chambre de l'hôtel commun de la ville et cité d'Arras pardevant monsieur Liborel avocat et échevin commissaire de semaine ce jourd'hui 22/7/1777.

[214] **Augustin Joseph DELAFORGE** fils de Joseph Guislain bourgeois et de Marie Barbe Julie GEORGE a récréanté sa bourgeoisie et prêté le serment ordinaire pardevant monsieur Liborel avocat et échevin commissaire de semaine en chambre de l'hôtel commun de la ville et cité d'Arras ce jourd'hui 21/7/1777.

[215] **Fidel Amable Louis PIERREQUINT** natif de cette ville fils de François Philippe et de Marie Françoise Ozille MONTAGNE a récréanté sa bourgeoisie et prêté le serment ordinaire en chambre de l'hôtel commun pardevant monsieur Liborel avocat et échevin de la ville et cité d'Arras ce jourd'hui 22/7/1777.

[216] **Antoine Guislain FLAHAUT** natif d'Arras fils de Pierre Guislain bourgeois et de Marie Anne HALLOT a récréanté sa bourgeoisie et prêté le serment ordinaire pardevant monsieur Delarsé avocat et échevin commissaire de semaine en chambre de l'hôtel commun de la ville et cité d'Arras ce jourd'hui 29/7/1777.

[217] **Pierre Jean Baptiste Florentin BOYELLE** natif de cette ville fils de Pierre Etienne François

<u>Folio 26V :</u>

Bourgeois de cette ville et de Marie Marguerite VASSEUR a récréanté sa bourgeoisie et prêté le serment ordinaire pardevant monsieur Delarsé avocat et échevin commissaire en chambre de l'hôtel commun de la ville et cité d'Arras ce jourd'hui 30/7/1777.

[218] 12 livres : **Jean Baptiste Joseph LECUIRE** natif de cette ville fils de Pierre Joseph et de Marguerite GAILLARD a sur requête été reçu bourgeois de cette ville et cité moyennant finance de douze livres qu'il a payé au trésorier receveur et a prêté le serment ordinaire en chambre de l'hôtel commun pardevant messieurs en nombre ce jourd'hui 8/8/1777.

[219] **Pierre Bruno BAILLET** natif de cette ville fils d'André bourgeois et de Marie Joseph DEBUISSY a récréanté sa bourgeoisie et prêté le serment ordinaire pardevant monsieur Lallart Delebucquière échevin commissaire de semaine en chambre de l'hôtel commun de la ville et cité d'Arras ce jourd'hui 14/8/1777.

[220] 12 livres : **Jean Baptiste GRENIER** natif du village de Simencourt fils de Jean François et de Marie Scolastique PAYEN a sur requête présentée été reçu bourgeois moyennant finance de douze livres qu'il a payé au trésorier receveur et a prêté le serment ordinaire pardevant messieurs en nombre en chambre de l'hôtel commune de la ville et cité d'Arras ce jourd'hui 19/8/1777.

<u>Folio 27R :</u>

[221] **Louis Alexandre LAVALLEE** fils de Jean Baptiste bourgeois et de Marie Guislaine FROMENTIN a récréanté sa bourgeoisie et prêté le serment ordinaire pardevant monsieur Dupuich échevin commissaire de semaine en chambre de l'hôtel commun de la ville et cité d'Arras ce jourd'hui 23/8/1777.

[222] **Romain François Joseph LEFLON** fils de Pierre Joseph bourgeois et de Marie Michelle HAUVELLE a récréanté sa bourgeoisie et prêté le serment ordinaire pardevant monsieur Dupuich échevin commissaire de semaine en chambre de l'hôtel commun de la ville et cité d'Arras ce jourd'hui 23/8/1777.

[223] 12 livres : **Louis François COUET** natif de la ville de Paris fils de Louis et d'Elizabeth GAUTIER a sur requête par lui présentée été reçu bourgeois de cette ville et cité moyennant finance de douze livres qu'il a payé au trésorier receveur et a prêté le serment ordinaire pardevant messieurs en nombre en chambre de l'hôtel commun de la ville et cité d'Arras ce jourd'hui 29/8/1777.

[224] 12 livres : **Théophile Joseph DELIGNE** natif de Vimy fils de Jacques et d'Anne Marie DE NEUVILLE a sur requête été reçu bourgeois de cette ville et cité moyennant finance de douze livres qu'il a payé au trésorier receveur et a prêté le serment ordinaire pardevant messieurs en nombre en chambre de l'hôtel commun de la ville et cité d'Arras le 2/9/1777.

[225] **Jean Jacques GERIN** natif de Sainte Catherine fils de Jean Louis bourgeois et d'Anne Marie Joseph QUIEVAL a récréanté sa bourgeoisie et prêté le serment

Folio 27R :

ordinaire pardevant monsieur Gorlier avocat et échevin commissaire de semaine en chambre de l'hôtel commun de la ville et cité d'Arras le 6/9/1777.

[226] **Nicolas François Joseph DUFOUR** natif de cette ville fils de François Joseph et de Jeanne Thérèse Scolastique LEROY a récréanté sa bourgeoisie et prêté le serment ordinaire pardevant monsieur Dourlens avocat et échevin commissaire de semaine en chambre de l'hôtel commun de la ville et cité d'Arras le 11/9/1777.

[227] **André Louis Joseph DUBOIS** natif de cette ville fils de Louis Philippe bourgeois et d'Anne Joseph CRONFART a récréanté sa bourgeoisie et prêté le serment ordinaire pardevant monsieur Liborel avocat et échevin de la ville et cité d'Arras commissaire de semaine en chambre de l'hôtel commun le 19/9/1777.

[228] 12 livres : **Jean François BRABANT** jardinier natif de Flers fils de Pierre et de Marie Françoise CARLIER a été reçu bourgeois de cette ville et cité moyennant finance de douze livres qu'il a payé au trésorier receveur et a prêté le serment ordinaire pardevant messieurs en nombre en chambre de l'hôtel commun de la ville et cité d'Arras le 19/9/1777.

[229] 12 livres : **André Joseph DE NEUFEGLISE** natif de Linghem diocèse de Boulogne fils de Pierre et de Marie Jeanne HANON a été reçu bourgeois de cette ville et cité moyennant finance de douze livres qu'il a payé au trésorier receveur et

Folio 28R :

prêté le serment ordinaire pardevant messieurs en nombre en chambre de l'hôtel commun le 19/9/1777.

[230] 12 livres : **Pierre Antoine CARPENTIER** fils de Jacques Antoine et de Marie Augustine LEDRU natif de Maroeuil a sur requête été reçu bourgeois de cette ville moyennant finance de douze livres qu'il a payé au trésorier receveur de cette ville et cité et prêté le serment ordinaire en chambre de l'hôtel commun de la ville et cité d'Arras pardevant messieurs en nombre ce jourd'hui 30/9/1777.

[231] **Louis Joseph SAINT AUBERT** fils de Charles Antoine et de Gertrude DUSSART natif de cette ville a récréanté sa bourgeoisie et prêté le serment ordinaire pardevant monsieur Chaumont échevin commissaire de semaine ce jourd'hui en chambre de l'hôtel commun de la ville et cité d'Arras 30/9/1777.

[232] **Jean François DERVILLERS** natif de cette ville fils de Jean François et de Joseph FLAMENT a récréanté sa bourgeoisie et prêté le serment ordinaire pardevant monsieur Chaumont échevin commissaire de semaine en chambre de l'hôtel commun de la ville et cité d'Arras ce jourd'hui 2/10/1777.

[233] 24 livres : **Philippe Michel LEFEBVRE** natif d'Hermaville fils d'Ignace bailli dudit lieu et de Jeanne Françoise LECOMPT a sur requête été reçu bourgeois de cette ville moyennant vingt-quatre livres qu'il a payé au trésorier receveur de cette ville et a prêté le serment ordinaire en chambre de l'hôtel commun pardevant messieurs en nombre ce jourd'hui 3/10/1777.

Folio 28V :

[234] **Pierre Joseph Hipolite TRANNOY** natif de cette ville fils de Jean Martin et d'Antoinette Célestine DERVILLERS a récréanté sa bourgeoisie et prêté le serment ordinaire pardevant monsieur Chaumont échevin commissaire de semaine en chambre de l'hôtel commun de ladite ville et cité ce jourd'hui 3/10/1777.

[235] **Charles François Joseph BLONDEL** natif de cette ville fils d'Antoine François et de Marie Jeanne GRISART a récréanté sa bourgeoisie et prêté le serment ordinaire pardevant monsieur Landru échevin commissaire de semaine en chambre de l'hôtel commun de la ville et cité d'Arras le 7/10/1777.

[236] **Louis François Joseph BLONDEL** natif de cette ville fils d'Antoine François et de Marie Jeanne GRISART a récréanté sa bourgeoisie et prêté le serment ordinaire pardevant monsieur Landru échevin commissaire de semaine en chambre de l'hôtel commun de la ville et cité d'Arras le 7/10/1777.

[237] 18 livres : **Jean Baptiste HARDELIN** natif de Guemape fils de Léger et de Marguerite POTVIN a sur requête été reçu bourgeois de cette ville moyennant finance de dix-huit livres qu'il a payé au trésorier

Folio 29R :

receveur de cette ville et cité et a prêté le serment ordinaire pardevant messieurs en nombre en chambre de l'hôtel commun de ladite ville et cité d'Arras le 7/10/1777.

[238] 24 livres : **Hiacinthe Guislain Joseph BELLION** natif de cette ville fils de maître Adrien Lambert Thomas avocat et de Demoiselle Marie Joseph Liévine CARON a sur requête par lui présentée été reçu bourgeois de cette ville et cité moyennant finance de vingt-quatre livres qu'il a payé au trésorier receveur de ladite ville et a prêté le serment ordinaire pardevant messieurs en nombre en chambre de l'hôtel commun de la ville et cité le 17/10/1777.

[239] 24 livres : **André Etienne Louis TARAUGET** licencié en médecine natif de Lille fils d'Etienne Mathieu chirurgien major de l'hôpital royal de cette ville et de Louis DESTOURS a sur requête par lui présentée été reçu bourgeois de cette ville et cité moyennant finance de vingt-quatre livres qu'il a payé au trésorier receveur de ladite ville et a prêté le serment ordinaire pardevant messieurs en chambre de l'hôtel commun de ladite ville et cité le 17/10/1777.

[240] 12 livres : **Vincent AZEMAER** natif de Rodez en Rouergue fils de Jean Antoine (et) Marie EVE a sur requête été reçu bourgeois de cette

Folio 29V :

ville et cité moyennant douze livres qu'il a payé au trésorier receveur et a prêté le serment ordinaire pardevant messieurs en nombre en chambre de l'hôtel commun de la ville et cité d'Arras ce jourd'hui 28/10/1777.

[241] 12 livres : **Jean Denis DUPIRE** natif de Bienvillers au Bois fils de Robert et de Marie Anne DECROIX a sur requête par lui présentée été reçu bourgeois de cette ville et cité et payé douze livres à l'argentier de cette ville et prêté le serment ordinaire pardevant messieurs en nombre en chambre de l'hôtel commun de la ville et cité d'Arras le 31/10/1777.

[242] 12 livres : **Evrard Louis Joseph EVRARD** natif d'Athies fils de Joseph et de Marie Thérèse WARTEL a sur requête par lui présentée été reçu bourgeois de cette ville et cité et a prêté le serment ordinaire en chambre de l'hôtel commun de la ville et cité le 31/10/1777.

[243] **Albert Toussaint Joseph François BOYELLE** fils de Pierre François bourgeois et de Marie Claire COPLAIN a récréanté sa bourgeoisie et prêté le serment ordinaire pardevant monsieur Despalungues échevin en chambre de l'hôtel commun ce jourd'hui 10/11/1777.

[244] 12 livres : **Louis Joseph VAHÉ** natif de Barleux Fosseux fils de Louis et de Marie Thérèse VIGNY a sur requête présentée été reçu bourgeois de cette ville et cité moyennant douze livres qu'il a payé au trésorier receveur et a prêté le serment ordinaire pardevant messieurs en nombre ce jourd'hui en chambre de l'hôtel commun de la ville et cité d'Arras 11/11/1777.

Folio 30R :

[245] **Philippe Albert VALET** fils de Pierre André et de Marie Scolastique CARON a récréanté sa bourgeoisie et prêté le serment ordinaire pardevant monsieur Despalungues échevin commissaire de semaine en chambre de l'hôtel commun de la ville et cité ce jourd'hui 21/11/1777.

[246] **Louis François Joseph COURTOIS** fils de Louis Joseph et de Marie Adrienne Joseph SAUTHIEU a récréanté sa bourgeoisie et prêté le serment ordinaire pardevant monsieur Dourlens avocat échevin commissaire de semaine en chambre de l'hôtel commun de la ville et cité d'Arras le 1/12/1777.

[247] 12 livres : **Charles Louis LAHOUSSE** natif de Messine fils de Charles Ignace et de Marie Catherine DELERUE a sur requête par lui présentée été reçu bourgeois de cette ville et cité moyennant douze livres qu'il a payé au trésorier receveur de cette ville et a prêté le serment ordinaire en chambre de l'hôtel commun de la ville et cité d'Arras pardevant messieurs en nombre ce jourd'hui 2/12/1777.

Folio 30V :

[248] **Louis Joseph LAVALLE** natif de la cité de cette ville fils de Simon habitant de ladite cité à l'époque de l'édit d'union d'icelle à cette ville et d'Agnès CLIQUET a en vertu dudit édit récréanté sa bourgeoisie et prêté le serment ordinaire pardevant monsieur Lallart échevin en chambre de l'hôtel commun de la ville et cité d'Arras ce jourd'hui 4/12/1777.

[249] **Paul Joseph MINART** natif de la paroisse de Sainte Nicaise en la cité de cette ville fils de Charles François habitant de ladite cité à l'époque de l'édit d'union d'icelle à cette ville et de Marie Marguerite VALET a en vertu dudit édit récréanté sa bourgeoisie et prêté le serment ordinaire pardevant monsieur Landru écuyer échevin en chambre de l'hôtel commun de la ville et cité d'Arras ce jourd'hui 5/12/1777.

[250] 12 livres : **Pierre Guislain Joseph MARTIN** natif de cette ville fils d'Alexis et de Marie Jeanne Rose DEMAILLY a été relevé de l'omission d'avoir récréanté sa bourgeoisie avant se marier moyennant finance de douze livres qu'il a payé au trésorier et a prêté le serment ordinaire en chambre de l'hôtel commun de la ville et cité d'Arras pardevant messieurs en nombre ce jourd'hui 5/12/1777.

[251] 12 livres : **Philippe Martin TOURSEL** natif du Valhuon fils de Philippe Martin et de Marie Claire BOCHET a été reçu bourgeois de

Folio 31R :

cette ville et cité moyennant finance de douze livres qu'il a payé au trésorier receveur de cette ville et cité et a prêté le serment ordinaire en chambre d'icelle pardevant messieurs en nombre ce jourd'hui 5/12/1777.

[252] **Guislain Joseph LOTTIN** fils d'Augustin bourgeois et de Marguerite François GAFFET a récréanté sa bourgeoisie et prêté le serment ordinaire pardevant monsieur Liborel avocat échevin commissaire de semaine en chambre de l'hôtel commun de la ville et cité d'Arras ce jourd'hui 9/12/1777.

[253] **Alexandre Joseph Séraphin THIBAULT** fils d'Alexandre François bourgeois et de Marie Anne GAUJOT a récréanté sa bourgeoisie et prêté serment ordinaire pardevant monsieur Liborel avocat échevin commissaire de semaine en chambre de l'hôtel commun de la ville et cité d'Arras ce jourd'hui 12/12/1777.

[254] **Pierre Alexandre BOUCHER** fils de Nicolas Joseph et de Marie Angélique BOUCHER a récréanté sa bourgeoisie et prêté serment ordinaire pardevant monsieur Landru échevin commissaire de semaine en chambre de l'hôtel commun de la ville et cité d'Arras ce jourd'hui 16/12/1777.

Folio 31V :

[255] **Philippe Antoine Joseph DAMIENS** natif de cette ville fils de Simon Antoine et de Marie Augustine DESPRETZ a récréanté sa bourgeoisie et prêté le serment ordinaire pardevant monsieur Lallart Delebucquière échevin commissaire de semaine en chambre de l'hôtel commun de la ville et cité d'Arras le 20/12/1777.

[256] gratis : **François Léonard HEBERT** natif de la ville de Rouen fils de Jacques et d'Anne Romaine GOSSOND a sur la requête par lui présentée été reçu bourgeois de cette ville à la recommandation de monsieur Liborel avocat et échevin de cette ville et prêté le serment ordinaire en chambre de l'hôtel commun de ladite ville et cité pardevant messieurs en nombre ce jourd'hui 2/1/1778.

[257] **Victor Amédée Joseph FERCO** natif de cette ville fils de Pierre Alphonse et de Marie Marguerite GRAU a récréanté sa bourgeoisie et prêté serment ordinaire pardevant monsieur Despalungue échevin de semaine en chambre de l'hôtel commun de la ville et cité d'Arras le 10/1/1778.

[258] **Hypolite Placide Fidel DESGARDIN** fils de Simon Judes et de Marie

Folio 32R :

Augustine DAMBRINNES a récréanté sa bourgeoisie et prêté le serment ordinaire pardevant monsieur Despalungue échevin de semaine en chambre de l'hôtel commun de la ville et cité d'Arras ce jourd'hui 10/1/1778.

[259] gratis : **Nicolas Joseph HURTEAU** natif d'Hannecamp fils de Jean Louis et de Rosalie DEMOLIN a sur requête par lui présentée été reçu bourgeois gratis à la recommandation de monsieur Despalungues échevin et a prêté le serment ordinaire pardevant messieurs en nombre en chambre de l'hôtel commun de la ville et cité d'Arras le 13/1/1778.

[260] gratis : **Pierre Joseph VAAST** natif d'Ivergny fils de Jacques Joseph et de Marie Catherine POULAIN a sur requête par lui présentée été reçu bourgeois gratis à la recommandation de monsieur Leroux du Châtelet échevin et a prêté le serment ordinaire pardevant messieurs en nombre en chambre de l'hôtel commun de la ville et cité d'Arras le 13/1/1778.

[261] gratis : **Antoine Guislain BOUBERT** natif de Saint Aubin lez Arras fils d'Antoine François et de Marie Anne Joseph CARON a sur requête par lui présentée été reçu bourgeois gratis à la recommandation de monsieur Landru et a prêté le serment ordinaire pardevant messieurs en nombre le 13/1/1778.

[262] 12 livres : **Guislain Joseph DELAPLACE** natif de cette ville fils de Charles

Folio 32V :

Nicolas et de Jeanne Thérèse FRUY a été relevé de l'omission d'avoir récréanté avant son mariage moyennant la somme de douze livres qu'il a payé au trésorier receveur de cette ville et cité et a en conséquence prêté le serment ordinaire pardevant messieurs en nombre le 13/1/1778 en chambre de l'hôtel commun de la ville et cité d'Arras.

[263] **Charles François Joseph GUIO** natif de cette ville fils de Jean François bourgeois et d'Isabelle Julie SAUTAY a récréanté sa bourgeoisie et prêté le serment ordinaire pardevant monsieur Leroux du Châtelet échevin commissaire de semaine en chambre de l'hôtel commun de la ville et cité le 15/1/1778.

[264] gratis : **Thomas Joseph PIERRE-PONS** natif d'Ecurie fils de Jean François et de Marie Scolastique TRANIN a sur requête par lui présentée été reçu bourgeois gratis à la recommandation de monsieur Boniface trésorier receveur et a prêté le serment ordinaire en chambre de l'hôtel commun de la ville et cité d'Arras pardevant messieurs en nombre le 16/1/1778.

[265] gratis : **Jean Baptiste Guislain LANSEL** natif de cette ville fils d'Augustin Joseph et d'Isabelle PRAUD a sur requête par lui présentée été relevé de l'omission d'avoir récréanté avant son mariage et ce gratis à la recommandation de monsieur de Mons en Baroeul échevin et a prêté le serment ordinaire pardevant messieurs en nombre en chambre de l'hôtel commun de la ville et cité d'Arras le 16/1/1778.

[266] **Mathias Joseph WANTISSÉ** fils de

Folio 33R :

Jean Baptiste et de Marie Anne Scolastique DUFOUR a récréanté sa bourgeoisie et prêté le serment ordinaire pardevant monsieur Liborel avocat échevin de semaine en chambre de l'hôtel commun de la ville et cité d'Arras ce jourd'hui 19/1/1778.

[267] **Louis Joseph Marie BOUCHER** natif de cette ville fils de Louis Joseph bourgeois et de Séraphine Joseph PLOUVIER a récréanté sa bourgeoisie et prêté le serment ordinaire pardevant monsieur Leroux du Châtelet avocat et échevin commissaire de semaine en chambre de l'hôtel commun de la ville et cité d'Arras le 20/1/1778.

[268] **François Guislain LIBERT** natif de cette ville fils de Philippe Albert bourgeois et de Marie Louise NOIRET a récréanté sa bourgeoisie et prêté le serment ordinaire pardevant monsieur Leroux du Châtelet avocat et échevin commissaire de semaine en chambre de l'hôtel commun de la ville et cité d'Arras le 20/1/1778.

[269] gratis : **Pierre Ignace COQUIDÉ** natif de Givenchy fils de Charles Joseph et de Marie Catherine LELONG a sur requête par lui présentée été reçu bourgeois gratis à la recommandation de monsieur Baudelet échevin et a prêté le serment ordinaire pardevant messieurs en nombre en chambre de l'hôtel commun de la ville et cité d'Arras le 20/1/1778.

Folio 33V :

[270] **Amable Fidel Constant BOYELLE** natif de cette ville fils de Joachim et de Jeanne Madeleine MINART a récréanté sa bourgeoisie et prêté le serment ordinaire pardevant monsieur Desmasières avocat et échevin commissaire de semaine en chambre de l'hôtel commun de la ville et cité d'Arras ce jourd'hui 28/1/1778.

[271] 12 livres : **Antoine Joseph PLANQUETTE** natif de Frévin Capelle fils de Jean François et d'Anne Jeanne DEMONCHY a sur requête par lui présentée été reçu bourgeois de cette ville moyennant la somme de douze livres qu'il a payé au trésorier receveur de cette ville et a prêté le serment ordinaire en chambre de l'hôtel commun de la ville et cité d'Arras le 30/1/1778.

[272] gratis : **Jacques Henry DEBAILLEUL** natif de Saint Nicolas en Meaulens fils de Léonard et de Marie Claire GRINCOURT a sur requête par lui présentée été reçu bourgeois gratis à la recommandation de monsieur Demasières avocat et échevin et a prêté le serment ordinaire pardevant messieurs en nombre en chambre de l'hôtel commun de la ville et cité d'Arras le 30/1/1778.

[273] gratis : **Jean François Silvestre HAPIOT** natif de Saint Eloy fils de Maurice et de Marie Catherine HUCLIEZ a sur requête présentée été reçu et admis bourgeois gratis à la

Folio 34R :

recommandation de monsieur Grimbert avocat secrétaire greffier et a prêté le serment ordinaire en chambre de l'hôtel commun le 30/1/1778.

[274] gratis : **Maurice CLARIS** natif du Dauphiné fils d'Esprit et de Jeanne Marie GAMBUS a sur requête par lui présentée été reçu bourgeois gratis à la recommandation de monsieur Duquesnoy échevin et a prêté le serment ordinaire pardevant messieurs en nombre en chambre de l'hôtel commun de la ville et cité d'Arras le 3/2/1778.

[275] **Jacques Joseph DERVILLER** fils de Joseph bourgeois et de Marie Thérèse Angélique BRAS a récréanté sa bourgeoisie et prêté le serment ordinaire pardevant monsieur Duquesnoy avocat et échevin commissaire de semaine en chambre de l'hôtel commun de cette ville et cité d'Arras le 3/2/1778.

[276] **Jean François Louis LAVALLE** natif de cette ville fils de Louis Gaspard bourgeois et de Rosalie Rose NONJEAN a récréanté sa bourgeoisie et prêté le serment ordinaire pardevant monsieur Duquesnoy avocat et échevin commissaire de semaine en chambre de l'hôtel commun de la ville et cité le 5/2/1778.

Folio 34V :

[277] gratis : **Nicolas Vaast DELTOUR** natif de Gouy en Ternois fils de Clément et de Marie Rose CHATELET a sur requête par lui présentée été reçu bourgeois de cette ville et cité gratis à la recommandation de monsieur Lallart Delebucquière échevin et a prêté le serment ordinaire pardevant messieurs en nombre en chambre de l'hôtel commun de la ville et cité d'Arras le 13/2/1778.

[278] 12 livres : **Jean Baptiste Dominique BISSON** natif de cette ville fils de Jean Baptiste et de Marie Louise CAMIEZ a sur requête par lui présentée été relevé de l'omission d'avoir récréanté sa bourgeoisie avant son mariage moyennant la somme de douze livres qu'il a payé au trésorier receveur de cette ville et a prêté le serment ordinaire pardevant messieurs en nombre en chambre de l'hôtel commun de ladite ville et cité le 13/2/1778.

[279] **Liévin François BADOU** natif de la cité de cette ville fils de Dominique François et de Marie Jeanne ENGRAND a en vertu de l'édit du mois d'octobre 1749 portant union de la cité à la ville récréanté sa bourgeoisie et prêté le serment ordinaire pardevant monsieur Dupuich échevin commissaire de semaine en chambre de l'hôtel commun de la ville et cité d'Arras de l'hôtel commun de la ville et cité d'Arras le 16/2/1778.

[280] 12 livres : **Antoine Joseph LEROUX** natif

Folio 35R :

de Neuville Saint Vaast fils de Pierre Antoine et de Marie Brigitte LEFLON a sur requête par lui présentée été reçu bourgeois de cette ville et cité moyennant la somme de douze livres qu'il a payé au trésorier receveur et a prêté le serment ordinaire pardevant messieurs en nombre en chambre de l'hôtel commun de la ville et cité d'Arras le 20/2/1778.

[281] **Dominique François Augustin LADERRIERE** natif de cette ville fils de Nicolas François et d'Anne Barbe Thérèse SERGEANT a récréanté sa bourgeoisie et prêté le serment ordinaire pardevant monsieur Dupuich échevin commissaire de semaine en chambre de l'hôtel commun de ladite ville et cité ce jourd'hui 21/2/1778.

[282] gratis : **François Hubert TAVERNIER** natif de Dainville fils de François Hubert et de Marie Joseph GUYO a sur requête par lui présentée été reçu bourgeois gratis à la recommandation de monsieur Bayart procureur du roi sindic et a prêté le serment ordinaire pardevant messieurs en nombre en chambre de l'hôtel commun de la ville et cité d'Arras le 27/2/1778.

[283] **Augustine Fidel DAUCHET** natif de cette ville fils d'Antoine Benoît bourgeois et de Marie Thérèse LEGRAND ses père et mère a récréanté sa bourgeoisie et prêté le serment ordinaire pardevant monsieur Baudelet échevin en chambre de l'hôtel commun de la ville et cité d'Arras le 6/3/1778.

[284] **Dominique Modeste Joseph DAUCHET** natif de cette ville fils d'Antoine Benoît bourgeois et de Marie Thérèse LEGRAND a récréanté sa

Folio 35V :

bourgeois et prêté le serment ordinaire pardevant monsieur Baudelet échevin en chambre de l'hôtel commun de la ville et cité d'Arras le 6/3/1778.

[285] noble **Joseph François César DE MARBAIS** natif de Gauchin Legal fils de noble Philippe François Eugène DE MARBAIS bourgeois de cette ville écuyer seigneur de la Tour et de noble Dame Marie Anne Françoise DELEVAL de la Marche a récréanté sa bourgeoisie et prêté le serment ordinaire pardevant monsieur de Hubert de Mons en Baroeul échevin commissaire de semaine en chambre de l'hôtel commun de la ville et cité d'Arras le 9/3/1778.

[286] noble **Eugène François Joseph DE MARBAIS** natif de Gauchin Legal fils de noble Philippe François Eugène DE MARBAIS bourgeois de cette ville écuyer seigneur de la Tour et de noble dame Marie Anne Françoise DELEVAL de la Marche a récréanté sa bourgeoisie et prêté le serment ordinaire pardevant monsieur de Hubert de Mons en Baroeul échevin commissaire de semaine en chambre de l'hôtel commun de la ville et cité d'Arras le 9/3/1778.

[287] **Etienne Constant LAVALLE** natif de cette ville fils de Jean Baptiste bourgeois et de Marie Guislaine FROMEINTIN a récréanté sa bourgeoisie et prêté le serment ordinaire pardevant monsieur de Hubert de Mons en Baroeul échevin commissaire de semaine en chambre de l'hôtel commun de la ville et cité d'Arras le 12/3/1778.

Folio 36R :

[288] 12 livres : **Antoine Joseph LANIER** natif de Wagnonlieu fils de Pierre Michel et de Marie Isabelle WAAST a sur requête été reçu bourgeois de cette ville et cité moyennant finance de douze livres qu'il a payé au trésorier receveur et a prêté le serment ordinaire pardevant messieurs en nombre en chambre de l'hôtel commun de la ville et cité d'Arras le 13/3/1778.

[289] gratis : **Pierre Joseph VIQUART** natif de la paroisse de Lillers fils de Maximilien et de Marie Jeanne DEGANT a sur requête présentée été reçu bourgeois gratis à la recommandation de monsieur Dupuich échevin et a prêté le serment ordinaire en chambre de l'hôtel commun de la ville et cité d'Arras le 17/3/1778 pardevant messieurs en nombre.

[290] 12 livres : **Pierre Antoine LECOMTE** natif d'Hénin Liétard fils de Mathieu et Marie Rose DESPRES a sur requête par lui présentée été reçu bourgeois moyennant finance de douze livres et a prêté le serment ordinaire pardevant messieurs en nombre en chambre de l'hôtel commun le 20/3/1778.

[291] **François Joseph DUPORGE** natif de cette ville fils de Jean François bourgeois de cette ville et de Marie Thérèse CADET a récréanté sa bourgeoisie et prêté le serment ordinaire pardevant monsieur Leroux du Châtelet avocat et échevin en chambre de l'hôtel commun de la ville et cité d'Arras le 24/3/1778.

[292] **Charles Joseph Fleury CARPENTIER**

Folio 36V :

natif de cette ville fils de Guillaume Joseph bourgeois sergent de police de cette ville et cité a récréanté sa bourgeoisie et prêté le serment ordinaire pardevant monsieur Despalungues échevin en chambre de l'hôtel commun de la ville et cité d'Arras le 23/3/1778.

[293] **Jean Baptiste VANLATHEM** natif de Paris fils de Jérosme Alexis Maurice Joseph VANLANTHEM bourgeois de cette ville et de Marie Brigitte PATTE a récréanté sa bourgeoisie en présence d'Etienne Guislain Stanislas LEROUX écuyer seigneur du châtelet secrétaire du roi maison et couronne de France échevin de cette ville et cité, le sieur Antoine Joseph Léonore VANLATHEM de la Vieville lieutenant de la maréchaussée des Etats d'Artois, le sieur Paul François Florent HEBERT bourgeois de cette ville et cité tous parents les plus proches dudit VANLATHEM et ledit sieur Jérosme Alexis Maurice Joseph VANLATHEM père dudit Jean Baptiste lesquels sieurs LEROUX, VANLATHEM et HEBERT ont déclaré avoir une parfaite connaissance que ledit Jean Baptiste VANLATHEM est vraiment fils dudit Jérosme Alexis Maurice Joseph VANLATHEM marié à la Flèche le 4/5/1770 avec ladite Marie Brigitte PATTE et a ledit Jean Baptiste VANLATHEM prêté le serment ordinaire pardevant monsieur Despalungues échevin commissaire de

Folio 37R :

de semaine en chambre de l'hôtel commun de la ville et cité d'Arras le 26/3/1778.

[294] gratis : **Philippe François Jacques VANDACLE** natif de Vlamenlynghe fils de Joseph et de Marie Brigitte Lucresse DEVOS a sur requête par lui présentée été reçu bourgeois à la recommandation de monsieur Raulin de Belval mayeur et a prêté le serment ordinaire pardevant messieurs en nombre en chambre de l'hôtel commun de la ville et cité d'Arras ce jourd'hui 27/3/1778.

[295] 12 livres : **Mathieu Joseph DUBUS** natif de cette ville fils de Pierre Joseph et de Marie Gabrielle LEBLANC a été relevé de la bourgeoisie pour n'avoir pas récréanté avant de se marier moyennant finance de douze livres qu'il a payé au trésorier receveur de cette ville et a prêté le serment ordinaire pardevant messieurs en nombre en chambre de l'hôtel commun de la ville et cité d'Arras le 27/3/1778.

Folio 37V :

[296] **Charles François Joseph HAUDOUART** natif de cette ville fils de Pierre Joseph bourgeois de cette ville et de Jeanne Cécile Constance GORLIER a récréanté sa bourgeoisie et prêté le serment ordinaire pardevant monsieur Leroux du Châtelet avocat échevin commissaire de semaine en chambre de l'hôtel commun de la ville et cité d'Arras le 27/3/1778.

[297] **André Joseph Emmanuel MERCIER** natif de cette ville fils de Louis Joseph et d'Anne Joseph DHEE a récréanté sa bourgeoisie et prêté le serment ordinaire pardevant monsieur Desmasieres avocat et échevin de semaine en chambre de l'hôtel commun de la ville et cité d'Arras le 7/4/1778.

[298] **Jean Charles Joseph ALEXANDRE** natif de cette ville fils de Charles Joseph François bourgeois et de Marie Barbe Joseph DUCATEL a récréanté sa bourgeoisie et prêté le serment ordinaire pardevant monsieur Desmasieres avocat et échevin de semaine en chambre de l'hôtel commun de la ville et cité d'Arras ce jourd'hui 11/4/1778.

Folio 38R :

[299] **Jean Charles Joseph ALEXANDRE** natif de cette ville fils de Charles Joseph François et de Marie Barbe Joseph DUCATEL comme ci-devant (11/4/1778).

[300] **Jean Aimable Pierre GRIGNY** fils de Charles François Guislain natif de cette ville et d'Anne FASCIEUX a récréanté sa bourgeoisie et prêté le serment ordinaire pardevant monsieur Despalungue en chambre de l'hôtel commun de cette ville et cité d'Arras le 11/4/1778.

[301] **Hildevert LESAGE** natif de Beauvoir en Lyons Laforest fils d'Hildevert et de Marie ROBINE a récréanté sa bourgeoisie et prêté le serment ordinaire pardevant monsieur Landru échevin en chambre de l'hôtel commun de cette ville ce jourd'hui 23/4/1778.

[302] 12 livres : **Florent Joseph CAVROIS** natif de Bienvillers au Bois fils d'Ignace Dominique et d'Isabelle BROGNIART a sur requête par lui présentée été reçu bourgeois de cette ville et cité moyennant finance de douze livres qu'il a payé au trésorier de cette ville et a prêté le serment ordinaire pardevant messieurs en nombre le 24/4/1778.

[303] **François Joseph CARREAUX** natif de cette ville fils de Jean bourgeois et de Marie Rosalie CHOPIN a récréanté sa bourgeoisie et prêté le serment ordinaire pardevant monsieur Dupuich échevin en chambre le 27/4/1778.

Folio 38V :

[304] **Laurent Joseph Clément MAILLE** natif de cette ville fils de Jacques Antoine bourgeois maître boucher et de Marie Françoise BOVET a récréanté sa bourgeoisie et prêté le serment ordinaire pardevant monsieur Delebucquière échevin de semaine en chambre de l'hôtel commun de la ville et cité d'Arras ce jourd'hui 4/5/1778.

[305] 12 livres : **Jean Baptiste Joseph DOLEZ** natif de Carvin Epinoy fils de Jean Baptiste et Marie Anne Joseph Robertine DE DOURGES a sur requête par lui présentée été reçu bourgeois de cette ville et cité moyennant finance de douze livres qu'il a payé au trésorier receveur et a prêté le serment ordinaire pardevant messieurs en nombre en chambre de l'hôtel commun de la ville et cité d'Arras le 12/5/1778.

[306] **Ambroise Joseph Alexis CARPENTIER** natif de la cité de cette ville fils de Nicolas Ambroise chirurgien de ladite cité a récréanté sa bourgeoisie en vertu de l'édit d'union de ladite cité à la ville et a prêté le serment ordinaire es mains de monsieur Baudelet échevin commissaire de semaine en chambre de l'hôtel commun de la ville et cité d'Arras ce jourd'hui 14/5/1778.

[307] 12 livres : **Joseph Coinbax WATELLE** natif de Monchy le Preux fils de Martin et de Marie Françoise PECQUEUR a sur requête par lui présentée été reçu bourgeois de la ville et cité moyennant finance de douze livre payé au trésorier receveur et a prêté le serment ordinaire pardevant messieurs en nombre en chambre de l'hôtel commun de la ville et cité d'Arras le 19/5/1778.

Folio 39R :

[308] 12 livres : **Jean Louis Joseph HOUBRON** natif de Marthes fils de Louis Joseph et de Marie Jacqueline LEFEBVRE a sur requête par lui présentée été reçu bourgeois de cette ville et cité moyennant finance de douze livres qu'il a payé au trésorier receveur de cette ville et a prêté le serment ordinaire pardevant messieurs en nombre en chambre de l'hôtel commun de la ville et cité d'Arras le 29/5/1778.

[309] gratis : **Etienne FALCONNET** natif du diocèse de Lyon fils de Benoît et d'Antoinette BRICHARD a sur requête présentée au siège été reçu bourgeois gratis à la recommandation de monsieur Raulin de Belval mayeur en exercice par anticipation sur 1779 et a prêté serment ordinaire pardevant messieurs en nombre en chambre de l'hôtel commun de la ville et cité d'Arras le 2/6/1778.

[310] **Charles Joseph Albert MINART** natif de cette ville fils de Charles Guislain et de Marie Hélène BLONDEL a récréanté sa bourgeoisie et prêté le serment ordinaire pardevant monsieur Liborel avocat et échevin commissaire de semaine en chambre de l'hôtel commun de la ville et cité d'Arras ce jourd'hui 11/6/1778.

[311] 12 livres : **Charles Dominique Joseph LESUEUR** natif de Villers Pol diocèse de Cambrai fils de Dominique Joseph et de Marie Angeline LANSELLE a été reçu bourgeois de cette ville moyennant finance de douze livres qu'il a payé au trésorier receveur de cette ville et cité et a prêté le serment ordinaire pardevant messieurs en nombre en chambre de l'hôtel commun de la ville et cité d'Arras ce jourd'hui 26/6/1778.

Folio 39V :

[310] **Jean Baptiste Martin CUVELIER** fils de Jean Martin bourgeois et de Rosalie CHOPIN a récréanté sa bourgeoisie et prêté le serment ordinaire en chambre de l'hôtel commun de cette ville pardevant monsieur Landru échevin commissaire ce jourd'hui 3/7/1778.

[311]12 livres : **Simon DE BUGNY** natif d'Achiet le Petit fils de Robert et d'Elisabeth DESSENNE a sur sa requête été reçu bourgeois de cette ville et cité moyennant finance de douze livres qu'il a payé au trésorier receveur et a prêté le serment ordinaire pardevant messieurs en nombre en chambre de l'hôtel commun de la ville et cité d'Arras le 3/7/1778.

[312] 6 livres : **Amélie Joseph FOURNIER** native de Douai fille de Pierre Joseph et de Marie Madeleine FOSSEUX a été reçu bourgeoise de cette ville et cité moyennant la somme de six livres qu'elle a payé au trésorier receveur et a prêté le serment ordinaire pardevant messieurs en nombre en chambre de l'hôtel commun de la ville et cité d'Arras le 3/7/1778.

[313] 12 livres : **Charles Alexandre Joseph LOMBART** ou **LAMBERT** (sic) natif de cette ville fils de Jean Joseph et de Jeanne Scolastique Joseph MONVOISIN a été reçu bourgeois de cette ville et cité par omission d'avoir récréanté sa bourgeoisie

Folio 40R :

et moyennant finance de douze livres qu'il a payé au trésorier receveur et a prêté le serment ordinaire pardevant messieurs en nombre en chambre de l'hôtel commun de la ville et cité d'Arras le 3/7/1778.

[314] **Guislain Joseph Vincent TEYSEDRE** natif de cette ville fils de Joseph et de Thérèse BOUDRINGHAIN a récréanté sa bourgeoisie en qualité de fils de bourgeois et a prêté le serment ordinaire pardevant monsieur Despalungue échevin commissaire de semaine en chambre de l'hôtel commun de la ville et cité d'Arras le 30/7/1778.

[315] 12 livres : **Joseph BURIEZ** natif de Verquigneul fils de Martin et de Marie Florence LELON a été reçu bourgeois de cette ville et cité moyennant finance de douze livres qu'il a payé au trésorier receveur de cette ville et a prêté serment ordinaire pardevant messieurs en nombre en chambre de l'hôtel commun de la ville et cité d'Arras le 31/7/1778.

[316] **André Louis Joseph DELOBELLE** natif de cette ville fils de Louis et de Jeanne Barbe Rosalie BOUBERT a récréanté sa bourgeoisie et a prêté le serment ordinaire pardevant monsieur Despalungue échevin commissaire de semaine en chambre de l'hôtel commun de la ville et cité d'Arras le 7/8/1778.

Folio 40V :

[317] 12 livres : **Guislain Joseph DEHE** natif de Saint Sauveur lez cette ville fils d'Augustin et de Marie Françoise BIENFAIT a sur requête à nous présentée été reçu bourgeois de cette ville et cité moyennant finance de douze livres qu'il a payé au trésorier receveur et a prêté le serment ordinaire pardevant messieurs en nombre en chambre de l'hôtel commun de la ville et cité d'Arras le 7/8/1778.

[318] 15 livres : **Marie Edouart DELANOY** natif de Bouchain fils de Simon et de Susanne LECOCQ a sur requête par lui présentée ce jourd'hui été reçu bourgeois de cette ville moyennant finance de quinze livres qu'il a payé au trésorier receveur et a prêté le serment ordinaire pardevant messieurs en nombre ce jourd'hui en chambre de l'hôtel commun le 14/8/1778.

[319] **François Dominique Joseph BOUILLY** natif de cette ville fils de Joseph Marie et de Marie Rosalie Cécile LEJOSNE a récréanté sa bourgeoisie et a prêté le serment ordinaire pardevant monsieur Dupuich échevin commissaire de semaine en chambre de l'hôtel commun de la ville et cité d'Arras le 21/8/1778.

[320] 12 livres : **Simon Joseph Romain AUGRESSOL** natif du Quesnoy fils de Simon et d'Anne CHALONITTE a été reçu bourgeois moyennant finance de douze livres payées au trésorier receveur et a prêté le serment ordinaire pardevant messieurs en nombre en chambre de l'hôtel commun de la ville et cité d'Arras le 28/8/1778.

Folio 41R :

[321] **François Augustin Hornain DEBRAY** natif de cette ville fils de Jean Baptiste bourgeois de cette ville et d'Anne Marie Aldegonde LEROY a en vertu du jugement de ce jourd'hui couché en marge de la requête déclaré récréanter sa bourgeoisie et a prêté de nouveau le serment ordinaire pardevant monsieur Landru écuyer chevalier de l'ordre royal et militaire de Saint Louis échevin fait en chambre de l'hôtel commun de la ville et cité d'Arras le 1/9/1778.

[322] **Louis Fleuris MONVOISIN** natif de cette ville fils de Louis Denis et de Marie Marguerite Charlotte DESAILLY a récréanté sa bourgeoisie et prêté le serment ordinaire pardevant monsieur Landru échevin commissaire de semaine en chambre de l'hôtel commun de la ville et cité d'Arras le 12/9/1778.

[323] **Nicolas Augustin BULTEZ** natif de cette ville fils de Joseph François Félix bourgeois et de Marie Noëlle Françoise GOTTRAND a récréanté sa bourgeoisie et prêté le serment ordinaire pardevant monsieur Landru échevin commissaire de semaine en chambre de l'hôtel commun de la ville et cité d'Arras le 12/9/1778.

Folio 41V :

[324] **Louis Joseph BULTEZ** natif de cette ville fils de Joseph François Félix bourgeois et de Marie Noëlle Françoise GOTTRAND a récréanté sa bourgeoisie et prêté le serment ordinaire pardevant monsieur Landru échevin commissaire de semaine en chambre de l'hôtel commun de la ville et cité d'Arras le 12/9/1778.

[325] **Ignace François Marie PLANQUETTE** natif de cette ville fils de Jean François bourgeois de cette ville et de Guislaine Françoise QUINT a récréanté sa bourgeoisie et prêté le serment ordinaire pardevant monsieur Lallart Delebucquière échevin commissaire de semaine en chambre de l'hôtel commun de la ville et cité d'Arras le 14/9/1778.

[326] **Laurent François Constant LAGACHE** natif de cette ville fils de Charles Laurent François LAGACHE bourgeois et de Marie Rose Joseph VASSEUR a récréanté sa bourgeoisie et prêté le serment ordinaire pardevant monsieur de Mons en Baroeuil échevin commissaire de semaine en chambre de l'hôtel commun de la ville et cité d'Arras le 21/10/1778.

Folio 42R :

[327] 12 livres : **Jean Baptiste DUBOIS** natif de Gavrelle fils de Jean Claude et de Jeanne Thérèse BOUDRY a sur requête à nous présentée été reçu bourgeois de cette ville et cité moyennant finance de douze livres qu'il a payé au trésorier receveur et a prêté le serment ordinaire pardevant messieurs en nombre en chambre de l'hôtel commun de la ville et cité d'Arras le 30/10/1778.

[328] **Jean Baptiste Nicolas Guillaume BECOURT** natif de cette ville fils de Guillaume Marie et de Marie Madeleine Albertine LEGAR a récréanté sa bourgeoisie et prêté le serment ordinaire pardevant monsieur Desmasières avocat et échevin en chambre de l'hôtel commun de la ville et cité d'Arras le 31/10/1778.

[329] **Louis François Théodore MONTIGNY** natif de cette ville fils de Jacques François bourgeois de cette dite ville et de Marie Thérèse BUSCHE a récréanté sa bourgeoisie et prêté le serment ordinaire pardevant M. Lallart Delebucquière en chambre de l'hôtel commun de la ville et cité d'Arras le 10/11/1778.

[330] **Jean Louis DAMIENS** natif de Béthune fils d'Antoine Louis Joseph DAMIENS écuyer seigneur de la Ferté, Ranchicourt, Rebreuve, Maisnil, Warenghem etc.. bourgeois de cette ville et de Dame Marie Madeleine LERICQUE a récréanté sa bourgeoisie et prêté le serment ordinaire pardevant monsieur Dupuich échevin commissaire de semaine de la ville et cité en chambre de l'hôtel commun le 16/11/1778.

Folio 42V :

[331] 12 livres : **Jacques Joseph DUBRULLE** natif du village de Beuvry fils d'Antoine François et de Marie Angélique FRANÇOIS a sur requête à nous présentée été reçu bourgeois de cette ville et cité moyennant finance de douze livres qu'il a payé au trésorier receveur et a prêté le serment ordinaire pardevant messieurs en nombre en chambre de l'hôtel commun de la ville et cité d'Arras le 17/11/1778.

[332] **François Joseph GAURILIO** fils de Pierre François et de Françoise Joseph LOMBART natif de cette ville qui a récréanté sa bourgeoisie et prêté le serment ordinaire pardevant monsieur Baudelet échevin commissaire de semaine en chambre de l'hôtel commun de la ville et cité d'Arras le 7/12/1778.

[333] Messire **François Louis Joseph D'HAUTECLOCQUE** chevalier fils de feu Messire Charles François chevalier seigneur de Wattequatrevaux et d'encore vivante noble Dame Madame Marie Yolende Joseph LE CARON Dame du Molloy a ce jourd'hui récréanté sa bourgeoisie pardevant monsieur Despalungue échevin commissaire de semaine en chambre de l'hôtel commun de la ville et cité d'Arras et a prêté le serment ordinaire ce 23/12/1778.

Folio 43R :

[334] 24 livres : **Fabien ROULIER** natif du village de Coutiches fils de Philippe François et de Marie Antoinette DUBUS a sur requête à nous présentée été reçu bourgeois de cette ville et cité moyennant finance de vingt-quatre livres qu'il a payée au trésorier receveur et a prêté le serment ordinaire pardevant messieurs en nombre en chambre de l'hôtel commun de la ville et cité d'Arras le 29/12/1778.

[335] **Jean Baptiste Léonard GRIGNY** fils de Léonard François et de Marie Claire DAMIENS a ce jourd'hui récréanté sa bourgeoisie pardevant monsieur Leroux du Châtelet échevin commissaire de semaine et a prêté le serment ordinaire en chambre de l'hôtel commun le 2/1/1779.

[336] 12 livres : **Laurent LETOMBE** natif du village de Thélus fils de Jean Guislain et d'Anne NEAUPORT a sur requête à nous présentée été reçu bourgeois de cette ville et cité moyennant finance de douze livres qu'il a payée au trésorier receveur et a prêté le serment ordinaire pardevant messieurs en nombre en chambre de l'hôtel commun de la ville et cité d'Arras le 8/1/1779.

[337] gratis : **Nicolas François Guislain BOQUILLON** natif de Lillers fils d'Antoine François et de Marie Marguerite DUCROCQ a sur requête à nous présentée été reçu bourgeois gratis à la recommandation de monsieur Fruleux de Souchez échevin et a prêté le serment ordinaire pardevant messieurs en nombre en chambre de l'hôtel commun ce jourd'hui 8/1/1779.

Folio 43V :

[338] gratis : **Julien VASSE** natif de Wailly fils de Nicolas Géry et de Jeanne Brigitte THERY a sur requête à nous présentée été reçu bourgeois de cette ville et cité gratis à la recommandation de monsieur Leroux du Châtelet avocat échevin et a prêté le serment ordinaire pardevant messieurs en nombre en chambre de l'hôtel commun ce jourd'hui 8/1/1779.

[339] gratis : **Liévin Joseph TREHOUX** natif de Lorgies fils de Jacques Philippe et de Marie Scolastique LEBLANC a sur requête à nous présentée été reçu bourgeois de cette ville et cité gratis à la recommandation de monsieur Bayart procureur du roi et a prêté le serment ordinaire pardevant messieurs en nombre en chambre de l'hôtel commun ce jourd'hui 8/1/1779.

[340] gratis : **Jean Baptiste BETERMIEUX** natif de Vimy fils de Jean François et de Michelle LANTOINE a sur requête à nous présentée été reçu bourgeois de cette ville et cité gratis à la recommandation de monsieur Lallart de Berlette échevin et a prêté le serment ordinaire pardevant messieurs en nombre en chambre de l'hôtel commun ce jourd'hui 8/1/1779.

[341] gratis : **François Hubert DELEURY** fils de Nicolas Hubert et de Guillaine Angélique CARPENTIER natif de cette ville a sur requête à nous présentée été reçu bourgeois gratis de cette ville et cité à la recommandation de monsieur Grimbert secrétaire greffier et a prêté le serment ordinaire pardevant messieurs en nombre en chambre de l'hôtel commun ce jourd'hui 8/1/1779.

Folio 44R :

[342] **Pierre Joseph PAMART** fils de Pierre François et de Marie Joseph Alexandrine WARNIEZ natif de cette ville a récréanté sa bourgeoisie et prêté le serment ordinaire pardevant monsieur Fruleux de Souchez échevin commissaire de semaine en chambre de l'hôtel commun ce jourd'hui 9/1/1779.

[343] **Augustin Joseph Marie PAMART** fils de Pierre François et de Marie Joseph Alexandrine WARNIEZ natif de cette ville a récréanté sa bourgeoisie et prêté le serment ordinaire pardevant monsieur Fruleux de Souchez échevin commissaire de semaine en chambre de l'hôtel commun ce jourd'hui 9/1/1779.

[344] gratis : **Pierre André CARDON** natif de la Gorgue fils de Pierre André et de Marie Louise VITU a été reçu bourgeois gratis à la recommandation de monsieur Dupuich échevin et a prêté le serment ordinaire pardevant messieurs en nombre en chambre de l'hôtel commun de la ville et cité d'Arras le 12/1/1779.

[345] 12 livres : **Jean Baptiste PAYEN** natif de Dainville fils de Michel et de Marie Brigitte DELEURY a sur requête présentée été reçu bourgeois moyennant finance de douze livres qu'il a payé au trésorier receveur de cette ville et a prêté le serment ordinaire pardevant messieurs en nombre en chambre de la ville et cité d'Arras le 15/1/1779.

Folio 44V :

[346] gratis : **Nicolas Hubert PIERREPONT** natif d'Ecurie fils de Jean François et de Marie Scolastique TRANNIN a sur requête par lui présentée été reçu bourgeois gratis à la recommandation de monsieur Boniface trésorier receveur et a prêté le serment ordinaire pardevant messieurs en nombre en chambre de l'hôtel commun de la ville et cité d'Arras le 19/1/1779.

[347] gratis : **Jean LAPARRE** natif de Castillonès Agenois fils de Guillaume et de Péronne FONFREDE a sur requête par lui présentée été reçu bourgeois gratis à la recommandation de monsieur Mauduit avocat et échevin et a prêté le serment ordinaire pardevant messieurs en nombre en chambre de l'hôtel commun de la ville et cité d'Arras le 9/2/1779.

[348] 12 livres : **Liévin François DORÉ** demeurant en cette ville natif de Saint Martin en Vimy fils de Cyprien et de Marie Agnès FAUQUETTE a sur requête été reçu bourgeois de cette ville et cité par finance de douze livres qu'il a payé au trésorier receveur et a prêté le serment ordinaire pardevant messieurs en nombre en chambre de l'hôtel commun de la ville et cité d'Arras le 12/2/1779.

Folio 45R :

[349] **Macloud Joseph ALARD** natif de cette ville fils de Dieudonné Joseph bourgeois et de Marie Françoise SAINT JEAN a récréanté sa bourgeoisie et prêté le serment ordinaire pardevant monsieur Dupuich échevin commissaire de semaine en chambre de l'hôtel commun de la ville et cité d'Arras ce 18/2/1779.

[350] 6 livres : **Catherine Alexandrine BERNUS** native du faubourg paroisse Saint Sauveur fille de Charles BERNUS et de Marie Catherine DAILLEZ a été reçue bourgeoise de cette ville et cité moyennant finance de six livres qu'elle a payé au trésorier receveur et a prêté le serment pardevant messieurs en nombre en chambre de l'hôtel commun de la ville et cité d'Arras le 19/2/1779.

[351] **Florent Louis Joseph AUGER** natif de cette ville fils de Claude Louis bourgeois et de Marie Florence Aldegonde DUPRES a récréanté sa bourgeoisie et prêté le serment ordinaire pardevant monsieur Lallart de Berlette échevin commissaire de semaine en chambre de l'hôtel commun de la ville et cité d'Arras le 4/3/1779.

[352] gratis : **André Joseph HAUTTE** natif de Landrecy fils d'André et de Marie Marguerite Joseph COUSIN a été reçu à la bourgeoisie gratis à la recommandation de monsieur Guffroy avocat et a prêté le serment ordinaire pardevant messieurs en nombre en chambre de l'hôtel commun de la ville et cité d'Arras le 9/3/1779.

Folio 45V :

[353] **Florent Joseph LELEU** natif de Lestrem fils de Jean Baptiste bourgeois de cette ville et de Marie Florence DUBOIS a récréanté sa bourgeoisie et prêté le serment ordinaire pardevant monsieur Chaumont échevin en chambre de l'hôtel commun de la ville et cité d'Arras le 10/3/1779.

[354] 6 livres : **Marie Jeanne François BARGE** natif de Bouvignies fille de Jean Baptiste et de Célestine HOUVRE a été reçue bourgeoise de cette ville et cité moyennant finance de six livres qu'elle a payé au trésorier receveur et a prêté le serment ordinaire pardevant messieurs en nombre en chambre de l'hôtel commun de la ville et cité d'Arras le 16/3/1779.

[355] **Robert Joseph DERVILLE** natif de cette ville fils de Joseph bourgeois maître tailleur et de Marie Thérèse Angélique BRAS a récréanté sa bourgeoisie et prêté le serment ordinaire pardevant monsieur Dupuich échevin en chambre de l'hôtel commun de la ville et cité d'Arras le 23/3/1779.

[356] gratis : **Hiacinthe MONCOMBLE** natif de Bailleulmont fils de Martin François et d'Ursule BLONDEL a été reçu bourgeois gratis à la recommandation de monsieur Degouve échevin et a prêté le serment ordinaire pardevant messieurs en nombre en chambre de l'hôtel commun de la ville et cité d'Arras le 26/3/1779.

Folio 46R :

[357] 18 livres : **Pierre Joseph LEFEL** natif d'Agnez les Duisans fils de Pierre Hubert et de Jeanne Marie LECLERCQ a sur requête par lui présentée été reçu bourgeois de cette ville et cité moyennant finance de dix-huit livres qu'il a payé au trésorier receveur et a prêté le serment ordinaire en chambre de l'hôtel commun le 26/3/1779 pardevant messieurs en nombre.

[358] 12 livres : **Amable Joseph DUFOUR** natif de Chemy châtellenie de Lille fils de feu Jean Louis et de Marie Jeanne Aldegonde CHUFFART a sur requête par lui présentée ce jourd'hui été reçu bourgeois de cette ville et cité moyennant finance de douze livres qu'il a payé au trésorier receveur et a prêté le serment ordinaire pardevant messieurs en nombre en chambre de l'hôtel commun de la ville et cité d'Arras le 30/3/1779.

[359] **Antoine Joseph CLUNIEZ** fils d'Antoine Luc et de Marie Guislaine DRANSART a récréanté sa bourgeoisie et prêté le serment ordinaire pardevant monsieur Guffroy avocat et échevin en chambre de l'hôtel commun de la ville et cité d'Arras le 15/4/1779.

[360] **Pierre Augustin CLUNIEZ** fils d'Antoine Luc et de Marie Guislaine DRANSART a récréanté sa bourgeoisie et prêté le serment ordinaire pardevant monsieur Guffroy avocat et échevin en chambre de l'hôtel commun de la ville et cité d'Arras le 15/4/1779.

[361] **Pierre Antoine Augustin LACOUTURE** natif de la cité fils de Georges bourgeois de la cité et d'Isabelle LOTH a en vertu de l'édit de 1749

Folio 46V :

qui unit la cité à la ville récréanté sa bourgeoisie et prêté le serment ordinaire pardevant monsieur Degouve échevin commissaire de semaine en chambre de l'hôtel commun de la ville et cité d'Arras le 22/4/1779.

[362] gratis : **Jean François Joseph HOURDEL** natif de cette ville fils de Jean Baptiste et de Marie Dominique FLANDRE a sur requête par lui présentée été reçu bourgeois gratis à la recommandation de monsieur Baudelet échevin et a prêté le serment ordinaire pardevant messieurs en nombre en chambre de l'hôtel commun de la ville et cité d'Arras le 23/4/1779.

[363] gratis : **Hubert Amable POTEVIN** fils de Jean Baptiste et de Reine SEVIN a sur requête par lui présentée été reçu bourgeois gratis à la recommandation de monsieur Chaumont et a prêté le serment ordinaire pardevant messieurs en nombre en chambre de l'hôtel commun de la ville et cité d'Arras le 30/4/1779.

[364] 12 livres : **Jean DEDRON** natif de Saint Florentin en la province de Bourgogne fils de François et de Marguerite GUINION a sur requête par lui présentée été reçu bourgeois de cette ville moyennant finance de douze livres qu'il a payé au trésorier receveur de cette [ ]

Folio 47R :

et a prêté le serment ordinaire pardevant messieurs en nombre en chambre de l'hôtel commun de la ville et cité d'Arras le 30/4/1779.

[365] 12 livres : **Jean Marie THONIN** natif de Bailleul fils de Nicolas et de Marie FACE a sur requête par lui présentée été reçu bourgeois de cette ville et cité moyennant finance de douze livres qu'il a payé au trésorier receveur et a prêté le serment ordinaire pardevant messieurs en nombre en chambre de l'hôtel commun de la ville et cité d'Arras le 11/5/1779.

[366] gratis : **Claude VALET** natif de Lucheux fils de Jean et de Marie Joseph DACQUIERT a sur requête par lui présentée été reçu bourgeois gratis à la recommandation de monsieur Duquesnoy avocat échevin et a prêté le serment ordinaire pardevant messieurs en nombre en chambre de l'hôtel commun de la ville et cité d'Arras le 11/5/1779.

Folio 47V :

[367] **Jean Baptiste Joseph FERCO** natif de cette ville fils de Pierre Alphonse et de Marie Marguerite GRAUX a récréanté sa bourgeoisie et prêté le serment ordinaire pardevant monsieur Lallart de Berlette échevin commissaire de semaine en chambre de l'hôtel commun de la ville et cité d'Arras le 14/5/1779.

[368] 12 livres : **Jean Baptiste DUBRULLE** natif du village de Beaurains fils de Jean Baptiste et de Marie Marguerite FREMY a sur requête par lui présentée été reçu bourgeois de cette ville moyennant finance de douze livres qu'il a payé au trésorier receveur de cette ville et a prêté le serment ordinaire pardevant messieurs en nombre en chambre de l'hôtel commun de la ville et cité d'Arras le 18/5/1779.

[369] **Nicolas Marie TORIN** natif de cette ville fils de Jean Marie bourgeois et de Marie Jeanne Louise GODEL a récréanté sa bourgeoisie et a prêté le serment ordinaire pardevant monsieur Chaumont échevin commissaire de semaine de cette ville en chambre de l'hôtel commun de la ville et cité d'Arras le 18/5/1779.

Folio 48R :

[370] **Thomas Joseph TORIN** natif de cette ville fils de Jean Marie bourgeois et de Jeanne Louise GODEL a récréanté sa bourgeoisie et prêté le serment ordinaire pardevant monsieur Chaumont échevin commissaire de semaine en chambre de l'hôtel commun de la ville et cité d'Arras le 18/5/1779.

[371] **Pierre François THERY** fils de Pierre François bourgeois et de Catherine Louise DELATTRE a récréanté sa bourgeoisie et prêté le serment ordinaire pardevant monsieur Leroux du Châtelet écuyer et échevin commissaire de semaine en chambre de l'hôtel commun de la ville et cité d'Arras le 8/6/1779.

[372] gratis : **Jean Camaliel PONSIGNON** natif de Paris fils de Jean Baptiste et de Marie Thérèse PERRIN a sur requête par lui présentée été reçu bourgeois de cette ville et cité gratis en considération de ses talents et sans tirer à conséquence et a prêté le serment ordinaire pardevant messieurs en nombre en chambre de l'hôtel commun de la ville et cité d'Arras le 8/6/1779.

[373] 12 livres : **Jean GASON** natif d'Italie fils de feu Pierre et de Marguerite PELLERIN faiseur de figures en plâtre a sur requête été reçu bourgeois de cette ville et cité moyennant finance de douze livres qu'il a payé au trésorier receveur et a prêté le serment ordinaire pardevant messieurs en nombre en chambre de l'hôtel commun de la ville et cité d'Arras le 11/6/1779.

Folio 48V :

[374] **Amable François Joseph ALLART** natif de la cité de cette ville fils de Jean François habitant de ladite cité et de Marie Joseph LEROUX a en vertu de l'édit de 1749 portant l'union de ladite cité à la ville a récréanté sa bourgeoisie et prêté serment ordinaire pardevant monsieur Leroux du Châtelet avocat et échevin en chambre de l'hôtel commun le 18/6/1779.

[375] 12 livres : **Pierre Joseph DANGLETERRE** natif d'Eterpigny fils de Jean Guislain et de Marie Anne MOCQUANT a sur requête par lui présentée été reçu bourgeois de cette ville et cité moyennant finance de douze livres qu'il a payé au trésorier receveur de cette ville et a prêté le serment ordinaire pardevant messieurs en nombre en chambre de l'hôtel commun de la ville et cité d'Arras le 22/6/1779.

[376] 12 livres : **Etienne Joseph ROUGEAU** fils de Joseph et de Madeleine CATOULLOIR natif de cette ville a sur requête par lui présentée été reçu bourgeois de cette ville et cité moyennant finance de douze livres qu'il a payé au trésorier receveur de cette ville et a prêté le serment ordinaire pardevant messieurs en nombre en chambre de l'hôtel commun de la ville et cité d'Arras le 25/6/1779.

[377] 12 livres : **Félix Honnoré Joseph BERLOY** fils de Félix Joseph et d'Elisabeth CARON natif de cette ville a sur requête par lui présentée été reçu bourgeois de cette ville et cité moyennant finance de douze livres qu'il a payé au trésorier receveur de cette ville et cité et a prêté le serment ordinaire pardevant messieurs en nombre en chambre de l'hôtel commun de la ville et cité d'Arras le 25/6/1779.

Folio 49R :

[378] 12 livres : **Nicolas Joseph DE SION** fils de Pierre Joseph et de Catherine Joseph VASSEUR natif de Saint Nicolas en Meaulens lez Arras a sur requête par lui présentée été reçu bourgeois de cette ville et cité moyennant finance de douze livres qu'il a payé au trésorier receveur de cette ville et a prêté le serment ordinaire pardevant messieurs en nombre en chambre de l'hôtel commun de la ville et cité d'Arras le 2/7/1779.

[379] 12 livres : **Antoine Guislain PERO** fils de Jean Baptiste et de Marie Claire DE BEUGNY natif du faubourg de Ronville lez Arras paroisse Saint Sauveur a sur requête par lui présentée été reçu bourgeois de cette ville et cité moyennant finance de douze livres qu'il a payé au trésorier receveur de cette ville et a prêté le serment ordinaire pardevant messieurs en nombre en chambre de l'hôtel commun de la ville et cité d'Arras le 6/7/1779.

[380] 12 livres : **Charles Louis HERBET** fils d'Eustache et de Marie Guislaine BODELET natif d'Agnière a sur requête par lui présentée été reçu bourgeois de cette ville et cité moyennant finance de douze livres qu'il a payé au trésorier receveur de cette ville et a prêté le serment ordinaire pardevant messieurs en nombre en chambre de l'hôtel commun de la ville et cité d'Arras le 6/7/1779.

[381] 12 livres : **Adrien Joseph COEURETTE** fils d'Adrien Joseph et de Cécile LAGUILLIER natif de Metz en Couture a sur requête par lui présentée été reçu bourgeois de cette ville et cité moyennant finance de douze livres qu'il a payé au trésorier receveur de cette ville et a prêté le serment ordinaire pardevant messieurs en nombre en chambre de l'hôtel commun de la ville et cité d'Arras le 6/7/1779.

Folio 49V :

[382] **Georges Augustin Joseph PROUILLE** natif de cette ville fils de Xavier Joseph PROUILLE et Hyacinthe Thérèse CLABAUT lequel a récréanté sa bourgeoisie et prêté le serment ordinaire pardevant monsieur Leroux du Châtelet écuyer avocat et échevin de semaine en chambre de l'hôtel commun de la ville et cité d'Arras le 6/7/1779.

[383] **Jean Philippe QUERTEMONT** natif de la cité d'Arras fils de Jean Jacques et d'Angélique GILLON a en vertu de l'édit du mois d'octobre portant union de la cité à la ville récréanté sa bourgeoisie et prêté le serment ordinaire pardevant monsieur Baudelet échevin commissaire de semaine en chambre de l'hôtel commun de la ville et cité d'Arras ce jourd'hui 13/7/1779.

[384] 18 livres : **Guillaume Pierre GILLES** natif de la ville de Dieppe demeurant en cette ville fils de Pierre Eutrope Clément et de Marie Marthe SIMON a été reçu bourgeois de cette ville et cité moyennant finance de dix-huit livres qu'il a payé au trésorier receveur de cette ville et cité et a prêté le serment ordinaire pardevant messieurs en nombre en chambre de l'hôtel commun de la ville et cité d'Arras le 13/7/1779.

[385] 12 livres : **Charles Laurent BERNU** fils de Charles et de Catherine DAILLET

Folio 50R :

du faubourg de Ronville a été reçu bourgeois de cette ville et cité moyennant finance de douze livres et a prêté le serment ordinaire en chambre de l'hôtel commun de la ville et cité d'Arras pardevant messieurs en nombre le 13/7/1779.

[386] **Etienne François Joseph DEGAND** natif de cette ville fils de Pierre Etienne et Marie Marguerite DE RAUCOURT a récréanté sa bourgeoisie et prêté le serment ordinaire pardevant monsieur Lallart de Berlette échevin de semaine en chambre de l'hôtel commun de la ville et cité d'Arras du 19/7/1779.

[387] **Louis François Joseph DEBOUT** fils de Guislain bourgeois et de Marie Joseph FROMENT a récréanté sa bourgeoisie et prêté le serment ordinaire pardevant monsieur Baudelet échevin commissaire de semaine en chambre de l'hôtel commun de la ville et cité d'Arras ce 20/7/1779.

[388] 12 livres : **Etienne LEFEBVRE** fils d'Adrien et de Marie Catherine DUPIRE du village d'Hébuterne a été reçu bourgeois de cette ville et cité moyennant finance de douze livres et a prêté le serment ordinaire en chambre de l'hôtel commun de la ville et cité d'Arras pardevant messieurs en nombre le 23/7/1779.

[389] 12 livres : **Philippe Marie JOLY** fils de

Folio 50V :

Pierre et de Marie Thérèse GAMAND du village de Neuville Vitasse a été reçu bourgeois de cette ville et cité moyennant finance de douze livres et a prêté le serment ordinaire pardevant messieurs en nombre en chambre de l'hôtel commun de la ville et cité d'Arras le 23/7/1779.

[390] **Géry Joseph DUBOIS** fils de Jean Baptiste bourgeois de cette ville et de Marie Madeleine LAMBERT a récréanté sa bourgeoisie et prêté le serment ordinaire pardevant monsieur Chaumont écuyer chevalier de l'ordre royal et militaire de Saint Louis échevin commissaire de semaine en chambre de l'hôtel commun de la ville et cité d'Arras le 27/7/1779.

[391] 12 livres : **Jean CORRIER** natif de Paris fils de Louis et de Jeanne GODET a été reçu bourgeois de cette ville moyennant finance de douze livres qu'il a payé au trésorier receveur et a prêté le serment ordinaire pardevant messieurs en nombre en chambre de l'hôtel commun ce jourd'hui 10/8/1779.

[392] 12 livres : **Romain Joseph HENOCQ** natif de Courrières fils de Pierre Antoine et de Marie Jeanne DESSEVE a été reçu bourgeois de cette ville et cité moyennant finance de douze livres payées au trésorier receveur et a prêté le serment ordinaire pardevant messieurs en chambre de l'hôtel commun de la ville et cité d'Arras ce jourd'hui 13/8/1779.

Folio 51R :

[393] 12 livres : **Philippe Joseph MONTOY** natif de Saint Omer fils de Philippe et d'Isabelle Thérèse DEVIN a sur requête par lui présentée été reçu bourgeois de cette ville et cité moyennant finance de douze livres qu'il a payé au trésorier receveur d'icelle ville et cité et a prêté le serment ordinaire pardevant messieurs en nombre en chambre de l'hôtel commun de la ville et cité d'Arras le 13/8/1779.

[394] **Jean François LAVALLE** fils de Simon et de Marie Anne BEAUVOIS natif de la cité a en vertu de l'édit d'union de la cité à la ville du mois d'octobre 1749 prêté le serment ordinaire et récréanté sa bourgeoisie pardevant monsieur de Souchez échevin en chambre de l'hôtel commun de la ville et cité d'Arras le 17/8/1779.

[395] 12 livres : **Martin POIRET** fils de François et de Françoise GUIDON natif d'Allery diocèse d'Amiens a sur requête par lui présentée été reçu bourgeois de cette ville et cité moyennant finance de douze livres qu'il a payé au trésorier receveur de cette dite ville et cité et a prêté le serment ordinaire pardevant messieurs en nombre en chambre de l'hôtel commun de la ville et cité d'Arras le 20/8/1779.

[396] 12 livres : **Antoine Philippe LEBLAN** fils d'Antoine Joseph et de Marie Angélique CAMPAGNE natif de Maroeuil a sur requête par lui présentée été reçu bourgeois de cette ville et cité moyennant finance de douze livres qu'il a payé au trésorier receveur de cette ville et cité et a prêté le serment ordinaire pardevant messieurs en nombre en chambre de l'hôtel commun de la ville et cité d'Arras le 20/8/1779.

Folio 51V :

[397] **Pierre François Liévin MULLET** fils de Jean François a récréanté sa bourgeoisie et prêté le serment ordinaire es mains de monsieur Guffroy avocat échevin commissaire de semaine en chambre de l'hôtel commun de la ville et cité d'Arras ce jourd'hui 23/8/1779.

[398] **Guillaume François Joseph MULLET** fils de Jean François a récréanté sa bourgeoisie et prêté le serment ordinaire es mains de monsieur Guffroy avocat échevin commissaire de semaine en chambre de l'hôtel commun de la ville et cité d'Arras ce jourd'hui 23/8/1779.

[399] 12 livres : **Pierre Joseph Mathias FOURNIER** natif de Douai fils de Pierre Joseph et de Marie Madeleine DEFOSSEUX a sur requête par lui présentée été reçu bourgeois de cette ville moyennant finance de douze livres qu'il a payé au trésorier receveur de cette ville et prêté le serment ordinaire pardevant messieurs en nombre en chambre de l'hôtel commun de la ville et cité d'Arras le 27/8/1779.

[400] **Clément Guislain Joseph PITEUX** fils de Nicolas Joseph et de Marie Rose BECU natif de cette ville a récréanté sa bourgeoisie et prêté le serment ordinaire es mains de monsieur Dupuich échevin commissaire de semaine en chambre de l'hôtel commun de la ville et cité d'Arras le 17/9/1779.

Folio 52R :

[401] 12 livres : **Jean Baptiste BERA** natif de Peux au Bois fils de Jacques et de Marie Marguerite DEPREZ a sur requête par lui présentée été reçu bourgeois de cette ville et cité moyennant finance de douze livres qu'il a payé au trésorier receveur de cette ville et a prêté le serment ordinaire pardevant messieurs en nombre en chambre de l'hôtel commun de la ville et cité d'Arras le 24/9/1779.

[402] **Jacques Joseph Liévin PITEUX** natif de cette ville fils de Nicolas Joseph et de Marie Rose BECU a récréanté sa bourgeoisie et prêté le serment ordinaire es mains de monsieur de Chaumont échevin commissaire de semaine en chambre de l'hôtel commun le 1/10/1779.

[403] **Alexandre Jacques Marie GRIMBERT** fils de monsieur Charles François Marie bourgeois avocat secrétaire greffier de ce siège et de Demoiselle Dominique HURTREL a récréanté sa bourgeoisie et prêté le serment ordinaire es mains de monsieur Chaumont écuyer échevin commissaire semainier ce jourd'hui 1/10/1779 en chambre de l'hôtel commun.

[404][405] **Alexis Guillaume Joseph Marie** et **Hipolite Dominique Joseph DUPUICH** fils du Sieur Augustin Guy Alexis Joseph bourgeois échevin en servie de cette ville et cité ont récréanté leur bourgeoisie et prêté le serment ordinaire es mains de monsieur Chaumont écuyer échevin commissaire semainier en chambre de l'hôtel commun de la ville et cité d'Arras ce jourd'hui 1/10/1779 [approuvé le nom Alexis].

Folio 52R :

[406][407] **Ignace Joseph Louis Marie** et **Pierre Henri Auguste LE FRANÇOIS** écuyers fils de Louis Joseph écuyer seigneur du Fétel ont récréanté leur bourgeoisie et prêté le serment ordinaire es mains de monsieur Chaumont écuyer échevin commissaire semainier en chambre de l'hôtel commun de la ville et cité d'Arras ce jourd'hui 1/10/1779.

[408] **Louis Dominique Joseph BRAS** fils de Nicolas Joseph bourgeois de cette ville a récréanté sa bourgeoisie et prêté le serment ordinaire es mains de monsieur Fruleux de Souchez écuyer échevin commissaire semainier en chambre de l'hôtel commun de la ville et cité d'Arras ce jourd'hui 10/10/1779.

[409] **Jean Baptiste Joseph CABUIL** natif de cette ville fils de Jean Baptiste bourgeois et de Marie Isabelle DUMEZ a récréanté sa bourgeoisie et prêté le serment ordinaire pardevant monsieur Degouve échevin commissaire de semaine en chambre de l'hôtel commun de la ville et cité d'Arras le 3/11/1779.

[410] **Camille Joseph LEVRAY** natif de cette ville fils de Jean Robert et d'Anne François CARON a récréanté sa bourgeoisie et prêté le serment ordinaire pardevant monsieur Degouve échevin commissaire de semaine en chambre de l'hôtel commun de la ville et cité d'Arras le 5/11/1779.

Folio 53R :

[411] 12 livres : **Pierre Philippe PARENT** fils de Philippe Antoine et de Marie Joseph HONORE natif de la paroisse d'Avion a sur requête par lui présentée été reçu bourgeois de cette ville et cité moyennant finance de douze livres qu'il a payé au trésorier receveur de cette dite ville et a prêté le serment ordinaire pardevant messieurs en nombre en chambre de l'hôtel commun de la ville et cité d'Arras le 5/11/1779.

[412] 6 livres : **Marie Hélène DECAUCHY** fille majeure de Jean Guislain et de Jeanne Joseph GAUDIN native de Savy a sur requête par elle présentée été reçu bourgeoise de cette ville et cité moyennant finance de six livres qu'elle a payé au trésorier receveur de cette ville et cité et a prêté le serment ordinaire pardevant messieurs en nombre en chambre de l'hôtel commun de la ville et cité d'Arras le 9/11/1779.

[413] **Jean Pierre ADRY** fils de Jean François et d'Anne ROHART a récréanté sa bourgeoisie et prêté le serment ordinaire pardevant monsieur Guffroy avocat échevin semainier en chambre de l'hôtel commun de la ville et cité d'Arras ce jourd'hui 12/11/1779.

[414] **Louis François Joseph DEALET** fils de Thomas et de Gabrielle BLONDEL a récréanté sa bourgeoisie en qualité de bourgeois de la cité en vertu de l'édit de l'union à la ville de 1749 et a prêté le serment ordinaire pardevant monsieur Guffroy avocat échevin commissaire de semaine ce jourd'hui 12/11/1779.

Folio 53V :

[415] 12 livres : **Antoine Joseph LEGRAND** natif d'Achicourt fils d'Adrien et d'Agnès Cornille DISTINGUIN a sur requête par lui présentée été reçu bourgeois de cette ville et cité moyennant finance de douze livres qu'il a payé au trésorier receveur de cette ville et cité et a prêté le serment ordinaire pardevant messieurs en nombre en chambre de l'hôtel commun de la ville et cité d'Arras le 26/11/1779.

[416] 12 livres : **Liévin Joseph CREPEL** fils de Jacques et de Marie Antoinette TELLIEZ natif de Bourecq a sur requête par lui présentée été reçu bourgeois de cette ville et cité moyennant finance de douze livres qu'il a payé au trésorier receveur de cette ville et a prêté le serment ordinaire pardevant messieurs en nombre en chambre de l'hôtel commun de la ville et cité d'Arras le 30/11/1779.

[417] **Guislain Marie Boniface CAMUS** fils de maître Boniface notaire bourgeois et de Amable Romaine Sophie CARLIER a récréanté sa bourgeoisie et prêté le serment ordinaire pardevant monsieur Baudelet échevin en chambre de l'hôtel commun de la ville et cité d'Arras le 4/12/1779.

[418] **Jean Baptiste MACMAHON** natif de cette ville fils de Thérence bourgeois et de Louise CONDETTE a récréanté sa bourgeoisie et prêté le serment ordinaire

Folio 54R :

pardevant monsieur Chaumont écuyer échevin en chambre de l'hôtel commun de la ville et cité d'Arras le 14/12/1779.

[419] 12 livres : **Alexandre HOET** fils de Jean Baptiste et de Marie Anne HOCHEDE natif de la paroisse d'Etrun a sur requête par lui présentée été reçu bourgeois de cette ville et cité moyennant finance de douze livres qu'il a payé au trésorier receveur de cette dite ville et a prêté le serment ordinaire pardevant messieurs en nombre en chambre de l'hôtel commun de la ville et cité d'Arras le 14/12/1779.

[420] **Alexis Joseph Florent DUPLOUY** fils de Jean Louis et de Marie Claire DEBEUGNY a récréanté sa bourgeoisie et prêté le serment ordinaire pardevant monsieur de Chaumont écuyer échevin en chambre de l'hôtel commun de la ville et cité d'Arras ce jourd'hui 17/12/1779.

[421] **Nicolas Pierre Joseph FOULON** fils de Pierre et de Marie Marguerite BUFFE a récréanté sa bourgeoisie et prêté le serment ordinaire pardevant monsieur de Chaumont écuyer échevin en chambre de l'hôtel commun de la ville et cité d'Arras ce jourd'hui 17/12/1779.

Folio 54V :

[422] **Jean Guillaume Philippe FRULEUX** écuyer seigneur de Souchez fils de Louis aussi écuyer seigneur dudit Souchez et de Dame Marie Thérèse DE VIENNE a récréanté sa bourgeoisie et prêté le serment ordinaire pardevant monsieur Leroux écuyer Sieur du Châtelet avocat échevin commissaire de semaine ce jourd'hui 31/12/1779.

[423] **Louis François MAYOUL** chevalier seigneur de Sus Saint Léger fils de Joseph Guillaume François écuyer seigneur dudit Sus Saint Léger a récréanté sa bourgeoisie et prêté le serment ordinaire pardevant monsieur Leroux écuyer sieur du Châtelet avocat échevin commissaire de semaine ce jourd'hui 31/12/1779.

[424] **Hubert Benjamin Joseph LOBEZ** avocat au Conseil d'Artois fils de Jacques Séraphin et de [ ] LEFEBVRE natif de La Bassée a été reçu bourgeois de cette ville gratis attendu sa qualité d'échevin entrant et a prêté le serment ordinaire pardevant messieurs en nombre en chambre de l'hôtel commun de la ville et cité d'Arras ce jourd'hui 31/12/1779.

Folio 55R :

[425] gratis : **François Joseph Barthélémy Auguste César LEFEBVRE DUPREY** fils de Simon Gabriel et de Marie Anne Isabelle TERNINCK natif de Blaringhem Flandres diocèse de Saint Omer a été reçu bourgeois de cette ville gratis attendu sa qualité d'échevin entrant et a prêté le serment ordinaire pardevant messieurs en nombre en chambre de l'hôtel commun de la ville et cité d'Arras ce jourd'hui 31/12/1779.

[426] **Benoît Joseph HOULIEZ** fils de Charles et de Marie Catherine DELATTRE demeurant au faubourg d'Amiens lez Arras a récréanté sa bourgeoisie et prêté le serment ordinaire pardevant monsieur Leroux du Châtelet échevin en chambre de l'hôtel commun de la ville et cité d'Arras le 31/12/1779.

[427] gratis : **Ferdinand Joseph DUPONT** natif d'Hermaville fils de Martin et d'Elizabeth DUPUIS a sur requête par lui présentée été reçu bourgeois de cette ville et cité gratis à la recommandation de monsieur Guffroy avocat et échevin en exercice et a prêté le serment ordinaire pardevant messieurs en nombre en chambre de l'hôtel commun de la ville et cité d'Arras le 7/1/1780.

[428] **François Joseph Gabriel VERNY** fils de Robert et d'Alexandrine Joseph LEGRAND a récréanté sa bourgeoisie et prêté le serment ordinaire pardevant monsieur Mayoul de Sus Saint Léger écuyer échevin semainier en chambre de l'hôtel commun de la ville et cité d'Arras ce jourd'hui 8/1/1780 natif de cette ville.

Folio 55V :

[429] **Charles François DURAND** natif de Neuville Saint Vaast fils de Charles Ignace bourgeois et de Marie Joseph LEROUX a récréanté sa bourgeoisie et prêté le serment ordinaire pardevant monsieur Mauduict avocat et échevin en chambre de l'hôtel commun de la ville et cité d'Arras le 10/1/1780.

[430] **Calixte DURAND** natif de Neuville Saint Vaast fils de Charles Ignace bourgeois et de Marie Joseph LEROUX a récréanté sa bourgeoisie et prêté le serment ordinaire pardevant monsieur Mauduict avocat et échevin en chambre de l'hôtel commun de la ville et cité d'Arras le 10/1/1780.

[431] **Antoine Joseph DURAND** natif de Neuville Saint Vaast fils de Charles Ignace bourgeois et de Marie Joseph LEROUX a récréanté sa bourgeoisie et prêté le serment ordinaire pardevant monsieur Mauduict avocat et échevin en chambre de l'hôtel commun de la ville et cité d'Arras le 10/1/1780.

[432] **Alexandre Joseph DURAND** natif de Neuville Saint Vaast fils de Charles Ignace bourgeois et de Marie Joseph LEROUX a récréanté sa bourgeoisie et prêté le serment ordinaire pardevant monsieur Mauduict avocat et échevin en chambre de l'hôtel commun de la ville et cité d'Arras le 10/1/1780.

[433] **Barthélémy Joseph DURAND** natif de Neuville Saint Vaast fils de Charles Ignace Joseph et de Marie Joseph LEROUX a récréanté sa bourgeoisie et prêté le serment ordinaire pardevant monsieur Mauduict avocat et échevin en chambre de l'hôtel commun de la ville et cité d'Arras le 10/1/1780.

Folio 56R :

[434] gratis : **Jean Baptiste FOUQUART** natif du village de Gouve fils de Philippe et de Marie Antoinette MERVILLE demeurant en cette ville a été reçu bourgeois de cette ville et cité gratis à la recommandation de monsieur Bayart et a prêté le serment ordinaire pardevant messieurs en nombre en chambre de l'hôtel commun de la ville et cité d'Arras ce jourd'hui 11/1/1780.

[435] gratis : **Joseph Thomas BEZU** fils de Daniel et de Marie Marguerite REVILLON natif de Hautminil diocèse de Boulogne bailliage d'Hesdin a été reçu bourgeois de cette ville et cité gratis à la recommandation de monsieur de Souchez et a prêté le serment ordinaire pardevant messieurs en nombre en chambre de l'hôtel commun de la ville et cité d'Arras ce jourd'hui 11/1/1780.

[436] 12 livres : **Louis Joseph DE SAINT LEGER** fils d'Antoine Joseph et de Marie Anne BOURGOIS natif du Mont Saint Eloy a sur requête par lui présentée été reçu bourgeois de cette ville et cité moyennant finance de douze livres qu'il a payé au trésorier receveur et a prêté le serment ordinaire pardevant messieurs en nombre en chambre de l'hôtel commun de la ville et cité d'Arras ce jourd'hui 11/1/1780.

[437] gratis : **Joseph DEMORY** fils de Jacques Henry et de Marie Claire DAVIN natif de Bapaume a été reçu bourgeois de cette ville et cité gratis à la recommandation de monsieur Mauduict et a prêté le serment ordinaire pardevant

Folio 56V :

messieurs en nombre en chambre de l'hôtel commun de la ville et cité d'Arras ce jourd'hui 4/1/1780.

[438] gratis : **Pierre Joseph Xavier COQUIDÉ** natif de cette ville d'Arras y demeurant fils de Pierre Joseph Xavier et de Marie Barbe STAPART a été reçu bourgeois de cette ville et cité gratis à la recommandation de maître Herman et a prêté le serment ordinaire pardevant messieurs en nombre en chambre de l'hôtel commun de la ville et cité d'Arras ce jourd'hui 14/1/1780.

[439] gratis : **Ferdinand Joseph CARNEL** natif de la paroisse de Saint Martin au lieu de Chelers fils d'Antoine François et de Marie Catherine BAYART a été reçu bourgeois de cette ville et cité gratis à la recommandation de monsieur Landru et a prêté le serment ordinaire pardevant messieurs en nombre en chambre de l'hôtel commun de la ville et cité d'Arras ce jourd'hui 14/1/1780.

[440] 12 livres : **Romain Louis Joseph THELLIER** natif de la ville de Douai en Flandres demeurant en cette ville fils de

Folio 57R :

Louis François et de Françoise Renée PHILIPPE a sur requête par lui présentée été reçu bourgeois de cette ville et cité moyennant finance de douze livres qu'il a payé au trésorier receveur et a prêté le serment ordinaire pardevant messieurs en nombre en chambre de l'hôtel commun de la ville et cité d'Arras ce jourd'hui 14/1/1780.

[441] **Pierre Guislain Benoît BOSQUET** natif de cette ville fils de Nicolas Benoît bourgeois et de Marie Louise Joseph LETOMBE a récréanté sa bourgeoisie et prêté le serment ordinaire pardevant monsieur Mauduict avocat et échevin de semaine en chambre de l'hôtel commun de la ville et cité d'Arras le 15/1/1780.

[442] **Nicolas Joseph LIEPPE** natif de cette ville fils de François Joseph Dominique et de Marie Louise ROUSSELARD a récréanté sa bourgeoisie et prêté le serment ordinaire pardevant monsieur Lobez échevin de semaine en chambre de l'hôtel commun de la ville et cité d'Arras le 17/1/1780.

[443] **André Joseph JOSSEE** natif de cette ville fils d'Antoine bourgeois et de Marie Marguerite DAVID a récréanté sa bourgeoisie et prêté le serment ordinaire pardevant monsieur Lobez avocat commissaire de semaine en chambre de l'hôtel commun le 21/1/1780.

Folio 57V :

[444] **Zacherie Constant Joseph JOSSEE** natif de cette ville fils d'Antoine bourgeois et de Marie Marguerite DAVID a récréanté sa bourgeoisie et prêté le serment ordinaire pardevant monsieur Lobez avocat échevin commissaire de semaine en chambre de l'hôtel commun le 21/1/1780.

[445] gratis : **Marie Guislain Joseph FLIPPES** natif de cette ville fils d'Etienne Joseph bourgeois et de Marie Marguerite DAVID a été reçu bourgeois gratis à la recommandation de monsieur Grimbert avocat secrétaire greffier de ladite ville et cité et a prêté le serment ordinaire pardevant messieurs en nombre attendu qu'il avait omis de récréanter sa bourgeoisie avant se marier fait en chambre de l'hôtel commun de la ville et cité d'Arras le 21/1/1780.

[446] gratis : **François Marie HOCHART** natif de Gouy en Ternois fils d'Alexandre et de Marie Angélique HOQUET a sur requête par lui présentée été reçu bourgeois gratis à la recommandation de monsieur Lallart de Berlette échevin et a prêté le serment ordinaire en chambre de l'hôtel commun de la ville et cité d'Arras le 21/1/1780.

Folio 58R :

[447] 12 livres : **Théodore Joseph DIEVAL** natif de Dainville fils de Barthélémy et de Marie Rose GUYOT a sur requête par lui présentée été reçu bourgeois de cette ville et cité moyennant la somme de douze livres qu'il a payé au trésorier receveur d'icelle et a prêté le serment ordinaire en présence de messieurs en nombre en chambre de l'hôtel commun de la ville et cité d'Arras le 21/1/1780.

[448] **Alexandre Aubert Joseph DELEFORTRY** fils d'André bourgeois et de Marie Jeanne Barbe VERMEILLE a récréanté sa bourgeoisie et prêté serment pardevant monsieur Guffroy avocat et échevin de semaine en chambre de l'hôtel commun de la ville et cité d'Arras le 27/1/1780.

[449] gratis : **Antoine Joseph DELERUE** natif d'Amase ? fils d'Alexandre Joseph et de Marie Joachime HERMAN a sur requête par lui présentée été reçu bourgeois gratis à la recommandation de monsieur Boniface trésorier receveur de cette ville et cité et a prêté le serment ordinaire en chambre de l'hôtel commun de la ville et cité pardevant messieurs en nombre le 1/2/1780.

[450] gratis : **François NICOLE** natif du diocèse d'Avranches fils de Henry et de Jeanne IGEZ a sur requête par lui présentée été reçu bourgeois gratis à la recommandation de monsieur Lefebvre du Prez avocat et échevin et a prêté le serment ordinaire pardevant messieurs en nombre en chambre de l'hôtel commun de la ville et cité d'Arras le 11/2/1780.

Folio 58V :

[451] gratis : **Albert François Joseph BRIEZ** natif de Saint Pol fils d'Alexis jardinier et de Marie Adrienne LUNE a sur requête par lui présentée été reçu bourgeois gratis à la recommandation de monsieur Lobez avocat et échevin et a prêté le serment ordinaire pardevant messieurs en nombre en chambre de l'hôtel commun de la ville et cité d'Arras le 15/2/1780.

[452] 24 livres : messire **Ogier Pierre DELASCOMBE** natif du Bordelais fils de messire Jean et de Dame Marie Pauline DAILLY a sur requête présentée en ce siège été reçu bourgeois de cette ville et cité moyennant finance de vingt-quatre livres qu'il a payé au trésorier receveur et a prêté le serment ordinaire pardevant messieurs en nombre en chambre de l'hôtel commun de la ville et cité d'Arras le 25/2/1780.

[453] Saint Nicola en Lattre : **Charles Joseph Rock PERO** fils de Cornil bourgeois de cette ville et de Marie Thérèse CANDELIER a récréanté sa bourgeoisie et prêté le serment ordinaire pardevant monsieur Fruleux de Souchez échevin commissaire de semaine en chambre de l'hôtel commun de la ville et cité d'Arras le 29/2/1780.

[454] 15 livres : **Philippe Joseph COUPE** natif de Gavrelle fils de Jean François et de Marie Anne DUREUX a sur requête par lui présentée été reçu bourgeois de cette ville et cité moyennant finance de quinze livres qu'il a payé au trésorier receveur et a prêté le serment ordinaire pardevant messieurs en nombre en chambre de l'hôtel commun de la ville et cité d'Arras le 29/2/1780.

Folio 59R :

[455] 12 livres : **Anselme PETIT** natif de Moncheaux lez Saint Pol fils de Pierre Philippe et de Marie Jeanne HOQUET a sur requête par lui présentée été reçu bourgeois de cette ville et cité moyennant finance de douze livres qu'il a payé au trésorier receveur et a prêté le serment ordinaire pardevant messieurs en nombre en chambre de l'hôtel commun de la ville et cité d'Arras le 29/2/1780.

[456] 12 livres : **Pierre MONMOUTON** natif de la paroisse de Sainte Claire de Marques province de Rouergue fils d'Antoine et d'Antoinette BOUGIE a sur requête par lui présentée été reçu bourgeois de cette ville moyennant douze livres qu'il a payé au trésorier receveur de cette ville et cité et a prêté le serment ordinaire pardevant messieurs en nombre en chambre de l'hôtel commun de la ville et cité d'Arras le 10/3/1780.

[457] 12 livres : **Pierre Guislain LEFEBVRE** natif de cette ville fils de Guislain et de Marie Elisabeth PINTE a sur requête par lui présentée été reçu bourgeois moyennant finance de douze livres qu'il a payé au trésorier receveur de cette ville et cité et prêté le serment ordinaire pardevant messieurs en nombre en chambre de l'hôtel commun de la ville et cité d'Arras le 10/3/1780.

[458] gratis : **Louis Joseph GRENON** natif de cette ville fils de Jean Philippe et de Marie Thérèse MORELLE a sur requête présentée été reçu bourgeois gratis attendu qu'il a été élevé à la maison commune des orphelins de cette ville et a prêté le serment ordinaire pardevant messieurs en nombre en chambre de l'hôtel commun de la ville et cité d'Arras le 10/3/1780.

Folio 59V :

[459] 12 livres : **Nicolas CLEMENT** natif de Saquay ? diocèse de Lons fils de François et de Anne MORDILLAT a sur requête par lui présentée été reçu bourgeois de cette ville et cité moyennant finance de douze livres qu'il a payé au trésorier receveur et a prêté le serment ordinaire pardevant messieurs en nombre en chambre de l'hôtel commun de la ville et cité d'Arras le 17/3/1780.

[460] gratis : **Laurent Benoît DIEVAL** natif de Walencourt fils de Jean Philippe et de Marie Guislaine LABALETTE a sur requête par lui présentée été reçu bourgeois gratis à la recommandation de monsieur Raulin de Belval maréchal de camp et armées de sa Majesté, mayeur en exercice de cette ville et cité et a prêté le serment ordinaire pardevant messieurs en nombre en chambre de l'hôtel commun de la ville et cité d'Arras le 17/3/1780.

[461] gratis : **Antoine Joseph Lambert SAVIGNAN** facteur d'orgues, serinettes, clavecins, artificier et maître pour le latin fils d'Antoine et de Marie Jeanne ROAU natif de la cité de cette ville a sur requête par lui présentée été reçu bourgeois de la ville et cité gratis en considération de ses talents et a prêté le serment ordinaire pardevant messieurs en nombre en chambre de l'hôtel commun de la ville et cité d'Arras le 17/3/1780.

[462] 12 livres : **Jean ROUZEYROL** natif du Limousin fils de Joseph et de Jeanne ESTABEL a sur requête par lui présentée été reçu bourgeois moyennant finance de douze livres qu'il a payé au trésorier receveur de cette ville et cité et a prêté le serment ordinaire pardevant messieurs en nombre en chambre de l'hôtel commun de la ville et cité d'Arras le 31/3/1780.

Folio 60R :

[463] **Jean Baptiste Joseph LEGRAND** fils de Jean Nicolas Joseph bourgeois de cette ville et de Marie Jeanne Isabelle MOUTIRON a récréanté sa bourgeoisie et prêté le serment ordinaire pardevant monsieur Lefebvre avocat échevin commissaire de semaine en chambre de l'hôtel commun de la ville et cité d'Arras ce jourd'hui 31/3/1780. la

[464] **Jean Joseph LEGRAND** fils de Jean Nicolas Joseph bourgeois de cette ville et de Marie Jeanne Isabelle MOUTIRON a récréanté sa bourgeoisie et prêté le serment ordinaire pardevant monsieur Lefebvre avocat échevin commissaire de semaine en chambre de l'hôtel commun de la ville et cité d'Arras ce jourd'hui 31/3/1780.

[465] **Pierre Joseph LEFEBVRE** fils d'Antoine François et de Marie Marguerite HENAUX natif de cette ville a récréanté sa bourgeoisie et prêté le serment ordinaire pardevant monsieur Landru échevin commissaire de semaine en chambre de l'hôtel commun de la ville et cité d'Arras ce jourd'hui 11/4/1780.

[466] **Guillaume Etienne Joseph DILLY** natif de cette ville fils de Nicolas Géry Théodore bourgeois et de Thérèse Joseph Véronique MATIS a récréanté sa bourgeoisie et prêté le serment ordinaire pardevant monsieur Landru échevin commissaire de semaine en chambre de l'hôtel commun de la ville et cité d'Arras le 15/4/1780.

[467] **Nicolas Henry Joseph DANVIN** fils d'Antoine François et de Jeanne Elisabeth GRAUX

Folio 60V :

a récréanté sa bourgeoisie et prêté le serment ordinaire es mains de monsieur de Gouve échevin commissaire de semaine en chambre de l'hôtel commun de la ville et cité d'Arras ce jourd'hui 17/4/1780.

[468] **Jean Baptiste NEVEU** fils de Nicolas a récréanté sa bourgeoisie et prêté le serment ordinaire es mains de monsieur de Gouve échevin commissaire en chambre de l'hôtel commun de la ville et cité d'Arras ce jourd'hui 17/4/1780.

[469] **Adrien François Augustin MANESSIER** fils d'Adrien et de Jeanne Constance LEGER a récréanté sa bourgeoisie et prêté le serment ordinaire es mains de monsieur de Gouve échevin commissaire de semaine en chambre de l'hôtel commun de la ville et cité d'Arras le 19/4/1780.

[470] 18 livres : **Augustin Joseph GAMELON** natif d'Hamelincourt fils de Dominique et de Scolastique MOREL a sur requête été reçu bourgeois de cette ville et cité moyennant finance de dix-huit livres et prêté le serment ordinaire pardevant messieurs en nombre en chambre de l'hôtel commun de la ville et cité d'Arras le 28/4/1780.

[471] 12 livres : **Philippe Joseph MALBRANQUE** natif de Chocques fils de Philippe Albert et de Marie Joseph WAVRIN a été sur sa requête reçu bourgeois de cette ville et cité moyennant douze livres qu'il a payé au trésorier receveur et a prêté le serment ordinaire pardevant messieurs en nombre en chambre de l'hôtel commun de la ville et cité d'Arras le 28/4/1780.

Folio 61R :

[472] 12 livres : **Louis Joseph CLABAUT** natif de cette ville fils d'Isaac et de Jeanne LEFEBVRE a sur requête par lui présentée été reçu bourgeois de cette ville par omission d'avoir récréanté avant son mariage moyennant la somme de douze livres qu'il a payé au trésorier receveur de cette ville et cité et a prêté le serment ordinaire pardevant messieurs en nombre en chambre de l'hôtel commun de la ville et cité d'Arras le 28/4/1780.

[473] 12 livres : **Jean Baptiste Joseph LEGRAND** natif de cette ville fils de Théodore et de Marie Guilaine Joseph FONTAINE a sur requête par lui présentée été reçu bourgeois de cette ville et cité moyennant la somme de douze livres qu'il a payé au trésorier receveur et a prêté le serment ordinaire pardevant messieurs en nombre en chambre de l'hôtel commun de la ville et cité d'Arras le 2/5/1780.

[474] 12 livres : **François Benoît BLONDEL** natif de cette ville fils de Jean Charles et de Jeanne Marguerite LEPOT a sur requête par lui présentée été reçu bourgeois de cette ville moyennant finance de douze livres qu'il a payé qu'il a payé au trésorier receveur et a prêté le serment ordinaire pardevant messieurs en nombre en chambre de l'hôtel commun de la ville et cité d'Arras le 5/5/1780.

[475] 12 livres : **Jacques Philippe MONVOISIN** natif de cette ville fils d'Hubert et de Marie Jeanne CALON a sur requête par lui présentée été reçu bourgeois de cette ville et cité moyennant finance de douze livres qu'il a payé au trésorier receveur et a prêté le serment ordinaire pardevant messieurs en nombre en chambre de l'hôtel commun de la ville et cité d'Arras le 5/5/1780.

Folio 61V :

[476] **Jean Philippe BAZIER** fils de Joseph bourgeois et de Marie Madeleine SAUVAGE a récréanté sa bourgeoisie et prêté le serment ordinaire pardevant monsieur Delobez avocat et échevin de semaine en chambre de l'hôtel commun de la ville et cité d'Arras le 6/5/1780.

[477] **Guillaume Marie Népommène DONJON** écuyer fils de Charles Emmanuel écuyer bourgeois de cette ville demeurant à Moulin et de Dame Marie CAVALIER a récréanté sa bourgeoisie et prêté le serment pardevant monsieur Mayoul de Sus Saint Léger échevin commissaire de semaine en chambre de l'hôtel commun de la ville et cité d'Arras le 22/5/1780.

[478] 12 livres : **Pierre François FOURMAUX** natif d'Agnie fils de Félix et de Marie Joseph BIENFAIT a sur requête par lui présentée été reçu bourgeois de cette ville et cité moyennant douze livres qu'il a payé au trésorier receveur et a prêté le serment ordinaire pardevant messieurs en nombre en chambre de l'hôtel commun de la ville et cité d'Arras le 23/5/1780.

[479] **Pierre Louis Joseph DELARUE** fils de Jacques bourgeois et Marie Catherine MERLIN a récréanté sa bourgeoisie et prêté le serment ordinaire pardevant monsieur Guffroy avocat et échevin de semaine en chambre de l'hôtel commun de la ville et cité d'Arras le 8/6/1780.

Folio 62R :

[480] 12 livres : **Barthélémie SELOMME** natif du faubourg d'Amiens paroisse de Saint Nicaise fils de Georges et de Marie Joseph HOURIER a sur requête par lui présentée été reçu bourgeois moyennant finance de douze livres qu'il a payé au trésorier receveur de cette dite ville et a prêté le serment ordinaire en chambre de l'hôtel commun de la ville et cité d'Arras le 13/6/1780.

[481] **Hipolite Bertin Joseph VAAST** fils de Pierre Guislain bourgeois de cette ville et de Brigitte Alexandrine VALLET a récréanté sa bourgeoisie et prêté le serment ordinaire pardevant monsieur Herman échevin en chambre de l'hôtel commun de la ville et cité d'Arras ce jourd'hui 13/6/1780.

[482] **Guilain Joseph Xavier VAAST** fils de Pierre Guilain bourgeois de cette ville et de Brigitte Alexandrine VALLET a récréanté sa bourgeoisie et prêté le serment ordinaire en chambre de l'hôtel commun de la ville et cité d'Arras ce jourd'hui 13/6/1780.

[483] gratis : **Jean Jacques François MASSE** natif de Dompierre fils de François et de Catherine REGNAULT a sur requête par lui présentée été reçu bourgeois gratis à la recommandation de monsieur de Gouve échevin et a prêté le serment ordinaire pardevant messieurs en nombre en chambre de l'hôtel commun de la ville et cité d'Arras le 20/6/1780.

[484] **François Guilbert Joseph DECAIX**

Folio 62V :

fils de Philippe Joseph Nicolas bourgeois de cette ville et de Marie Madeleine Joseph CLICQUET a récréanté sa bourgeoisie et prêté le serment ordinaire pardevant monsieur Guffroy échevin de la ville et cité d'Arras ce jourd'hui 20/6/1780.

[485] **Antoine Joseph FROMENTELLE** fils de Noël bourgeois de cette ville et cité et de Joseph GARIN a récréanté sa bourgeoisie et prêté le serment ordinaire pardevant monsieur Landru écuyer échevin commissaire de semaine ce jourd'hui 23/6/1780.

[486] **Pierre Philippe Joseph HUNET** natif de la cité de cette ville fils de Jean Philippe bourgeois de cette ville et de Marie Joseph BECU a récréanté sa bourgeoisie en vertu de l'édit d'union de la cité à la ville de 1749 et a prêté le serment ordinaire en chambre de l'hôtel commun de la ville et cité d'Arras le 27/6/1780.

[487] 6 livres : **Cécile Elizabeth Joseph PETIT** fille de Philippe et de Rosalie PIOT native de Saint Nicolas en Meaulens a sur requête par elle présentée été reçu bourgeoise de cette ville et cité et a prêté le serment ordinaire pardevant messieurs en nombre moyennant finance de six livres qu'elle a payé au trésorier receveur de cette ville et cité fait en chambre de l'hôtel commun de la ville et cité d'Arras le 30/6/1780.

[488] 12 livres : **Antoine Joseph DURINS** fils de de Thomas Joseph et de Guislaine Joseph CROCQUEFERT a sur requête par lui présentée été reçu bourgeois de cette ville et cité moyennant finance de douze livres qu'il a payé au trésorier receveur et a prêté le serment ordinaire pardevant messieurs en nombre en chambre de l'hôtel commun de la ville et cité d'Arras le 7/7/1780.

Folio 63R :

[489] **Philippe Joseph GUERARD** fils de Paul Nicolas bourgeois de cette ville et de Marie Françoise Gabrielle CARON a récréanté sa bourgeoisie et prêté le serment ordinaire pardevant monsieur Lobez avocat échevin commissaire de semaine ce jourd'hui 14/7/1780.

[490] 12 livres : **Alexandre Joseph Marie PLAISANT** natif de cette ville fils de Philippe Joseph Alexandre et d'Anne Joachime DENDICOURT a sur requête par lui présentée été relevé de l'omission d'avoir récréanté sa bourgeoisie avant son mariage moyennant douze livres qu'il a payé au trésorier receveur de cette ville et cité et a prêté le serment ordinaire pardevant messieurs en nombre en chambre de l'hôtel commun de la ville et cité d'Arras le 18/7/1780.

[491][492] **Charles Guislain Joseph** et **Fidel Constant Joseph GRIGNY** fils de Charles François Guislain bourgeois et d'Anne Joseph FACIEUX ont récréanté leur bourgeoisie et prêté le serment ordinaire pardevant monsieur Mauduit avocat et échevin commissaire de semaine en chambre de l'hôtel commun de la ville et cité d'Arras le 29/7/1780.

[493] 12 livres : maître **Nicolas François Joachim GAMANT** notaire en cette ville natif d'icelle fils de Julien

Folio 63V :

bourgeois et de Marie Marguerite Joseph HURIAUX a sur requête par lui présentée été relevé de l'omission d'avoir récréanté sa bourgeoisie avant son mariage moyennant finance de douze livres qu'il a payé au trésorier receveur et a prêté le serment ordinaire pardevant messieurs en nombre en la chambre de l'hôtel commun de la ville et cité d'Arras le 1/8/1780.

[494] **Louis François Joseph FRANÇOIS** fils de Philippe Louis bourgeois de cette ville et de Brigitte Rosalie LENGLET a récréanté sa bourgeoisie et prêté le serment ordinaire pardevant monsieur Lefebvre du Prey avocat et échevin commissaire de semaine en chambre de l'hôtel commun de la ville et cité d'Arras le 16/8/1780.

[495] 12 livres : **Quentin TETART** natif de cette ville fils de Pierre et de Natalie GABRIO a sur requête par lui présentée été reçu bourgeois de cette ville et cité moyennant finance de douze livres qu'il a payé au trésorier receveur et a prêté le serment ordinaire pardevant messieurs en nombre en chambre de l'hôtel commun de la ville et cité d'Arras le 18/8/1780.

[496] 12 livres : **Dominique Joseph PAYEN** natif de cette ville fils d'Antoine Joseph et de Marie Catherine Louise PITEUX a sur requête par lui présentée été reçu bourgeois de cette ville et cité moyennant finance de douze livres qu'il a payé au trésorier receveur et a prêté le serment ordinaire pardevant messieurs en nombre en chambre de l'hôtel commun de la ville et cité d'Arras le 18/8/1780.

Folio 64R :

[497] **Guislain Joseph LAMBERT** natif de cette ville fils de Guillaume bourgeois de cette ville et de Jeanne Marguerite CANOPLE a récréanté sa bourgeoisie et prêté le serment ordinaire pardevant monsieur Herman échevin commissaire de cette ville et cité en chambre de l'hôtel commun le 21/8/1780.

[498] **Jean Baptiste HANO** natif de Blairville fils de Philippe bourgeois et de Marie Anne AIART a récréanté sa bourgeoisie et prêté le serment ordinaire es mains de monsieur Lobez avocat échevin de semaine en chambre de l'hôtel commun de la ville et cité d'Arras le 9/9/1780.

[499] **Marie Romain DELADERRIERE** fils de Pierre Paul bourgeois de cette ville et de Rosalie Marguerite Louise CLAIRET a récréanté sa bourgeoisie et prêté le serment ordinaire pardevant monsieur Degouve échevin commissaire de semaine en chambre de l'hôtel commun de la ville et cité d'Arras le 11/9/1780.

[500] 12 livres : **Jean Charles BASSET** natif de Saint Sauveur lez cette ville fils de Jean et de Marie Guislaine LEBORNE a sur requête par lui présentée été reçu bourgeois de cette ville et cité moyennant finance de douze livres qu'il a payé au trésorier receveur et a prêté le serment ordinaire pardevant messieurs en nombre en chambre de l'hôtel commun de la ville et cité d'Arras le 12/9/1780.

Folio 64V :

[501] 12 livres : **Jean HIGLIN** natif d'Alsace fils de Nicolas et de Catherine WALLIN a sur requête par lui présentée été reçu bourgeois de cette ville et cité moyennant finance de douze livres qu'il a payé au trésorier receveur et prêté le serment ordinaire pardevant messieurs en nombre en chambre de l'hôtel commun de la ville et cité d'Arras le 26/9/1780.

[502] **Jean François Joseph HIGLIN** fils de Jean et d'Anne Marie Joseph LAVALLEE natif de Béthune a ce jourd'hui récréanté sa bourgeoisie pardevant monsieur Guffroy avocat et échevin commissaire de semaine et a prêté le serment ordinaire ce jourd'hui 29/9/1780.

[503] 12 livres : **Nicolas Alexandre HERBINOT DESTOUCHES** demeurant en cette ville natif de Saint Vincent du Mans fils de Marin Charles HERBINOT DESTOUCHES et de Marie Renée Marguerite MONARD a sur requête par lui présentée été reçu bourgeois moyennant finance de douze livres qu'il a payé au trésorier receveur et a prêté le serment ordinaire pardevant messieurs en nombre en chambre de l'hôtel commun de la ville et cité d'Arras le 29/9/1780.

[504] **Pierre Louis HOULIEZ** natif de la cité de cette ville fils de Pierre Louis et de Marie Marguerite ROUCHE a en vertu de l'édit de 1749 portant union de la cité à la ville récréanté sa bourgeoisie et prêté le serment ordinaire pardevant monsieur Guffroy avocat et échevin en chambre de l'hôtel commun de la ville et cité d'Arras le 29/9/1780.

Folio 65R :

[505] 12 livres : **Louis Martin François CHABERT** natif de Béthune fils de Pierre et de Lucresse Charlotte LEROUX a sur requête par lui présentée été reçu bourgeois de cette ville et cité moyennant la somme de douze livres qu'il a payée au trésorier receveur et a prêté le serment ordinaire pardevant messieurs en nombre en chambre de l'hôtel commun de la ville et cité d'Arras le 13/10/1780.

[506] **Philippe Vindicien Théophile Joseph DEPRÉ** fils de Fidel Joseph Amand bourgeois et de Catherine Joseph Félicité LANGRENE a récréanté sa bourgeoisie et prêté le serment ordinaire pardevant monsieur Mayoul de Sus Saint Léger écuyer échevin commissaire de semaine en chambre de l'hôtel commun de la ville et cité d'Arras ce jourd'hui 14/10/1780.

[507] 9 livres : **Marie Françoise COULMONT** veuve de François HOCHART demeurant en cette ville fille de feu Jean François et de Marie Madeleine BROCHART a sur requête par elle présentée été reçue bourgeoise de cette ville et cité moyennant finance de neuf livres qu'elle a payé au trésorier receveur pour par ses enfants être admis à récréanter sa bourgeoisie ordinaire et a prêté le serment ordinaire pardevant messieurs en nombre en chambre de l'hôtel commun de la ville et cité d'Arras le 20/10/1780.

[508] **Jacques Louis Joseph RIGAUX** natif de cette ville fils de Pierre Louis bourgeois et de Catherine VICHERY a récréanté sa bourgeoisie et prêté le serment ordinaire pardevant monsieur Fruleux de Souchez écuyer échevin de semaine

Folio 65V :

en chambre de l'hôtel commun de la ville et cité d'Arras le 24/10/1780.

[509] 6 livres : **Marie Caroline Joseph BRIEZ** native de Saint Pol fille d'Alexis et de Marie Adrienne LUNS ? a sur requête par elle présentée été reçue bourgeoise de cette ville et cité moyennant finance de six livres et a prêté le serment ordinaire pardevant messieurs en nombre en chambre de l'hôtel commun de la ville et cité le 31/10/1780.

[510] **Jean Philippe Joseph BULLECOURT** natif de cette ville fils de Jean Baptiste bourgeois et de Marie Barbe Joseph PETIT a récréanté sa bourgeoisie et prêté le serment ordinaire pardevant monsieur Herman échevin commissaire de semaine en chambre de l'hôtel commun de la ville et cité d'Arras le 3/11/1780.

[511] gratis : **François LAFOND** natif de la paroisse de Saint Cybard d'Angoulême fils de Michel et de Marie DAVID a sur requête par lui présentée été reçu bourgeois gratis à la recommandation de monsieur Mayoul de Sus Saint Léger échevin et a prêté le serment ordinaire pardevant messieurs en nombre en chambre de l'hôtel commun de la ville et cité d'Arras le 17/11/1780.

[512] **Adrien Joseph Géry MESSIER** natif de cette ville fils d'Adrien et de Marie Joseph GAMBLIN a récréanté sa bourgeoisie et prêté le serment ordinaire pardevant monsieur Lallart de Berlette échevin commissaire de semaine en chambre de l'hôtel commun de la ville et cité d'Arras le 23/11/1780.

Folio 66R :

[513] 12 livres : **François Joseph CARON** natif d'Achicourt fils de Jean Baptiste et de Marie Jacqueline DISTINGHIN a sur requête par lui présentée été reçu bourgeois de cette ville et cité moyennant finance de douze livres qu'il a payé au trésorier receveur et a prêté le serment ordinaire pardevant messieurs en nombre en chambre de l'hôtel commun de la ville et cité d'Arras le 28/11/1780.

[514] **Etienne Antoine Philippe FALOUR** natif de Dainville fils d'Antoine Michel bourgeois et de Marie Thérèse BECOURT a récréanté sa bourgeoisie et prêté le serment ordinaire pardevant monsieur Lobez avocat échevin commissaire de semaine en chambre de l'hôtel commun de la ville et cité d'Arras le 18/12/1780.

[515] **François Joseph DEGAND** natif de cette ville fils de Guillaume Michel maître ferblantier et d'Isabelle Rose LAMBERT a récréanté sa bourgeoisie et prêté le serment ordinaire pardevant monsieur Lobez avocat et échevin de semaine en chambre de l'hôtel commun de la ville et cité le 22/12/1780.

[516] **Marc Romain PRUNE** natif de cette ville fils de Romain et de Marie Monique DEGAND a récréanté sa bourgeoisie et prêté le serment ordinaire pardevant monsieur Lobez avocat échevin commissaire de semaine en chambre de l'hôtel commun de la ville et cité d'Arras le 22/12/1780.

Folio 66V :

[517] **Albert Louis Joseph DEGOUVE** de Nuncques avocat fils de Jacques François négociant et de Marie Jeanne Thérèse CORNU a récréanté sa bourgeoisie et prêté le serment ordinaire en chambre de l'hôtel commun ce jourd'hui 31/12/1780.

[518] **Bernard Valentin Joseph LEFEBVRE** écuyer seigneur du Bosquel fils de Charles François Marie LEFEBVRE écuyer seigneur de Gouy et de Dame Elisabeth Louise Joseph DE BERARD a récréanté sa bourgeoisie et a prêté le serment ordinaire avant celui d'échevin en chambre de l'hôtel commun de cette ville et cité d'Arras le 31/12/1780.

[519] **Alexandre Joseph LECOINTE** avocat natif de Fauquembergues fils de Michel et d'Anne Thérèse BAILLY a été reçu bourgeois et a prêté le serment de bourgeoisie de cette ville et cité en sa qualité d'échevin en chambre de l'hôtel commun de la ville et cité d'Arras ce jourd'hui 31/12/1780.

Folio 67R :

[520] **Philippe Antoine Joseph DELECROIX** fils d'Antoine Fidel Amand bourgeois et de Marie Joseph THUILLIER a récréanté sa bourgeoisie et prêté le serment ordinaire pardevant monsieur Maioul de Sus Saint Léger chevalier échevin commissaire de semaine ce jourd'hui 3/1/1781.

[521] gratis : **Jean Philippe DUBOIS** natif de Dainville fils de Toussaint et d'Albertine DACHEZ a sur requête par lui présentée été reçu bourgeois gratis à la recommandation de monsieur Landru échevin et a prêté le serment de bourgeoisie de cette ville et cité pardevant messieurs du magistrat en nombre en chambre de l'hôtel commun le 5/1/1781.

[522] gratis : **Jacques Albert PLOUVIER** natif de Boisleux Saint Marc dit Lauwette a sur requête par lui présentée été reçu bourgeois de cette ville et cité gratis à la recommandation de monsieur Mayoul de Sus Saint Léger et a prêté le serment ordinaire en chambre de l'hôtel commun de la ville et cité d'Arras ce jourd'hui le 5/1/1781 pardevant messieurs du magistrat en nombre.

[523] gratis : **Antoine Joseph BODERLIQUE** natif de cette ville fils de Pierre Joseph et de Geneviève FAUQUETTE a sur requête par lui présentée été relevé du défaut d'avoir récréanté sa bourgeoisie gratis par considération et a prêté le serment ordinaire pardevant messieurs en nombre en chambre de l'hôtel commun de la ville et cité d'Arras le 5/1/1781.

Folio 67V :

[524] **Louis François Joseph LECOMTE** fils de Pierre Jacques bourgeois et de Marie Agnès PETIT a récréanté sa bourgeoisie et prêté le serment ordinaire pardevant monsieur Maioul de Sus Saint Léger chevalier échevin commissaire de semaine ce jourd'hui 5/1/1781.

[525] gratis : **Dominique Louis Guislain DEUSY** natif de Neuville Saint Vaast fils de Paul André et de Sabine BASSEE a sur requête par lui présentée été reçu bourgeois de cette ville et cité gratis à la recommandation de monsieur Degouve de Nuncques avocat et échevin de ce siège et a prêté le serment ordinaire pardevant messieurs en nombre en chambre de l'hôtel commun de la ville et cité d'Arras le 9/1/1781.

[526] gratis : **Jean Baptiste Joseph MATHON** natif de cette ville fils de Pierre Antoine et de Gabrielle CAMIEZ a sur requête par lui présentée été reçu bourgeois de cette ville et cité et a prêté le serment ordinaire pardevant messieurs en nombre (et cette réception fut gratis à la recommandation de monsieur Bayart procureur du roi sindic) en chambre de l'hôtel commun de la ville et cité d'Arras le 9/1/1781.

[527] gratis : **Jean Marie Michel GRUET** natif de Wail diocèse de Boulogne sur Mer fils de Jacques et de Marie Isabelle DEWISME a sur requête par lui présentée été reçu bourgeois gratis à la recommandation de monsieur Lefebvre du Bosquel échevin de ce siège et a prêté le serment de bourgeoisie de cette ville et cité pardevant messieurs en nombre en chambre de l'hôtel commun de la ville et cité d'Arras le 9/1/1781.

Folio 68R :

[528] gratis : **Jean Baptiste MARSY** natif de Laventie fils de Jean Baptiste et de Marguerite LEQUEUCHE a sur requête par lui présentée été reçu bourgeois gratis à la recommandation de monsieur Lecointe avocat et échevin de ce siège et a prêté le serment ordinaire pardevant messieurs en nombre en chambre de l'hôtel commun de la ville et cité d'Arras le 9/1/1781.

[529] gratis : **Jacques Joseph BARON** natif de Bapaume fils de Jean Philippe et de Catherine CARPENTIER a sur requête par lui présentée été reçu bourgeois de cette ville et cité gratis à la recommandation de monsieur Lallart de Lebucquière échevin et a prêté le serment ordinaire pardevant messieurs en nombre en chambre de l'hôtel commun de la ville et cité d'Arras le 12/1/1781.

[530] **Pierre Joseph BACON** natif de cette ville fils de Pierre Nicolas et de Marie Thérèse LACOSTE a ce jourd'hui récréanté sa bourgeoisie pardevant monsieur Lefebvre du Bosquel échevin semainier et a prêté le serment ordinaire le 12/1/1781.

[531] 12 livres : **Antoine Joseph MASSE** natif de Sainte Catherine lez Arras fils de Jean et de Marie Catherine Louise BOULET a sur requête par lui présentée été reçu bourgeois de cette ville et cité moyennant finance de douze livres qu'il a payé au trésorier receveur lequel a prêté le serment ordinaire en chambre de l'hôtel commun de la ville et cité d'Arras pardevant messieurs en nombre ce jourd'hui 12/1/1781.

Folio 68V :

[532] 18 livres : **Charles Dominique SAVARY** natif de Saint Léger Dossois fils de Charles François et de Marie Thérèse Monique GOUBE a sur requête par lui présentée été reçu bourgeois de cette ville et cité moyennant finance de dix-huit livres qu'il a payé au trésorier receveur et a prêté le serment ordinaire pardevant messieurs en nombre en chambre de l'hôtel commun de la ville et cité d'Arras le 12/1/1781.

[533] **Charles Antoine Clément DERETZ** fils de Pierre Antoine François bourgeois et de Hélène Scolastique Louise CAUDRON a récréanté sa bourgeoisie et prêté le serment ordinaire es mains de monsieur Lecointe avocat échevin commissaire de semaine ce jourd'hui 15/1/1781.

[534] **Druon Désiré Joseph FLAMENT** fils de Charles Désiré Joseph bourgeois et de Marie Claire Robertine BETTUN a récréanté sa bourgeoisie et prêté le serment ordinaire pardevant monsieur Lecointe avocat échevin commissaire de semaine ce jourd'hui 18/1/1781.

Folio 69R :

[535] **Vindicien Constantin Joseph BERTAUX** fils de Noël Vindicien bourgeois et de Marie Madeleine Joseph DAMIEN a récréanté sa bourgeoisie et prêté le serment ordinaire pardevant monsieur Lecointe avocat échevin commissaire de semaine ce jourd'hui 19/1/1781.

[536] gratis : **Antoine Louis Joseph MAILLOUX** natif de cette ville fils de Jacques Louis et de Marie Adrienne MONVOISIN a sur requête par lui présentée été reçu bourgeois de cette ville et cité gratis à la recommandation de monsieur Herman échevin et a en conséquence prêté le serment ordinaire en chambre pardevant messieurs en nombre ce jourd'hui 19/1/1781.

[537] **Charles François Joseph CENSIER** fils de François Joseph et de Marie Guislaine Rosalie LECOMTE natif de cette ville a récréanté sa bourgeoisie et prêté le serment ordinaire pardevant monsieur Lecointe avocat et échevin commissaire de semaine ce jourd'hui 20/1/1781.

[538] **César Auguste Joseph LEPAGE** natif de cette ville fils d'Adrien Joseph bourgeois et de Marie Jacqueline ROBBE a récréanté sa bourgeoisie et prêté le serment ordinaire pardevant monsieur Lecointe avocat et échevin de semaine ce jourd'hui 20/1/1781.

Folio 69V :

[539] 12 livres : **François Xavier FRANCQUEVILLE** natif de Farbus fils de Philippe Joseph et de Monique LEVIER a sur requête par lui présentée été reçu bourgeois de cette ville et cité moyennant finance de douze livres qu'il a payé au trésorier receveur et a prêté le serment ordinaire pardevant messieurs en nombre en chambre de l'hôtel commun de la ville et cité d'Arras le 23/1/1781.

[540] 6 livres : **Marie Louise QUAISAIN** native de Mons en Hainaut diocèse de Cambrai fille de Nicolas Joseph et d'Anne Joseph BELLET a sur requête par elle présentée été reçue bourgeoise de cette ville et cité moyennant finance de six livres qu'elle a payé au trésorier receveur et a prêté le serment ordinaire pardevant messieurs en nombre en chambre de l'hôtel commun de la ville et cité d'Arras le 23/1/1781.

[541] 12 livres : **Arnoud HURET** natif de Dainville fils d'Arnoud et de Marie Barbe CAUPIN a sur requête par lui présentée été reçu bourgeois de cette ville et cité moyennant finance de douze livres qu'il a payé au trésorier receveur et a prêté le serment ordinaire pardevant messieurs en nombre en chambre de l'hôtel commun de la ville le 26/1/1781.

[542] gratis : **Jean Louis PAVY** natif de Feuchy fils de Jean François et de Marie Adrienne DESSEIGNES a sur requête par lui présentée été reçu bourgeois de cette ville gratis à la recommandation de monsieur Boniface trésorier receveur et a prêté le serment ordinaire

Folio 70R :

pardevant messieurs en nombre en chambre de l'hôtel commun de la ville et cité d'Arras le 26/1/1781.

[543] gratis : **Pierre Joseph BOUBERT** natif de Saint Aubin lez Arras fils d'Antoine François et de Marie Anne Joseph CARON a sur requête par lui présentée été reçu bourgeois de cette ville et cité gratis à la recommandation de monsieur de Belval mayeur et a prêté le serment ordinaire pardevant messieurs en nombre en chambre de l'hôtel commun de la ville le 26/1/1781.

[544] gratis : **François SCOUBART** natif de la Neuville diocèse d'Amiens fils de David et de Françoise BOYENVAL a sur requête par lui présentée été reçu bourgeois gratis à la recommandation de monsieur Grimbert greffier et a prêté le serment ordinaire pardevant messieurs en nombre en chambre de l'hôtel commun de la ville et cité le 26/1/1781.

[545] gratis : **Michel Ferdinand DELAPLACE** natif d'Agnières fils d'André et de Marie Madeleine POUCHIN a sur requête par lui présentée été reçu bourgeois de cette ville gratis à la recommandation de monsieur Lobez avocat et échevin et a prêté le serment ordinaire pardevant messieurs en nombre en chambre de l'hôtel commun de la ville et cité d'Arras le 26/1/1781.

Folio 70V :

[546] gratis : **Jean Joseph MICHEL** fils de François et d'Elizabeth VANDENEN natif de Frameries diocèse de Cambrai a sur requête par lui présentée été reçu bourgeois de cette ville gratis à la recommandation de monsieur Duquesnoy avocat et échevin et a prêté le serment ordinaire pardevant messieurs en nombre en chambre de l'hôtel commun de la ville et cité le 30/1/1781.

[547] 12 livres : **Pierre Léonord Roger Eloy Josse CARON** natif de Saint Mathieu de Fouilley diocèse d'Amiens fils de Jean François Léonard et de Marie Jeanne BAILLET a sur requête par lui présentée été reçu bourgeois de cette ville et cité moyennant finance de douze livres qu'il a payé au trésorier receveur et a prêté le serment ordinaire pardevant messieurs en nombre en chambre de l'hôtel commun de la ville et cité le 30/1/1781.

[548] 12 livres : **Joseph Hyacinthe POTTIER** natif de cette ville fils d'Antoine Louis et de Jeanne Marguerite BAILLON a sur requête par lui présentée été reçu bourgeois de cette ville moyennant finance de douze livres et a prêté le serment ordinaire pardevant messieurs en nombre en chambre de l'hôtel commun de la ville le 30/1/1781.

Folio 71R :

[549] **Eustache Joseph POTIER** natif de cette ville fils d'Eusèbe Joseph et de Marie Joseph LOIR a récréanté sa bourgeoisie pardevant monsieur Lobez avocat et échevin commissaire de semaine et a prêté le serment en chambre de l'hôtel commun de la ville et cité d'Arras le 5/2/1781.

[550] **Jean Guislain LEBLANC** natif de cette ville fils d'Antoine et de Marie Barbe Thérèse LEFORT a récréanté sa bourgeoisie pardevant monsieur Lobez avocat et échevin commissaire de semaine et a prêté le serment ordinaire en chambre de l'hôtel commun de la ville et cité d'Arras le 5/2/1781.

[551] 12 livres : **Jean Jacobus TRAYER** natif d'Allemagne fils de Michel et d'Anne Marie FUXIN a été reçu bourgeois de cette ville et cité sur la requête par lui présentée moyennant finance de douze livres qu'il a payé au trésorier receveur et a prêté le serment ordinaire pardevant messieurs en nombre en chambre de l'hôtel commun de la ville et cité d'Arras le 13/2/1781.

[552] **Etienne Joseph Ferdinand BOYELLE** natif de cette ville fils de Servais François bourgeois et de Marie Anne Elisabeth CAMIEZ a récréanté sa bourgeoisie et prêté le serment ordinaire

Folio 71V :

pardevant monsieur Landru écuyer échevin de semaine en chambre de l'hôtel commun de la ville et cité d'Arras le 19/2/1781.

[553] 6 livres : **Marie Victoire Louise MARCHAND** native de cette ville fille de Pierre Guislain et de Marie Jeanne VAAST a sur requête par elle présentée été reçue bourgeoise de cette ville et cité moyennant finance de six livres qu'elle a payé au trésorier receveur de cette ville et a prêté le serment ordinaire pardevant messieurs en nombre en chambre de l'hôtel commun de la ville et cité d'Arras le 20/2/1781.

[555] 12 livres : **Jean Baptiste DELEMOTTE** natif de la paroisse d'Eterpigny fils de Jean Baptiste et d'Anne Joseph HONOREE a sur requête par lui présentée été reçu bourgeois de cette ville et cité moyennant finance de douze livres qu'il a payé au trésorier receveur et a prêté le serment ordinaire pardevant messieurs en nombre en chambre de l'hôtel commun de la ville et cité d'Arras le 20/2/1781.

[556] **Marie François Joseph HIRACHE** natif de la cité de cette ville fils d'Adrien François et de Marie Rose LEFRANC en faveur de l'édit d'union de la cité à la ville de 1749 a récréanté sa bourgeoisie pardevant monsieur Landru écuyer échevin commissaire de semaine en chambre de l'hôtel commun de la ville et cité d'Arras le 22/2/1781.

Folio 72R :

[557] 12 livres : **Pierre Antoine HOUPLAIN** natif d'Oppy fils de Melchior et de Marie Angélique MONET a sur requête par lui présentée été reçu bourgeois de cette ville et cité moyennant finance de douze livres qu'il a payé au trésorier de cette ville et cité et a prêté le serment ordinaire pardevant messieurs en nombre en chambre de l'hôtel commun de la ville et cité d'Arras le 23/2/1781.

[558] **Jean François Joseph LACOUTURE** natif de la cité de cette ville fils de Georges bourgeois de cette ville et cité et d'Isabelle LOTH a récréanté sa bourgeoisie et prêté le serment ordinaire pardevant monsieur Landru échevin commissaire de semaine en chambre de l'hôtel commun de la ville et cité d'Arras le 23/2/1781.

[559] **François Joseph OGIER** natif de cette ville fils de Jacque et de Marie Barbe HOURDEL a récréanté sa bourgeoisie et prêté le serment ordinaire pardevant monsieur Landru écuyer échevin commissaire de semaine en chambre de l'hôtel commun de la ville et cité d'Arras le 23/2/1781.

[560] 12 livres : **Augustin Joseph DALLEU** fils d'Eustache et de Marie Isabelle NIEPPE a sur requête par lui présentée été relevé de l'omission d'avoir récréanté sa bourgeoisie moyennant finance de douze livres qu'il a payé au trésorier receveur et a prêté le serment ordinaire pardevant messieurs en nombre en chambre de l'hôtel commun de la ville et cité d'Arras le 27/2/1781.

Folio 72V :

[561] 12 livres : **Joseph HUGOT** natif d'Avion fils de d'Albert et de Marie Joseph LALY a sur requête par lui présentée été reçu bourgeois de cette ville et cité moyennant finance de douze livres qu'il a payé au trésorier receveur et a prêté le serment ordinaire pardevant messieurs en nombre en chambre de l'hôtel commun de la ville et cité d'Arras le 27/2/1781.

[562] **Antoine Joseph DEMOLIN** natif de la paroisse de Saint Martin lez Bailleulmont fils de Joseph et de Marie Claire GAMELON a sur requête par lui présentée été reçu bourgeois de cette ville et cité à la recommandation de monsieur Dupuich échevin et a prêté le serment ordinaire pardevant messieurs en nombre en chambre de l'hôtel commun de la ville et cité d'Arras le 2/3/1781.

[563] **Antoine François Joseph DELVALLÉE** fils de Laurent Joseph bourgeois et de Marie Madeleine HANNART a récréanté sa bourgeoisie et prêté le serment ordinaire pardevant monsieur Dupuich échevin commissaire de semaine ce jourd'hui 8/2/1781.

[564] **Antoine Laurent Joseph DELVALLÉE** fils de Laurent Joseph bourgeois et de Marie Madeleine HANNART a récréanté sa bourgeoisie et prêté le serment ordinaire pardevant monsieur Dupuich échevin commissaire de semaine ce jourd'hui 8/2/1781.

Folio 73R :

[565] **Laurent Albert Joseph DELVALLÉE** fils de Laurent Joseph bourgeois et de Marie Guilaine CHOCQUET a récréanté sa bourgeoisie et prêté le serment ordinaire pardevant monsieur Dupuich échevin commissaire de semaine ce jourd'hui 8/2/1781.

[566] 12 livres : **Pierre Joseph GARRE** natif de Neuville Saint Vaast fils de Maximilien François et d'Anne Joseph PLOUVIER a sur requête par lui présentée été reçu bourgeois de cette ville et cité moyennant finance de douze livres qu'il a payé au trésorier receveur et a prêté le serment ordinaire pardevant messieurs en nombre en chambre de l'hôtel commun de la ville et cité d'Arras le 16/3/1781.

[567] **Mathias François Joseph LECOMTE** natif de cette cille fils de Pierre Jacques bourgeois et de Marie Agnès PETIT a récréanté sa bourgeoisie et prêté le serment ordinaire pardevant monsieur Lefevre du Bosquel échevin de semaine en chambre de l'hôtel commun de la ville et cité d'Arras le 21/3/1781.

[568] 12 livres : **Jean Baptiste François LE BARBIER** natif de Douai fils de maître Pierre Paul François avocat et de Françoise Thérèse Joseph LALLIER a sur requête par lui présentée été reçu bourgeois de cette ville et cité moyennant finance de douze livres qu'il a payé au trésorier receveur et prêté le serment ordinaire pardevant messieurs en nombre le 27/3/1781.

Folio 73V :

[569] 12 livres : **Etienne LAVESNE** natif de Saint Martin Dardecourt fils d'Antoine et de Marie DUPRE a sur requête par lui présentée été reçu bourgeois de cette ville et cité moyennant finance de douze livres qu'il a payé au trésorier receveur et a prêté le serment ordinaire pardevant messieurs en nombre en chambre de l'hôtel commun de la ville et cité d'Arras le 30/3/1781.

[570] 12 livres : **Antoine Joseph FOSSEUX** natif de Dainville fils de Dominique et de Marie Anne SELLIER a sur requête par lui présentée été reçu bourgeois de cette ville et cité moyennant finance de douze livres qu'il a payé au trésorier receveur et a prêté le serment ordinaire pardevant messieurs en nombre en chambre de l'hôtel commun de la ville et cité d'Arras le 10/4/1781.

[571] **Pierre Joseph BRISART** natif de cette ville fils de Brice et de Jeanne Claire Thérèse HERMANT a récréanté sa bourgeoisie et prêté le serment ordinaire pardevant monsieur Degouve de Nuncque échevin commissaire de semaine en chambre de l'hôtel commun de la ville et cité le 19/4/1781.

[572] **Charles Louis BRISART** natif de cette ville fils de Brice et de Jeanne Claire Thérèse HERMANT a récréanté sa bourgeoisie et prêté le serment ordinaire pardevant monsieur de Gouve de Nuncque avocat et échevin commissaire de semaine en chambre de l'hôtel commun de la ville et cité d'Arras le 19/4/1781.

Folio 74R :

[573] 9 livres : **Adrien François Joseph DUPLESSIS** natif de cette ville fils de Jacques Guislain bourgeois et de Marie Guislaine FRANÇOIS a sur requête par lui présentée été relevé de l'omission d'avoir récréanté la bourgeoisie avant se marier moyennant la somme de neuf livres qu'il a payé au trésorier receveur et a prêté le serment ordinaire pardevant messieurs en nombre en chambre de l'hôtel commun de la ville et cité d'Arras le 20/4/1781.

[574] **Pierre Augustin Ferdinand BACCUEZ** natif de cette ville fils de Philippe Joseph et de Marie Robertine LEROUX a récréanté sa bourgeoisie et prêté le serment ordinaire en chambre de l'hôtel commun pardevant monsieur Hermand échevin commissaire de semaine le 23/4/1781.

[575] **Modeste Joseph DE MELUN** natif de cette ville fils de Jean Baptiste bourgeois de cette ville et cité fils de Marie Angélique CONVERSE a récréanté sa bourgeoisie et prêté le serment ordinaire pardevant monsieur Dupuich échevin commissaire de semaine en chambre de l'hôtel commun de la ville et cité d'Arras le 16/5/1781.

[576] 12 livres : **Pierre André Romain DACHEZ** natif de Bucquoy fils de Pierre Antoine et de Marguerite ROUSSEL a sur requête par lui présentée été reçu bourgeois de cette ville et cité moyennant finance de douze livres qu'il a payé au trésorier receveur et a prêté le serment ordinaire pardevant messieurs en nombre le 18/5/1781.

Folio 74V :

[577] 12 livres : **Charles Augustin VAHÉ** natif de Lattre Saint Quentin fils de Martin et de Marie Anne LEF... ??? a sur requête par lui présentée été reçu bourgeois de cette ville et cité moyennant finance de douze livres qu'il a payé au trésorier receveur et a prêté le serment ordinaire pardevant messieurs en nombre en chambre de l'hôtel commun de la ville et cité d'Arras le 22/5/1781.

[578] **Guy François Marye PIRONT** natif de la cité de cette ville fils de Pierre et de Jeanne Françoise DOUE a récréanté sa bourgeoisie en vertu de l'édit d'union et a prêté le serment ordinaire pardevant monsieur Lefebvre du Bosquel échevin commissaire de semaine ce jourd'hui 25/5/1781.

[579] 12 livres : **Charles Louis LEPOIVRE** natif de Sainghin en Weppes diocèse d'Arras fils de Philippe François et de Marie Rose WINGLAY a sur requête par lui présentée été reçu bourgeois de cette ville et cité moyennant finance de douze livres qu'il a payé au trésorier receveur et prêté le serment ordinaire pardevant messieurs en nombre ce jourd'hui 5/6/1781.

[580] **Guislain Joseph Isidore DEBAILLOEUL** natif de la cité de cette ville fils de Charles François et d'Isabelle DREVILLE a récréanté sa bourgeoisie en vertu de l'édit d'union et a prêté le serment ordinaire pardevant monsieur Duquesnoy échevin commissaire de semaine ce jourd'hui 19/6/1781.

[581] **François LEBLOND**

Folio 75R :

fils de François et de Marie BOITEL natif de Notre Dame d'Hamel sous Cursale de la paroisse de Beaumont en Picardie a sur requête par lui présentée été reçu bourgeois de cette ville et cité moyennant finance de douze livres qu'il a payé au trésorier receveur de cette ville et a prêté le serment ordinaire pardevant messieurs en nombre ce jourd'hui 3/7/1781.

[582] 12 livres : **Charles Ferdinand Louis BUISSART** natif du faubourg Sainte Catherine lez Arras fils de Pierre François et de Marie Catherine LUCAS a sur requête par lui présentée été reçu bourgeois de cette ville et cité moyennant finance de douze livres qu'il a payé au trésorier receveur de cette ville et a prêté le serment ordinaire pardevant messieurs en nombre ce jourd'hui 3/7/1781.

[583] gratis : **Joseph Ely LEDIEU** natif de la paroisse de Saint Denis de Puissieux fils de Jean et de Marie Françoise ALLART a sur requête par lui présentée été reçu bourgeois gratis de cette ville et cité en qualité de maître d'école de la pauvreté et a prêté le serment ordinaire pardevant messieurs en nombre ce jourd'hui 13/7/1781.

[584] **Augustin Benoît Clément DENISE** natif de cette ville fils de Philippe Augustin Joseph bourgeois et de Jeanne Thérèse NOIRET a récréanté sa bourgeoisie et prêté le serment ordinaire pardevant monsieur Lallart Delebucquière échevin en chambre de l'hôtel commun ce jourd'hui 16/7/1781.

Folio 75V :

[585] gratis : **Pierre Joseph CITERNE** natif de Thiennes fils de Simon et d'Angélique Joseph HOCQUE a sur requête par lui présentée été reçu bourgeois de cette ville et cité gratis en qualité de maître d'école de la pauvreté et a prêté le serment ordinaire pardevant messieurs en nombre en chambre le 20/7/1781.

[586] **Philippe Guislain Joseph HUNET** natif de cette ville fils de Pierre Joseph Philippe et de Marie Elizabeth DARCOURT a récréanté sa bourgeoisie pardevant monsieur Dupuich échevin commissaire de semaine ce jourd'hui 28/7/1781.

[587] **Aubert Louis BRAQUET** natif de la cité fils d'André et de Marie Catherine Thérèse LEMAIRE a ce jourd'hui été reçu bourgeois de cette ville en vertu de la réunion et de l'édit de l'union de la cité à la ville de 1749 et a prêté le serment ordinaire en chambre ce jourd'hui 28/7/1781.

[588] **Antoine Etienne Joseph ROCHE** natif de cette ville fils de maître Jean Etienne bourgeois et de Marie Anne DELETOILLE a récréanté sa bourgeoisie et prêté le serment ordinaire pardevant monsieur Maioul de Sus Saint Léger écuyer échevin commissaire de semaine ce jourd'hui 3/8/1781.

[589] 12 livres : **Jean Siméon DUBOIS** natif de la paroisse de Bellonne fils d'Aubert et de Marie Elizabeth DRON a ce jourd'hui été reçu bourgeois de cette ville et cité en conséquence de sa requête présentée à ce siège moyennant finance de douze livres qu'il a payé au trésorier receveur de cette ville et a prêté le serment ordinaire en chambre pardevant messieurs en nombre ce jourd'hui 10/8/1781.

Folio 76R :

[590] **Philippe Nicolas Antoine Joseph BAILLON** natif de cette ville fils de Philippe Joseph et d'Agnès Joseph DESFRENES a récréanté sa bourgeoisie et prêté le serment ordinaire pardevant monsieur Lecointe avocat et échevin commissaire de semaine ce jourd'hui 13/8/1781.

[591] **Pierre Philippe Dominique DARTUS** natif de cette ville fils de Pierre Philippe bourgeois et de Jeanne Angélique Sophie DUCATEZ a récréanté sa bourgeoisie et prêté le serment ordinaire pardevant monsieur Lobez avocat et échevin ce jourd'hui 13/8/1781.

[592] **Louis Joseph LEVRAY** natif de cette ville fils d'Adrien François et de Marie Joseph CAPY a récréanté sa bourgeoisie et prêté le serment ordinaire pardevant monsieur Lobez avocat échevin ce jourd'hui 20/8/1781.

[593] 12 livres : **Guislain Amable LEFEBVRE** natif de Maisnil lez Saint Pol fils d'Antoine Martin et de Marie Marguerite SAILLIEZ a sur requête par lui présentée été reçu bourgeois de cette ville et cité moyennant finance de douze livres qu'il a payé au trésorier receveur et a prêté le serment ordinaire pardevant messieurs en nombre en chambre de l'hôtel commun le 21/8/1781.

[594] **Jean Baptiste François Joseph COUTEAUX** natif de cette ville fils de François Joseph bourgeois et de Jeanne Catherine DELMOTTE a récréanté sa bourgeoisie et prêté le serment ordinaire pardevant monsieur Lobez avocat et échevin de semaine ce jourd'hui 23/8/1781.

Folio 76V :

[595] 6 livres : **Charles Louis Guislain PEUGNET** natif de cette ville fils de Jean François Guislain bourgeois et de Jeanne Madeleine DUFOUR a sur requête par lui présentée été relevée de l'omission d'avoir récréanté sa bourgeoisie avant se marier moyennant finance de six livres qu'il a payé au trésorier receveur de cette ville et a prêté le serment ordinaire pardevant messieurs en nombre en chambre de l'hôtel commun de la ville et cité d'Arras le 28/9/1781.

[596] **Joseph Marie PERIN** natif de cette ville fils de Jacques Joseph et de Marie Madeleine Victoire FROMENTIN a récréanté sa bourgeoisie et prêté le serment ordinaire pardevant monsieur Lallart Delebucquière échevin commissaire de semaine le 28/9/1781.

[597] **Thomas Joseph Alexandre PAJOT** natif de cette ville fils de Noël Emmanuel et de Rose Catherine DELOTTE a récréanté sa bourgeoisie et prêté le serment ordinaire pardevant monsieur Lallart Delebucquière ce jourd'hui 29/9/1781.

[598] 12 livres : **Jean Baptiste DONNET** jardinier fils de François et de Jeanne Barbe LECREUX natif de Willerval a sur requête par lui présentée été reçu bourgeois de cette ville et cité moyennant

Folio 77R :

finance de douze livres qu'il a payé au trésorier receveur de cette ville et cité et a prêté le serment ordinaire pardevant messieurs en nombre en chambre de l'hôtel commun de la ville et cité d'Arras le 5/10/1781.

[599] **Antoine François Joseph HALLOT** fils de Pierre Félix Joseph bourgeois et de Marie Louise CHENEVIER a récréanté sa bourgeoisie et prêté le serment ordinaire pardevant monsieur Maioul de Sus Saint Léger échevin commissaire de semaine ce jourd'hui 8/10/1781.

[600] **Louis Joseph BELLIART** fils d'Ambroise bourgeois et d'Anne Marie GARBE a récréanté sa bourgeoisie et prêté le serment ordinaire pardevant monsieur Lefebvre Dubosquel échevin commissaire de semaine ce jourd'hui 15/10/1781.

[601] 12 livres : **Pierre Augustin CATHELEIN** natif du village de Wancourt fils de Jean Pierre et de Marie Elizabeth PRANGER a sur requête par lui présentée été reçu bourgeois de cette ville et cité moyennant finance de douze livres qu'il a payé au trésorier receveur de cette ville et cité et a prêté le serment ordinaire pardevant messieurs en nombre ce jourd'hui 26/10/1781.

Folio 77V :

[602] **Jean Louis François Joseph LEGAR** fils de Jean François bourgeois et de Marie Thérèse Noëlle CAPLAIN a récréanté sa bourgeoisie et prêté le serment ordinaire pardevant monsieur Lobez avocat échevin commissaire de semaine ce jourd'hui 31/10/1781.

[603] **Charles Nicolas Joseph POLLET** natif de cette ville fils de Nicolas et de Marie Joseph PETIT a récréanté sa bourgeoisie et prêté le serment ordinaire pardevant monsieur Lallart Delebucquière échevin commissaire de semaine ce jourd'hui 20/11/1781.

[604] 18 livres : **Guislain Eugène COQUEL** natif de la paroisse de Boisleux au Mont fils de Pierre Antoine et de Marie Catherine COUPET a sur requête par lui présentée été reçu bourgeois de cette ville et cité moyennant finance de dix-huit livres qu'il a payé au trésorier receveur et a prêté le serment ordinaire pardevant messieurs en nombre ce jourd'hui en chambre le 23/11/1781.

[605] **Pierre Augustin Joseph BRON** natif de cette ville fils de Nicolas Joseph et de Marie Augustine THERET a récréanté sa bourgeoisie et prêté le serment ordinaire pardevant monsieur Landru écuyer échevin commissaire de semaine ce jourd'hui 29/11/1781.

[606] 24 livres : **Jean Philippe Ignace PREVOST** natif de [ ] fils de [ ] et de [ ] a sur requête par lui présentée été reçu bourgeois de cette ville et cité moyennant finance de vingt-quatre livres qu'il a payé au trésorier

Folio 78R :

receveur de cette ville et cité et a prêté le serment ordinaire pardevant messieurs en nombre ce jourd'hui 30/11/1781.

[607] 12 livres : **Antoine Joseph LEGRAND** natif de cette ville fils de Charles Guilain bourgeois et de Marie Guilaine BIENFAIT a sur requête par lui présentée été relevé de l'omission par lui faite d'avoir récréanté sa bourgeoisie avant son mariage moyennant finance de douze livres qu'il a payé au trésorier receveur de cette ville et cité et a prêté le serment ordinaire pardevant messieurs en nombre ce jour d'hui 4/12/1781.

[608] **Jean Louis Joseph NIOLET** natif de cette ville fils de Jean et d'Elisabeth HUBERT a récréanté sa bourgeoisie et prêté le serment ordinaire pardevant monsieur Dupuich échevin commissaire de semaine ce jour d'hui 15/12/1781.

[609] 12 livres : **Jean Charles LABROUCHE** natif d'Avesnes le Comte fils de Pierre Guislain et de Marie Isabelle DUQUESNE a sur requête par lui présentée été reçu bourgeois moyennant finance de douze livres qu'il a payé au trésorier receveur et a prêté le serment ordinaire pardevant messieurs en nombre en chambre ce jour d'hui 21/12/1781.

[610] **Guislain Joseph DRANSART** natif de la paroisse d'Achicourt fils de Pierre Augustin bourgeois de cette ville et cité et de Marie Elisabeth DESMAZURES a récréanté sa bourgeoisie pardevant monsieur Lefebvre Dubosquel échevin commissaire de semaine en chambre de l'hôtel commun de la ville et cité d'Arras le 24/12/1781.

Folio 78V :

[611] 12 livres : **Pierre Philippe LEGRAND** natif d'Achicourt fils d'Adrien et d'Agnès Cornille DISTINGHIEN a sur requête par lui présentée été reçu bourgeois de cette ville et cité moyennant finance de douze livres qu'il a payé au trésorier receveur et a prêté le serment ordinaire pardevant messieurs en nombre en chambre de l'hôtel commun de la ville et cité d'Arras le 28/12/1781.

[612] **Augustin Mathurin DRANSART** natif d'Achicourt fils de Pierre Augustin et de Marie Elisabeth DEMASURE a ce jour d'hui récréanté sa bourgeoisie et prêté le serment ordinaire es mains de monsieur Lefebvre du Bosquel échevin commissaire de semaine le 28/12/1781.

[613] 12 livres : **Philippe Adrien ROGER** natif du faubourg de Saint Nicolas en Meaulens fils de Jean Philippe et de Marie Madeleine PETIT a sur requête par lui présentée été reçu bourgeois de cette ville et cité moyennant finance de douze livres qu'il a payé au trésorier receveur et a prêté le serment ordinaire pardevant messieurs en nombre en chambre de l'hôtel de ville et cité d'Arras le 21/12/1781.

[614] gratis : **Antoine Joseph BOUCHER** fils de Mathieu bourgeois de cette ville et d'Agnès Victoire GAMBLIN a sur requête par lui présentée été relevé de l'omission de récréanter sa bourgeois gratis attendu la circonstance et sans tirer à conséquence et a prêté le serment ordinaire en chambre de l'hôtel commun ce 29/12/1781.

Folio 79R :

[615][616] **Augustin Louis Joseph** et **Jean Baptiste Dominique Joseph BASSEZ** fils d'Antoine Louis bourgeois, valet de ville et de Marie Anne Joseph TRANNOY ont récréanté leur bourgeoisie et prêté le serment ordinaire pardevant monsieur Lecointe avocat échevin commissaire de semaine ce jour d'hui 3/1/1782.

[615] **Julien Zacharie Modeste BATON** fils de Pierre Dominique bourgeois et de Marie Isabelle ROUTIER a récréanté sa bourgeoisie et prêté le serment ordinaire pardevant monsieur Lobez avocat échevin commissaire de semaine ce jour d'hui 10/1/1782.

[616] gratis : **Josse François Joseph LEMIRRE** valet de ville natif de la cité de cette ville fils de Jean François cordonnier mineur et bedeau de la paroisse de Saint Nicaise et d'Antoinette BECQUET a été relevé de l'omission de récréanter sa bourgeoisie avant son mariage en vertu de la réunion de la cité à la ville gratis et a prêté le serment ordinaire pardevant messieurs en nombre ce jour d'hui 11/1/1782.

Folio 79V :

[617] gratis : **Jean Baptiste Joseph CASTELAIN** natif de la paroisse de la ville d'Armentières fils de Jean François et de Marie Marguerite PROUVOST a sur requête par lui présentée été reçu bourgeois de cette ville et cité gratis à la recommandation de monsieur Lecointe avocat échevin et a prêté le serment ordinaire pardevant messieurs en nombre ce jour d'hui 11/1/1782.

[618] **Pantaléon Joseph LEMIRRE** fils de Jean François Joseph bourgeois valet de ville et de Marie Guilaine Alexandrine JOURDAIN a récréanté sa bourgeoisie et prêté le serment ordinaire pardevant monsieur Lobez avocat échevin commissaire de semaine ce jour d'hui 12/1/1782.

[619] gratis : **Nicolas SUEUR** natif de Berneville fils de Jean François et de Jeanne Marguerite ROCHE a sur requête par lui présentée été reçu bourgeois de cette ville et cité gratis à la recommandation de monsieur Landru écuyer échevin et a prêté le serment ordinaire pardevant messieurs en nombre ce jour d'hui 15/1/1782.

[620] gratis : **Antoine DURIEZ** natif du bourg d'Aubigny fils de Jean Martin et de Marie Françoise LECLERCQ a sur requête par lui présentée été reçu bourgeois de cette ville et cité gratis à la recommandation de monsieur Lobez avocat échevin

Folio 80R :

et a prêté le serment ordinaire pardevant messieurs en nombre ce jour d'hui 15/1/1782.

[621] **Charles François Joseph ALEXANDRE** natif de cette ville fils de Charles Joseph François bourgeois et de Marie Barbe DUCATEZ a récréanté sa bourgeoisie et prêté le serment ordinaire pardevant monsieur Duquesnoy avocat et échevin en chambre de l'hôtel commun de la ville et cité d'Arras le 16/1/1782.

[622] gratis : **Hilaire Eloy MANIEZ** natif de Puissieux fils de Lambert et de Marie Joseph POUILLAUDE a sur requête par lui présentée été reçu bourgeois gratis à la recommandation de monsieur Herman échevin et a prêté le serment ordinaire pardevant messieurs en nombre en chambre de l'hôtel commun de la ville et cité d'Arras le 18/1/1782.

[623] 18 livres : **Philippe Joseph Marie DOBIGNY** natif de la ville d'Aire fils de Barthélémy Joseph et de Marie Anne Joseph IVAIN a sur requête par lui présentée été reçu bourgeois de cette ville et cité moyennant finance de dix-huit livres qu'il a payé au trésorier receveur et a prêté le serment ordinaire pardevant messieurs en nombre en chambre de l'hôtel commun de la ville et cité d'Arras ce 18/1/1782.

[624] **Pierre François SUEUR** natif de Berneville fils de Nicolas bourgeois et de Marie Constance CAMPAGNE a récréanté sa bourgeoisie et prêté le serment ordinaire pardevant monsieur Landru écuyer échevin ce jourd'hui 25/1/1782.

<u>Folio 80V</u> :

[625] gratis : **Jean François BINET** natif de la paroisse de Saint Pierre en Bourgue Maison diocèse d'Amiens élection de Doullens fils de Pierre et de Catherine BLOQUET a sur requête par lui présentée été reçu bourgeois de cette ville et cité gratis à la recommandation de monsieur Bayart procureur du roi sindic et a prêté le serment ordinaire pardevant messieurs en nombre en chambre de l'hôtel commun de la ville et cité d'Arras ce jourd'hui 6/2/1782.

[626] gratis : **François Dominique BOURSIN** natif de Souastre fils de Michel et de Marie Thérèse TAFFIN a sur requête par lui présentée été reçu bourgeois de cette ville et cité gratis à la recommandation de monsieur Lefebvre Dubosquel et a prêté le serment ordinaire pardevant messieurs en nombre en chambre de l'hôtel commun de la ville et cité d'Arras ce jourd'hui 6/2/1782.

[627] gratis : **Mathieu LIBERT** natif de Ransart en cette province fils de Jean Philippe et Jeanne Michele DECOINT a sur requête par lui présentée été reçu bourgeois de cette ville et cité gratis à la recommandation de monsieur Lallart Delebucquière et a prêté le serment ordinaire pardevant messieurs en nombre en chambre de l'hôtel commun ce jourd'hui 8/2/1782.

[628] **Firmin Emmanuel HALOT** natif de cette ville fils d'Etienne Joseph bourgeois et de Marie Isabelle Guilaine CAPLAIN a récréanté sa bourgeoisie et prêté le serment ordinaire pardevant monsieur Degouve de Nuncque échevin de semaine ce jourd'hui 18/2/1782.

[629] gratis : **Pierre Louis DEHEE** natif d'Achicourt fils de Noël Toussaint et de Marie Marguerite Charlotte FOURNIER a été reçu bourgeois gratis à la recommandation

<u>Folio 81R</u> :

de monsieur Degouve de Nuncques avocat et échevin et a prêté le serment ordinaire en chambre de l'hôtel commun le 18/2/1782.

[630] **Claude François SAINT REMY** fils de Nicolas et de Marie Brigitte CLABAUT traiteur et aubergiste en cette ville a ce jourd'hui récréanté sa bourgeoisie et prêté le serment ordinaire pardevant monsieur Lefebvre du Bosquel échevin commissaire de semaine ce jourd'hui 26/2/1782.

[631] gratis : **Pierre Louis GELEZ** tonnelier demeurant à Arras natif d'Amblin lez Pretz fils de Michel et de Marie Françoise DANEL a sur requête par lui présentée été reçu bourgeois de cette ville et cité gratis à la recommandation de monsieur Maioul de Sus Saint Léger et a prêté le serment ordinaire pardevant messieurs en nombre ce jourd'hui 26/2/1782.

[632] **Pierre Joseph DELADERRIERE** natif de la paroisse d'Achicourt fils de Pierre Paul bourgeois et de Rosalie Marguerite CLAIRET a récréanté sa bourgeoisie et prêté le serment ordinaire pardevant monsieur Maioul de Sus Saint Léger ce jourd'hui 27/2/1782.

[633] **Jean Godefroy MEYER** fils de Godefroy MEYER et Catherine MILLERIN natif de Nottembourg en Prusse

<u>Folio 81V</u> :

a ce jourd'hui été reçu bourgeois de cette ville gratis attendu les circonstances et après le serment ordinaire pardevant monsieur Mayoul de Sus Saint Léger échevin commissaire de semaine en chambre ce jourd'hui 1/3/1782.

[634] **Thomas Joseph MONEL** compagnon menuisier fils de Thomas François Joseph et de Robertine Guilaine HOURIEZ a récréanté sa bourgeoisie et prêté le serment ordinaire ce jourd'hui 5/3/1782.

[635] **Auguste Guislain Joseph TAFFIN** fils de Jean Guislain Joseph et de Marie Anne Antoinette BOIAVALLE a récréanté sa bourgeoisie et prêté le serment ordinaire pardevant monsieur Lefebvre du Bosquel échevin de semaine ce jourd'hui 5/3/1782.

[636] gratis : **Charles François Joseph THORIN** natif de cette ville fils de feu Philippe Joseph et d'Anne Jeanne Françoise PETIT a sur requête présentée en ce siège été reçu bourgeois gratis attendu qu'il a été clerc à la maison commune des orphelins de cette ville en chambre de l'hôtel commun de la ville et cité d'Arras le 8/3/1782.

<u>Folio 82R</u> :

[637] **Pierre Charles Joseph VANDERMEULEN** avocat au Conseil d'Artois natif de la ville d'Aire fils de maître Pierre François Joseph aussi avocat audit conseil bourgeois et de Demoiselle Marie Thérèse Joseph LE VAILLANT a récréanté sa bourgeoisie et prêté le serment ordinaire pardevant monsieur Lobez avocat échevin en chambre de l'hôtel commun de la ville et cité d'Arras le 13/3/1782.

[638] 12 livres : **Jean François Guislain MARQUAND** natif de cette ville fils de Nicolas et de Jeanne Thérèse VASSEUR a sur requête présentée en ce siège été reçu bourgeois moyennant finance de douze livres qu'il a payé au trésorier receveur de cette ville et cité et a prêté le serment ordinaire pardevant messieurs en nombre ce jourd'hui en chambre le 22/3/1782.

[639] gratis : **Adrien Joseph ROUSSELLE** natif de Saint Venant fils d'Antoine et d'Angélique ROSSUE a sur requête par lui présentée été reçu bourgeois gratis de cette ville par ordre de la chambre et a prêté le serment ordinaire pardevant messieurs en nombre en chambre de l'hôtel commun de la ville et cité d'Arras le 26/3/1782.

[640] 12 livres : **François Joseph ROUART** natif de la ville d'Aire fils de Jean Charles et de Marie Joseph Rosalie CODRON a sur requête par lui présentée été reçu bourgeois de cette ville et cité moyennant finance de douze livres qu'il a payé au trésorier receveur et a en conséquence prêté le serment ordinaire pardevant messieurs en nombre ce jourd'hui 29/3/1782.

Folio 82V :

[641] 12 livres : **Antoine GUICHART** natif de la paroisse de Saint Front d'Alemps en Périgord fils de Jean et de Marie MANNE a sur requête par lui présentée été reçu bourgeois de cette ville et cité moyennant finance de douze livres qu'il a payé au trésorier receveur et a en conséquence prêté le serment ordinaire pardevant messieurs en nombre ce jourd'hui 9/4/1782.

[642] **Louis François DESAILLY** natif de la cité de cette ville fils de François Guilain Joseph et de Marie Thérèse VERELLE a récréanté sa bourgeoisie en vertu de la réunion de la cité de la ville et prêté le serment ordinaire pardevant monsieur Landru écuyer échevin commissaire de semaine ce jourd'hui 17/4/1782.

[643] **Joseph Hipolite LEFEBVRE** fils de Philippe Guilain Joseph bourgeois et de Marie Anne Joseph HUNET a récréanté sa bourgeoisie et prêté le serment ordinaire pardevant monsieur Landru écuyer échevin commissaire de semaine ce jourd'hui 17/4/1782.

[644] **Pierre Louis Aimable COCQUEL** fils de Jean Baptiste bourgeois et de

Folio 83R :

Marie Madeleine Joseph LOGEZ a récréanté sa bourgeoisie et prêté le serment ordinaire pardevant monsieur Landru écuyer échevin commissaire de semaine ce jourd'hui 19/4/1782.

[645] **Charles Barthélémy DIEVAL** fils de Charles bourgeois et de Catherine MARY a récréanté sa bourgeoisie et prêté le serment ordinaire pardevant monsieur Landru écuyer échevin commissaire de semaine ce jourd'hui 19/4/1782.

[646] 12 livres : **Antoine Joseph DEMELIN** natif d'Hannecamp fils de Guislain et de Marie Brigitte GAUTIER a sur requête par lui présentée été reçu bourgeois de cette ville et cité moyennant finance de douze livres qu'il a payé au trésorier receveur et a en conséquence prêté le serment ordinaire pardevant messieurs en nombre ce jourd'hui 19/4/1782.

[647] **Jean Baptiste Joseph DHUIN** natif de cette ville fils d'Antoine Florent et de Marie Antoinette DAUTRICOURT a récréanté sa bourgeoisie et prêté le serment ordinaire pardevant monsieur Lallart de le Bucquière échevin commissaire de semaine ce jourd'hui 22/4/1782.

Folio 83V :

[648] **Jean Baptiste François LANSIARRE** natif de la cité de cette ville fils de Pierre Guislain et de Marie Anne Joseph DUBOIS a ce jourd'hui été reçu bourgeois en vertu de la réunion de la cité par édit de 1749 et a prêté le serment ordinaire es mains de monsieur Lallart de le Bucquière échevin commissaire de semaine le 22/4/1782.

[649] **Bon Joseph HERMET** fils de Félix François Joseph bourgeois et de Jeanne Brigitte CARON a récréanté sa bourgeoisie et prêté le serment ordinaire pardevant monsieur Lallart Delebucquière échevin commissaire de semaine ce jourd'hui 26/4/1782.

[650] **François Hector Joseph HAZARD** avocat au conseil provincial et supérieur d'Artois et en parlement de Flandre fils de maître Jacques Hector Guilain licencié en médecine bourgeois et de Demoiselle Jeanne Françoise GONSSE a récréanté sa bourgeoisie et prêté le serment ordinaire pardevant monsieur Lallart Delebucquière échevin commissaire de semaine ce jourd'hui 26/4/1782.

[651] 12 livres : **Jacques RAYMONT** natif d'Auvergne fils de Jean et d'Anne FONTANGE a sur requête par lui présentée été reçu bourgeois moyennant finance de douze livres qu'il a payé au trésorier receveur et a prêté le serment ordinaire pardevant messieurs en nombre fait en chambre de l'hôtel commun de la ville et cité d'Arras le 27/4/1782.

Folio 84R :

[652] 6 livres : **Albertine Rose CAILLEREZ** native d'Humbercamp fille de Jacques François et de Marie Albertine LEFEL a sur requête par elle présentée été reçue bourgeoise de cette ville et cité moyennant six livres de finance qu'elle a payé au trésorier receveur et a prêté le serment ordinaire pardevant messieurs en nombre ce jourd'hui 30/4/1782.

[653] **Jean Baptiste DEHE** natif de la paroisse de Fampoux fils de Pierre Joseph bourgeois et de Rosalie BAILLY a récréanté sa bourgeoisie et prêté le serment ordinaire pardevant monsieur Dupuich échevin commissaire de semaine ce jourd'hui 3/5/1782.

[654] 9 livres : **Aldegonde Artongatte Lucie POLLET** native d'Armentières fille de Laurent François et d'Aldegonde Angélique Joseph CHARLET a sur requête par lui présentée été reçu bourgeoise de cette ville et cité moyennant neuf livres de finance qu'elle a payé au trésorier receveur et a prêté le serment ordinaire pardevant messieurs en nombre en chambre de l'hôtel commun de la ville et cité d'Arras le 3/5/1782.

[655] **Laurent Alexandre Marie CARTIER** natif de cette ville fils de Gabriel Joseph et de Claire Joseph Constance GARIN a récréanté sa bourgeoisie et prêté le serment ordinaire pardevant monsieur Lefebvre du Bosquel échevin commissaire de semaine ce jourd'hui 8/5/1782.

Folio 84V :

[656] 6 livres : **Guislain François Joseph SAYON** fils de Jean Baptiste et de Marie Antoinette HUBERT a sur requête par lui présentée été reçu bourgeois de cette ville et cité moyennant finance de six livres par grâce attendu les circonstances qu'il a payé au trésorier receveur et a prêté le serment ordinaire pardevant messieurs en nombre ce jourd'hui 14/5/1782.

[657] 6 livres : **Ruffine Joseph GUFFROY** fille de Jean Baptiste Honoré et de Marie Joseph WALET native de la paroisse de Saint Laurent lez la ville de Lens a sur requête par elle présentée été reçue bourgeois de cette ville et cité moyennant six livres de France qu'elle a payé au trésorier receveur et a prêté le serment ordinaire pardevant messieurs en nombre ce jourd'hui 17/5/1782.

[658] **Louis Joseph HENNEBELLE** natif de Beuvry fils de Jean Baptiste et de Marie Thérèse DURIEZ a sur requête par lui présentée été reçu bourgeois gratis attendu les circonstance et a pardevant messieurs en nombre prêté le serment ordinaire en chambre de l'hôtel commun de la ville et cité d'Arras le 17/5/1782.

[659] **Gabriel Antoine Joseph DHUIN** natif de cette ville fils d'Antoine Florent bourgeois et de Marie Antoinette DAUTRICOURT a récréanté sa bourgeoisie et prêté le serment ordinaire pardevant monsieur Lobez avocat et échevin de semaine ce jourd'hui 27/5/1782.

[660] 12 livres : **Philippe Joseph PROCUREUR** natif de Bugnicourt fils de Charles Philippe Joseph et de Marie Barbe PEUGNET a sur requête par lui présentée été reçu bourgeois de cette ville et cité moyennant finance de douze livres qu'il a payé au trésorier receveur et a prêté le serment ordinaire pardevant messieurs en nombre ce jourd'hui le 4/6/1782.

Folio 85R :

[661] 12 livres : **Luc Joseph BLANPAIN** natif d'Aire fils de Joseph et de Marie Jeanne DANHOUQUERQUE a sur requête par lui présentée été reçu bourgeois moyennant finance de douze livres qu'il a payé au trésorier receveur de cette ville et cité et a prêté le serment ordinaire pardevant messieurs en nombre ce jourd'hui 4/6/1782.

[662] **Pierre Joseph Thomas LAGACHE** natif de cette ville fils de Charles Laurent François et de Marie Rose Joseph VASSEUR a ce jourd'hui récréanté sa bourgeoisie et prêté le serment ordinaire en chambre pardevant monsieur Degouve Denuncques avocat et échevin commissaire de semaine ce jourd'hui 5/6/1782.

[663] 18 livres : **Antoine Joseph ALLART** natif de la paroisse de Saint Rémy de Chery diocèse de Laon fils de Louis et de Marguerite POILLIART a sur requête par lui présentée été reçu bourgeois de cette ville et cité moyennant finance de dix-huit livres qu'il a payé au trésorier receveur de cette ville et cité et a prêté le serment ordinaire pardevant messieurs en nombre en chambre de l'hôtel commun de la ville et cité d'Arras le 7/6/1782.

[664] **Adrien Benoît Joseph ROUSSEL** natif de cette ville fils de Joseph Adrien bourgeois et de Marie Anne Joseph MOCOMBLE a récréanté sa bourgeoisie et prêté le serment ordinaire en chambre pardevant monsieur Lallart Delebucquière échevin de semaine ce jourd'hui 18/6/1782.

Folio 85V :

[665] 6 livres : **Eugène Joseph MAILLE** fils de Gaspart et de Marie Anne Françoise LEBON maître boucher en cette ville a sur requête par lui présentée été reçu bourgeois de cette ville et cité moyennant finance de six livres attendu les circonstances qu'il a payé au trésorier receveur de cette ville et a prêté le serment ordinaire en chambre pardevant messieurs en nombre suffisant ce jourd'hui 21/6/1782.

[666] 12 livres : **Louis Joseph DERIENCOURT** natif d'Agny fils de Clément et d'Alexandrine FOURSY a sur requête par lui présentée été reçu bourgeois de cette ville et cité moyennant finance de douze livres qu'il a payé au trésorier receveur et a prêté le serment ordinaire en chambre de l'hôtel commun de la ville et cité d'Arras le 25/6/1782.

[667] 12 livres : **Pierre Joseph HONORÉ** natif de Tournai fils de Toussaint et de Marie Catherine DUROISSIN a sur requête par lui présentée été reçu bourgeois de cette ville et cité moyennant finance de douze livres qu'il a payé au trésorier receveur et a prêté le serment ordinaire pardevant messieurs en nombre en chambre de l'hôtel commun de la ville et cité d'Arras le 25/6/1782.

[668] **Charles Guilain Joseph DUMESNIL** natif de cette ville fils de Jean Charles bourgeois et de Marie Adrienne ROUTIER a récréanté sa bourgeoisie et prêté le serment pardevant monsieur Landru échevin de semaine ce jourd'hui 26/6/1782.

Folio 86R :

[669] **Régis Joseph CONDETTE** natif de cette ville fils de Jean Baptiste et de Maximilienne Françoise DERIVE a ce jourd'hui récréanté sa bourgeoisie et prêté le serment ordinaire es mains de monsieur Landru échevin commissaire de semaine le 28/6/1782.

[670] 12 livres : **Pierre Joseph LEMAIRE** natif d'Agny fils de Michel et de Martine GALLET a sur requête par lui présentée été reçu bourgeois de cette ville et cité moyennant finance de douze livres et a prêté le serment ordinaire pardevant messieurs en nombre en chambre de l'hôtel commun le 28/6/1782.

[671] **Louis Charles Dominique PITEUX** fils de Charles François bourgeois et de Marie Catherine Dominique VILLIN a récréanté sa bourgeoisie et prêté le serment ordinaire pardevant monsieur Dupuich échevin commissaire de semaine en chambre de l'hôtel commun de la ville et cité d'Arras le 4/7/1782.

[672] gratis : **Guislain Respicius MORONVAL** natif de Bizaucourt fils de Charles Ignace et de Jeanne Thérèse COUPE a sur requête par lui présentée été reçu bourgeois de cette ville et cité gratis à la recommandation de monsieur Grimbert greffier et a prêté le serment ordinaire pardevant messieurs en nombre en chambre de l'hôtel commun le 5/7/1782.

[673] 12 livres : **Alexis François BRIMONT** natif d'Avesnes le Comte fils d'Alexis et de Marie Thérèse MATHON a sur requête par lui présentée été reçu bourgeois de cette ville et cité moyennant finance de douze livres qu'il a payé au trésorier receveur et a prêté le serment ordinaire pardevant messieurs en nombre en chambre de l'hôtel commun de la ville et cité d'Arras le 16/7/1782.

Folio 86V :

[674] gratis : **Pierre Alexis LEMAIRE** fils de Pierre Guislain et de Marie Jeanne PINTE natif de Roclincourt a sur requête par lui présentée été reçu bourgeois gratis à la recommandation de monsieur Degouve de Nuncques avocat et échevin et a prêté le serment ordinaire pardevant messieurs en nombre en chambre de l'hôtel commun de la ville et cité d'Arras le 16/7/1782.

[675] 24 livres : **Louis François HAVET** vice consul d'Espagne et négociant et raffineur de sucre en cette ville natif de Montreuil sur Mer fils de François et d'Anne Elizabeth LEPRESTRE a sur requête par lui présentée été reçu bourgeois de cette ville et cité moyennant finance de vingt-quatre livres qu'il a payé au trésorier receveur de cette ville et a prêté le serment ordinaire pardevant messieurs en chambre ce jourd'hui 19/7/1782.

[676] **Charles Nicolas Joseph LECLERCQ** natif de cette ville fils de Nicolas François Joseph bourgeois et de Marie Marguerite BRUYANT a récréanté sa bourgeoisie et prêté le serment ordinaire pardevant monsieur Lobez avocat et échevin de semaine ce jourd'hui 31/7/1782.

[677] gratis : **Jean Baptiste MEURISSE** natif de Lucheux en Picardie fils de Jean et de Marie Anne TELLIER a sur requête par lui présentée été reçu bourgeois gratis à la recommandation de monsieur Duquesnoy avocat et échevin et a prêté le serment ordinaire pardevant messieurs en nombre en chambre de l'hôtel commun de la ville et cité d'Arras le 2/8/1782.

[678] **Charles Joseph LEROY** natif de cette ville fils de Charles Nicolas et de Marie Guislaine PITEUX a récréanté sa bourgeoisie et prêté le serment ordinaire pardevant monsieur Dupuich échevin commissaire de semaine ce jourd'hui 6/8/1782.

Folio 87R :

[679] 18 livres : **Pierre Joseph Benoît SENS** natif d'Agnez les Duisans fils de Pierre et de Jeanne Marie LECLERCQ a sur requête par lui présentée été reçu bourgeois de cette ville et cité moyennant finance de dix-huit livres qu'il a payé au trésorier receveur et a prêté le serment ordinaire pardevant messieurs en nombre en chambre de l'hôtel commun de la ville et cité d'Arras le 16/8/1782.

[680] 12 livres : **Auguste Louis Joseph RAIMONT** natif de Lille fils de Jacques et de Marie Guislaine DHAINE a sur requête par lui présentée été reçu bourgeois de cette ville et cité moyennant douze livres qu'il a payé au trésorier receveur et a prêté le serment ordinaire pardevant messieurs en nombre en chambre de l'hôtel commun de la ville et cité d'Arras le 20/8/1782.

[681] **Augustin François Joseph LENGLET** natif de cette ville fils de Jean François LENGLET maître aubergiste et de Marie Madeleine Hipolite DELEAU ses père et mère a récréanté sa bourgeoisie et prêté le serment ordinaire pardevant monsieur Herman échevin ce jourd'hui 3/9/1782.

[682] 12 livres : **Jean Baptiste CAGIN** fils de Pierre Michel et de Marie Thérèse MATHON a sur requête par lui présentée été reçu bourgeois de cette ville et cité moyennant finance de douze livres qu'il a payé au trésorier receveur de cette ville et cité et a prêté le serment ordinaire pardevant messieurs en nombre en chambre de l'hôtel commun de la ville et cité d'Arras le 3/9/1782.

Folio 87V :

[683] **Jean Baptiste Benoît DUPONCHEL** natif de cette ville fils de Jean Baptiste bourgeois et de Scolastique DESAILLY a récréanté sa bourgeois et prêté le serment ordinaire pardevant monsieur Lobez avocat et échevin commissaire de semaine ce jourd'hui 11/9/1782.

[684] **Jean Baptiste Albert CABUIL** natif de cette ville fils de Jean Baptiste et de Marie Isabelle DUMETZ a récréanté sa bourgeoisie et prêté le serment ordinaire pardevant monsieur Lecointe avocat et échevin en chambre de l'hôtel commun de la ville et cité d'Arras le 26/9/1782.

[685] **Charles Augustin ANSART** natif de la cité fils d'Etienne François et de Marie Jeanne LEBAS a récréanté en vertu de l'édit de 1749 pardevant monsieur Lecointe le 27/9/1782.

[686] **Pierre François René Joseph FOURMAUX** natif de cette ville fils de Pierre Michel bourgeois et de Scolastique Robertine Joseph LECLERCQ a récréanté sa bourgeoisie et prêté le serment ordinaire pardevant monsieur Lecointe avocat et échevin commissaire de semaine ce jourd'hui 28/9/1782.

[687] **Charles Joseph Denis GUILBERT** natif de cette ville fils d'Antoine Joseph bourgeois et de Jeanne Scolastique FORGEOIS a récréanté sa bourgeoisie et prêté le serment ordinaire pardevant monsieur Herman échevin commissaire de semaine ce jourd'hui 3/10/1782.

Folio 88R :

[688] **Benoît Hipolite Joseph GUILBERT** natif de cette ville fils d'Antoine Joseph bourgeois et de Jeanne Scolastique FORGEOIS a récréanté sa bourgeoisie et prêté le serment ordinaire pardevant monsieur Herman échevin commissaire de semaine ce jourd'hui 3/10/1782.

[689] **Marie Emmanuel Félicien GUILBERT** natif de cette ville fils d'Antoine Joseph bourgeois et de Jeanne Scolastique FORGEOIS a récréanté sa bourgeoisie et prêté le serment ordinaire pardevant monsieur Herman échevin commissaire de semaine ce jourd'hui 3/10/1782.

[690] **Louis Joseph LOGEZ** natif de cette ville fils de Jean Baptiste et de Marie Anne Joseph WERTERLIN a sur requête par lui présentée été admis à récréanter sa bourgeoisie et en conséquence a prêté le serment ordinaire pardevant monsieur Herman échevin commissaire de semaine ce jourd'hui 4/10/1782.

[691] **Jean Baptiste LOGEZ** fils de Jean Baptiste et de Marie Anne Joseph WERTERLIN a sur requête par lui présentée été admis à récréanter sa bourgeoisie et a en conséquence prêté le serment ordinaire pardevant monsieur Herman échevin commissaire de semaine ce jourd'hui 4/10/1782.

[692] Maître **Bernard Bonaventure Stanislas BRUN** natif de Bordeau ? fils du Sieur Jean et de Demoiselle Jeanne PLASSAN a sur requête par lui présentée été reçu bourgeois de cette ville et cité moyennant finance de vingt-quatre livres et a prêté le serment ordinaire pardevant messieurs en nombre en chambre de l'hôtel commun de la ville et cité d'Arras ce jourd'hui 4/10/1782.

Folio 88V :

[693] **Pierre Louis Joseph HUCLIER** natif du faubourg de Ronville paroisse d'Achicourt fils de Pierre et Marie Thérèse HARDUIN a récréanté sa bourgeoisie et prêté le serment ordinaire pardevant monsieur Duquesnoy avocat et échevin commissaire de la ville et cité d'Arras en chambre de l'hôtel commun de la ville et cité d'Arras ce 19/10/1782.

[694] gratis : **Joseph FINOT** natif de Beaune en Bourgogne fils de Jacques et d'Anne ROYER a sur requête par lui présentée été reçu bourgeois gratis à la recommandation de monsieur Dupuich échevin et a prêté le serment ordinaire pardevant messieurs en nombre en chambre de l'hôtel commun de la ville et cité d'Arras le 25/10/1782.

[695] 18 livres : **Pierre Antoine Augustin SCAILLIEREZ** natif de Feuchy fils d'Augustin et de Marie Joseph PAVY a sur requête par lui présentée été reçu bourgeois de cette ville et cité moyennant finance de dix-huit livres qu'il a payé au trésorier receveur et a prêté le serment ordinaire pardevant messieurs en nombre en chambre d'hôtel commun de la ville et cité d'Arras le 29/10/1782.

[696] gratis : **Jean LANES** natif de Montpellier fils d'Antoine et de Jeanne CARRIER a sur requête par lui présentée été reçu bourgeois gratis attendu les circonstances et a prêté le serment ordinaire pardevant messieurs en nombre en chambre de l'hôtel commun de la ville et cité d'Arras le 29/10/1782.

Folio 89R :

[697] **Nicolas Louis BRON** natif de cette ville fils de Nicolas Joseph et de Marie Augustine THERET a récréanté sa bourgeoisie et prêté le serment ordinaire pardevant monsieur Degouve Denuncque avocat et échevin commissaire de la ville et cité d'Arras en chambre de l'hôtel commun de ladite ville et cité d'Arras le 29/10/1782.

[698] gratis : le sieur **Jean DELAIR** lieutenant bailly de cette ville et cité natif de Paris paroisse de Saint Germain l'Auxerrois fils de Jean Baptiste et de Marguerite CAGNIER a sur requête par lui présentée été reçu bourgeois gratis en considération de ses services et a prêté le serment ordinaire pardevant messieurs en nombre en chambre de l'hôtel commun de la ville et cité d'Arras le 5/11/1782.

[699] **Marie Joseph Pélagie DEROY** natif de cette ville fille de Michel Joseph et de Marguerite Rose Pélagie LAVALLEE a sur requête par elle présentée été reçu bourgeois d'icelle ville et cité et a prêté le serment ordinaire pardevant messieurs en chambre de l'hôtel commun de la ville et cité d'Arras le 5/11/1782.

[700] gratis : Maître **Crépin Ignace César TRIBOULET** licencié en médecine fils de Jean Marcel et de Françoise CARPESAT a sur requête par lui présentée été reçu bourgeois gratis et a prêté le serment ordinaire pardevant messieurs en nombre en chambre de l'hôtel commun

Folio 89V :

le 8/11/1782.

[701] 12 livres : **Gilles Denis ROBILLARD** natif de Paris fils de Jean Baptiste et de Marguerite LEON a sur requête par lui présentée été reçu bourgeois de cette ville moyennant finance de douze livres qu'il a payé au trésorier receveur et a prêté le serment ordinaire pardevant messieurs en nombre en chambre de l'hôtel commun de la ville et cité d'Arras le 12/11/1782.

[702] 12 livres : **Nicolas Maurice HOURIEZ** natif d'Agny fils de Pierre François et de Marguerite FOURMAUX a sur requête par lui présentée été reçu bourgeois de cette ville moyennant finance de douze livres qu'il a payé au trésorier receveur et a prêté le serment ordinaire pardevant messieurs en nombre en chambre de l'hôtel commun de la ville et cité d'Arras le 12/11/1782.

[703] 15 livres : **Pierre François BECCU** fils de Pierre Louis fermier au village d'Arleux en Gohelle et de Sabine Françoise FREMY a sur requête par lui présentée été reçu bourgeois de cette ville moyennant finance de quinze livres qu'il a payé au trésorier receveur et a prêté le serment ordinaire pardevant messieurs en nombre en chambre de l'hôtel commun de la ville et cité d'Arras le 15/11/1782.

[704] **Jacques Marie Hubert COUTURE** natif de la cité de cette ville fils d'Albert et de Marie Catherine DILLY a ce jourd'hui récréanté sa bourgeoisie en exécution de l'édit de 1749 et a prêté le serment ordinaire pardevant monsieur Landru écuyer échevin commissaire de semaine et a prêté le serment ordinaire le 3/12/1782.

<u>Folio 90R</u> :

[705] 24 livres : **François Jean Baptiste SCRIBE** natif du village d'Hendecourt fils de Jean Baptiste et d'Anne Françoise LE MARCHANT a sur requête par lui présentée été reçu bourgeois de cette ville moyennant finance de vingt-quatre livres qu'il a payé au trésorier receveur de cette ville et a prêté le serment ordinaire en chambre et pardevant messieurs en nombre ce jourd'hui 6/12/1782.

[706] **Louis Michel César MINART** natif de cette ville fils de Charles Guislain et de Jeanne Hélène BLONDEL a récréanté sa bourgeoisie et prêté le serment ordinaire pardevant monsieur Duquesnoy avocat et échevin de semaine ce jourd'hui 19/12/1782 en chambre de l'hôtel commun de la ville et cité d'Arras.

[707] 9 livres : **Simon LERAT** natif de la paroisse de Saint Martin de Blois fils de Michel et d'Elizabeth BERNARD a sur requête par lui présentée été reçu bourgeois de cette ville et cité moyennant finance de neuf livres qu'il a payé au trésorier receveur de cette ville et a prêté le serment ordinaire en chambre pardevant messieurs en nombre ce jourd'hui 24/12/1782.

[708] **Michel LERAT** natif de la paroisse de Saint Martin de Blois fils de Michel et d'Elizabeth BERNARD a sur requête par lui présentée été reçu bourgeois moyennant finance [ ] qu'il a payé au trésorier receveur de cette ville et a prêté le serment ordinaire en chambre pardevant messieurs en nombre ce jourd'hui 24/12/1782.

<u>Folio 90V</u> :

[709] **Charles François Joseph FALEMPIN** natif de la cité de cette ville fils de Pierre François et de Marie Rosalie LEJOSNE a ce jourd'hui récréanté sa bourgeoisie en vertu de l'édit 1749 et a prêté le serment ordinaire pardevant monsieur Landru écuyer commissaire de semaine le 3/1/1783.

[710] gratis : **Ignace Joseph LEBLAN** natif de Lillers fils d'Augustin et de Marie Françoise MACAUX a ce jourd'hui [été] reçu bourgeois gratis pour service rendu et a prêté le serment ordinaire pardevant messieurs en chambre de l'hôtel commun de la ville et cité d'Arras ce jourd'hui 7/1/1783.

[711] gratis : **Jacques François Séverin GRUET** natif du village de Wail actuellement demeurant en cette ville fils de Jacques François et d'Isabelle DEVISME a ce jourd'hui été reçu bourgeois gratis à la recommandation de monsieur Lefebvre du Bosquel échevin en exercice et a prêté le serment ordinaire pardevant messieurs en nombre en chambre de l'hôtel commun de la ville et cité d'Arras le 7/1/1783.

[712] 12 livres : **Hubert François Joseph BRIOIS** natif du hameau de Liencourt paroisse de Saint Sulpice de Berlancourt fils de Jean François et de Marie Joseph COCQUIDÉ a ce jourd'hui été reçu bourgeois moyennant finance de douze livres et a prêté le serment ordinaire pardevant messieurs en nombre en chambre de l'hôtel commun de la ville et cité d'Arras le 7/1/1783.

<u>Folio 91R</u> :

[713] gratis : **Albert Joseph FRIDBOURG** natif de Metz fils d'Isaac et de Jeannette MAY a ce jourd'hui été reçu bourgeois de cette ville et cité gratis à la recommandation de monsieur Leroux du Châtelet et a prêté le serment ordinaire pardevant messieurs en nombre en chambre de l'hôtel commun de cette ville le 7/1/1783.

[714] **François Benoît BRAQUET** garçon sculpteur fils de Claude Damien maître sculpteur de cette ville et de Marie Françoise LAISNEZ a récréanté sa bourgeoisie et prêté le serment ordinaire pardevant monsieur Landru écuyer et échevin commissaire de semaine ce jourd'hui 11/1/1783.

[715] **Charles François Joseph FALEMPIN** natif de la cité de cette ville fils de Pierre François et de Marie Rosalie LEJOSNE a ce jourd'hui récréanté sa bourgeoisie en vertu de l'édit 1749 et a prêté le serment ordinaire pardevant monsieur Landru écuyer chevalier de l'ordre royal et militaire de Saint Louis commissaire de semaine le 3/1/1783.

[716] gratis : **Nicolas Aimable BOISLAUX** natif de la cité de cette ville fils de Nicolas et de Marie Joseph DELCOURT a sur requête par lui présentée été ce jourd'hui reçu bourgeois gratis à la recommandation de monsieur Lallart Delebucquière et a prêté le serment ordinaire pardevant messieurs en nombre en chambre de l'hôtel commun de la ville et cité d'Arras le 14/1/1783.

<u>Folio 91V</u> :

[717] gratis : **Théodore MONCHIEZ** natif d'Estrée Wamin fils de Jean Philippe et de Marie Anne HANOT a sur requête par lui présentée été ce jourd'hui reçu bourgeois gratis à la recommandation de monsieur Landru et a prêté le serment ordinaire pardevant messieurs en nombre en chambre de l'hôtel commun de la ville et cité d'Arras le 14/1/1783.

[718] gratis : **Germain LUCAS** natif du village d'Henninel fils de François et d'Anne Jeanne BODU a sur requête par lui présentée été reçu bourgeois gratis à la recommandation de monsieur Bayart procureur du roi sindic de cette ville et a prêté le serment ordinaire pardevant messieurs en nombre en chambre de l'hôtel commun de la ville et cité d'Arras le 14/1/1783.

[719] gratis : **Isidore BOIS** compagnon horloger natif de Chatillion en Franche Comté fils de Claude et de Marie Jeanne BILLET a sur requête par lui présentée été ce jourd'hui reçu bourgeois gratis à la recommandation de monsieur Boniface trésorier receveur de cette ville et a prêté le serment ordinaire pardevant messieurs en nombre en chambre de l'hôtel commun de la ville et cité d'Arras le 14/1/1783.

[720] **Michel Marcellin Joseph BOYELLE** natif de cette ville fils de Joachim et de Marie Madeleine MINART a récréanté sa bourgeoisie et prêté le serment ordinaire pardevant monsieur Lallart Delebucquière échevin commissaire de semaine ce jourd'hui 14/1/1783.

[721] gratis : **Maximilien Adrien Joseph DELECROIX** natif de cette ville fils de Jean Baptiste bourgeois et de Marie Barbe CORDONNIER a sur requête par lui présentée été relevé de l'omission d'avoir récréanté sa bourgeoisie avant son mariage et admis à la récréanter gratis attendu les circonstances et a prêté le serment ordinaire pardevant monsieur Lallart Delebuquière échevin commissaire de semaine en chambre de l'hôtel commun le 17/1/1783.

Folio 92R :

[722] 12 livres : **Jean Baptiste MELQUION** fils de Joseph et de Louise JARDIN a sur requête par lui présentée été reçu bourgeois de cette ville et cité moyennant finance de douze livres qu'il a payé au trésorier receveur et a prêté le serment ordinaire pardevant messieurs en nombre en chambre de l'hôtel commun de la ville et cité d'Arras le 17/1/1783.

[723] 24 livres : le sieur **Philippe Joseph Albert DEFONTAINE** fils du sieur Anselme Joseph et de Demoiselle Marie Rictrude DAVION a sur requête par lui présentée été reçu bourgeois de cette ville et cité moyennant finance de vingt-quatre livres qu'il a payé au trésorier receveur et a prêté le serment ordinaire pardevant messieurs en nombre en chambre de l'hôtel commun de la ville et cité d'Arras le 17/1/1783.

[724] gratis : **Claude PATER** fils de Claude et de Pierrette VERNOY natif de Frangy diocèse de Besançon a sur requête par lui présentée été reçu bourgeois gratis à la recommandation de monsieur Mayoult de Sus Saint Léger échevin et a prêté le serment ordinaire pardevant messieurs en nombre en chambre de l'hôtel commun de la ville et cité d'Arras ce jourd'hui 21/1/1783.

[725] 12 livres : **Augustin Joseph DUNAT** natif du village de Noulette fils de Guislain et de Marie Angélique ALIER a sur requête par lui présentée été reçu bourgeois de cette ville et cité moyennant finance de douze livres par lui payé au trésorier de cette ville et a prêté le serment ordinaire pardevant messieurs en nombre en chambre de l'hôtel commun de la ville et cité d'Arras ce jourd'hui 21/1/1783.

Folio 92V :

[726] Messire **Bon Albert BRIOIS** chevalier conseiller du roi en ses conseils, premier président et chef en survivance du conseil provincial d'Artois fils de messire François Joseph BRIOIS chevalier premier président audit conseil bourgeois de cette ville et de dame Marie Joseph Albertine Catherine PALYART a sur requête par lui présentée été, attendu les circonstances, relevé de l'omission de récréanter sa bourgeoisie avant son mariage et a prêté le serment ordinaire pardevant monsieur Mayoul de Sus Saint Léger échevin commissaire de semaine en chambre de l'hôtel commun de la ville et cité d'Arras le 28/1/1783.

[727] **Nicolas Hipolite Joseph DELECROIX** natif de cette ville fils de Maximilien Joseph bourgeois et de Thérèse Claire HOURIEZ ses père et mère a récréanté sa bourgeoisie et a prêté le serment ordinaire pardevant monsieur Mayoult de Sus Saint Léger échevin commissaire de semaine en chambre de l'hôtel commun de la ville et cité d'Arras ce 31/1/1783.

[728] 12 livres : **Louis Augustin Joseph CANDAS** natif de cette ville fils de Jean Louis et de Catherine Joseph DUVAL a sur requête par lui présentée été reçu bourgeois de cette ville et cité moyennant finance de douze livres qu'il a payé au trésorier receveur et a prêté le serment ordinaire pardevant messieurs en nombre en chambre de l'hôtel commun de la ville et cité d'Arras le 3/2/1783.

[729] **Augustin Joseph HODOYER** fils de Jean Joseph et de Jeanne Joseph RAYEZ a récréanté sa bourgeoisie et prêté le serment ordinaire pardevant monsieur Lefebvre du Bosquel échevin commissaire de semaine en chambre de l'hôtel commun de la ville et cité d'Arras le 4/2/1783.

Folio 93R :

[730] 12 livres : **Fidel CLOUET** natif du diocèse de Laon fils d'Etienne et de Marie Louise BEGUIN a sur requête par lui présentée été reçu bourgeois de cette ville et cité moyennant la somme de douze livres et a prêté le serment pardevant messieurs en nombre en chambre de l'hôtel commun de la ville et cité d'Arras le 4/2/1783.

[731] gratis : **François Joseph MAS** natif de Lille fils de François Joseph et de Marie Anne Thérèse BEUTIN a sur requête par lui présentée été reçu bourgeois de cette ville et cité gratis à la recommandation de monsieur Dupuich échevin et a prêté le serment ordinaire pardevant messieurs en nombre en chambre de l'hôtel commun de la ville et cité d'Arras le 4/2/1783.

[732] gratis : **Julien DELABIT** natif de Villers Brulin fils de Jean Laurent et de Jeanne Joseph PAPILLON a sur requête par lui présentée été reçu bourgeois de cette ville et cité gratis à la recommandation de monsieur Duquesnoy avocat et échevin et a prêté le serment ordinaire pardevant messieurs en nombre en chambre de l'hôtel commun de la ville et cité d'Arras le 11/2/1783.

[733] gratis : **Louis Marie DEWAILLY** natif d'Amiens fils de Pierre et de Marie Rose TINMINE a sur requête présentée été reçu bourgeois gratis à la recommandation de monsieur Degouve Denuncques avocat et échevin et a prêté le serment ordinaire en chambre de l'hôtel commun de la ville et cité d'Arras le 18/2/1783.

[734] 12 livres : **Jean Michel PRONIER** fils de Michel et de Jeanne Barbe HENRY natif d'Haiette a sur requête par lui présentée été reçu bourgeois de cette ville et cité moyennant finance de douze livres qu'il a payé au trésorier receveur et a prêté le serment ordinaire pardevant messieurs en nombre en chambre de l'hôtel commun de la ville et cité d'Arras le 18/2/1783.

Folio 93V :

[735] **Charles François Joseph CORROYER** fils d'Adrien bourgeois de cette ville et de Marie Anne Joseph LEGROS a récréanté sa bourgeoisie et prêté le serment ordinaire pardevant monsieur Lecointe avocat échevin de la ville et cité d'Arras en chambre de l'hôtel commun de la ville et cité d'Arras le 19/2/1783.

[736] **Jacques Joseph Eugène LANDRU** écuyer capitaine de cavalerie, conseiller du roi, lieutenant commandant de la maréchaussée royale du département d'Artois natif de cette ville fils de feu François Louis Eugène ancien échevin de la cité d'Arras et de Demoiselle Marie Joseph WACHEUX a récréanté sa bourgeoisie et prêté le serment ordinaire pardevant monsieur Lecointe avocat échevin de la ville et cité d'Arras en chambre de l'hôtel commun de la ville et cité d'Arras le 20/2/1783.

[737] 12 livres : **Jean LANDRON** natif de la paroisse de Saint Léger lez Authies diocèse d'Amiens fils de Jean et de Marie Madeleine MARQUISE a sur requête par lui présentée été reçu bourgeois de cette ville et cité moyennant finance de douze livres qu'il a payé au trésorier receveur de cette ville et cité et a prêté le serment ordinaire pardevant messieurs en nombre en chambre de l'hôtel commun de la ville et cité d'Arras le 21/2/1783.

Folio 94R :

[738] **Albert Joseph MONIEZ** natif de cette ville fils légitime d'Albert Joseph maître maçon et de Marie Madeleine Joseph LENGLET a récréanté sa bourgeoisie et prêté le serment ordinaire pardevant monsieur de Gouve Denuncques avocat et échevin de la ville d'Arras ce jourd'hui 25/2/1783.

[739] **Jean Baptiste Joseph DENIBAS** natif de la cité de cette ville fils de Joseph et de Marie Anne ROGEZ a récréanté sa bourgeoisie en vertu de l'arrêt de réunion de 1749 et prêté le serment ordinaire pardevant monsieur de Gouve Denuncques avocat et échevin de la ville et cité d'Arras en chambre de l'hôtel commun de ladite ville et cité ce jourd'hui 25/2/1783.

[740] **Nicolas Joseph DENIBAS** natif de la cité de cette ville fils de Joseph et de Marie Anne ROGEZ a récréanté sa bourgeoisie en vertu de l'arrêt de réunion de 1749 et prêté le serment ordinaire pardevant monsieur de Gouve Denuncques avocat et échevin de la ville et cité d'Arras en chambre de l'hôtel commun desdites ville et cité ce jourd'hui 25/2/1783.

[741] **Modeste Gabriel Joseph CORROYER** natif de cette ville fils de maître Adrien François procureur au Conseil d'Artois et de Demoiselle Cécile IZAMBAR a récréanté sa bourgeoisie et a prêté le serment ordinaire pardevant monsieur Degouve de Nuncques avocat et échevin en chambre de l'hôtel commun de la ville et cité d'Arras ce jourd'hui 25/2/1783.

Folio 94V :

[742] **Eloy Raymond Ignace FILIPPE** natif de cette ville fils de Pierre Etienne bourgeois et de Marie Noël MACRON a récréanté sa bourgeoisie et prêté le serment ordinaire pardevant monsieur Degouve Denuncques avocat et échevin commissaire de semaine en chambre de l'hôtel commun de la ville et cité d'Arras ce jourd'hui 25/2/1783.

[743] Maître **Vaast Gilles Joseph LECOINTE** avocat fils de maître Alexandre Joseph LECOINTE avocat au conseil d'Artois et échevin en exercice de la ville et cité d'Arras et de Demoiselle Marie Thérèse Védastine DEBUIRE a récréanté sa bourgeoisie et prêté le serment ordinaire pardevant monsieur Degouve Denuncques avocat et échevin commissaire de semaine en chambre de l'hôtel commun des ville et cité d'Arras ce jourd'hui 26/2/1783.

[744] **Emmanuel François Joseph LECOINTE** fils de maître Alexandre Joseph avocat au Conseil d'Artois et échevin en exercice de la ville et cité d'Arras et de Demoiselle Marie Thérèse Védastine DEBUIRE a récréanté sa bourgeoisie et prêté le serment ordinaire pardevant monsieur Degouve Denuncques avocat et échevin commissaire de semaine en chambre de l'hôtel commun de la ville et cité d'Arras ce jourd'hui 26/2/1783.

[745] **Alexandre Benoît Joseph LECOINTE** fils de maître Alexandre Joseph avocat au conseil d'Artois et échevin en exercice de la ville et cité d'Arras et Demoiselle Marie Thérèse Védastine DEBUIRE a récréanté sa bourgeoisie et prêté le serment ordinaire pardevant monsieur Degouve Denuncques avocat et échevin commissaire de semaine en chambre de l'hôtel commun de la ville et cité d'Arras ce jourd'hui 26/2/1783.

Folio 95R :

[746] **Louis Joseph Fidel CAMPAGNE** natif de cette ville fils de Louis François maître tailleur d'habits et de Marie Catherine BACHELET a récréanté sa bourgeoisie et prêté le serment ordinaire pardevant monsieur Degouve de Nuncques avocat et échevin commissaire de semaine en chambre de l'hôtel commun de la ville et cité d'Arras ce jourd'hui 28/2/1783.

[747] **Louis Joseph Gabriel TAVERNIER** fils d'André Joseph et de Marie Sabine MOUCHE natif de cette ville a récréanté sa bourgeoisie et prêté le serment ordinaire pardevant monsieur Landru écuyer et échevin commissaire de semaine le 11/3/1783.

[748] **Guislain Joseph DEBUIRE** fils de Guislain bourgeois de cette ville et de Marie Joseph DELTOMBE ses père et mère a récréanté sa bourgeoisie et prêté le serment ordinaire pardevant monsieur Lallart seigneur Delebucquière échevin commissaire de semaine le 15/3/1783.

[749] **Antoine Sébastien Simon LOQUET** natif de cette ville fils de Simon et de Marguerite DOUCHET a récréanté sa bourgeoisie et prêté le serment ordinaire pardevant monsieur Duquesnoy écuyer avocat et échevin commissaire de semaine le 24/3/1783.

[750] **Antoine Charles Joseph DELRUE** natif en la cité de cette ville fils d'Edouard et d'Augustine Joseph DELACHAUSSEE a récréanté sa bourgeoisie et prêté le serment ordinaire pardevant monsieur Duquesnoy écuyer avocat et échevin commissaire de semaine le 24/3/1783.

[751] **Aimable Edouart Joseph DELRUE** natif en la cité de cette ville fils d'Edouard et d'Augustine Joseph DELACHAUSSEE a récréanté sa bourgeoisie et prêté le serment ordinaire pardevant monsieur Duquesnoy écuyer avocat et échevin commissaire de semaine le 24/3/1783.

[752] 12 livres : **Louis Joseph Félix WALLE** natif de cette ville fils de Marie Brigitte Elizabeth WALLE a sur requête par

<u>Folio 95V</u> :

    lui présentée été reçu bourgeois de cette ville et cité moyennant finance de douze livres qu'il a payé au trésorier receveur de cette ville et a prêté le serment ordinaire pardevant messieurs en chambre de l'hôtel commun de la ville et cité d'Arras le 28/3/1783.

[753] gratis : **Gérard BARRAIRE** natif d'Auvergne fils de Jean et de Marie ROUSSILLE a sur requête par lui présentée été reçu bourgeois gratis à la recommandation de monsieur Grimbert avocat secrétaire greffier de cette ville et cité et a prêté le serment ordinaire pardevant messieurs en nombre en chambre de conseil de l'hôtel commun de la ville et cité d'Arras le 1/4/1783.

[754] **Pierre Antoine Modeste BARRAIRE** natif de la paroisse de Saint Sauveur lez Arras fils de Gérard bourgeois et de Marie Françoise BERTRANT a récréanté sa bourgeoisie et prêté le serment ordinaire pardevant monsieur Maioul de Sus Saint Léger échevin commissaire de semaine ce jourd'hui 2/4/1783.

[755] **Charles Augustin DELAFORGE** fils de Jean François et de Marie Françoise BAUDUIN a ce jourd'hui récréanté sa bourgeoisie et prêté le serment ordinaire pardevant monsieur Duchatelet avocat et échevin le 4/4/1783.

[756] 12 livres : **Jean Lambert LANTOINE** natif de la paroisse de Beaumez lez Cambrésis a sur requête par lui présentée été reçu bourgeois de cette ville et cité moyennant finance de douze livres qu'il a payé au trésorier receveur de cette ville et a prêté le serment ordinaire pardevant messieurs en nombre en chambre de la ville et cité ce jourd'hui 4/4/1783.

<u>Folio 96R</u> :

[757] **Jean Robert LEVRAY** fils de Guislain Romain bourgeois de cette ville et cité a récréanté sa bourgeoisie et prêté le serment ordinaire en chambre et pardevant maître Lecointe avocat et échevin de ladite ville et cité ce jourd'hui 8/4/1783.

[758] 12 livres : **Guislain Joseph WAVELET** natif du village d'Ecoivres fils de Julien et de Guislaine Joseph DELVILLE ses père et mère a sur requête par lui présentée été reçu bourgeois de cette ville et cité moyennant finance de douze livres qu'il a payé au trésorier receveur de cette ville et a prêté le serment ordinaire pardevant messieurs en nombre en chambre de l'hôtel commun de la ville et cité ce jourd'hui 11/4/1783.

[759] **Charles Antoine Joseph BARBIER** natif de cette ville fils de Claude Sulpice bourgeois et de Marie Blanche POULAIN a récréanté sa bourgeoisie et prêté le serment ordinaire en chambre et pardevant monsieur Lefebvre Dubosquel écuyer échevin commissaire de semaine ce jourd'hui 23/4/1783.

[760] **Aubert François Joseph LEROY** avocat au parlement fils de sieur Pierre François bourgeois et de Demoiselle Jeanne Madeleine HURET a récréanté sa bourgeoisie et prêté le serment ordinaire pardevant maître Lecointe avocat et échevin en chambre de l'hôtel commun de la ville et cité d'Arras le 2/5/1783.

<u>Folio 96V</u> :

[761] 12 livres : **Pierre GRENOUILLART** fils de François et d'Anne DELABORIE natif de Cahors en Quercy a sur requête par lui présentée été reçu bourgeois de cette ville et cité moyennant finance de douze livres qu'il a payé au trésorier receveur et a prêté le serment ordinaire pardevant messieurs en nombre en chambre de l'hôtel commun de la ville et cité d'Arras ce jourd'hui 2/5/1783.

[762] **Jean François Eloy VAUX** fils de François Louis et Marie Guislaine LEGARD ses père et mère natif de cette ville a récréanté sa bourgeoisie et prêté le serment ordinaire en chambre et pardevant monsieur Duquesnoy avocat et échevin commissaire de semaine ce jourd'hui 7/5/1783.

[763] 12 livres : **Henry Guislain François LEGENTIL** natif de Vis en Artois fils de Charles Joseph mayeur et de Marie Françoise DURIEUX ses père et mère a sur requête par lui présentée été reçu bourgeois de cette ville et cité moyennant finance de douze livres qu'il a payé au trésorier receveur et a prêté le serment ordinaire pardevant messieurs en nombre en chambre de l'hôtel commun de la ville et cité d'Arras ce jourd'hui 9/5/1783.

[764] **Pierre Alexandre Dominique IZAMBARD** natif de cette ville fils de maître François Xavier et de Julienne Isabelle GUENET a récréanté sa bourgeoisie et prêté le serment ordinaire en chambre et pardevant monsieur Lallart Delebucquière échevin commissaire de semaine ce jourd'hui 23/5/1783.

[765] **Jean Baptiste HERBET** fils de Louis bourgeois de cette ville et Catherine GLORIAN ses père et mère natif d'Agnières a récréanté sa bourgeoisie et prêté le serment ordinaire en chambre et pardevant monsieur Dupuich échevin commissaire de semaine ce jourd'hui 26/5/1783.

<u>Folio 97R</u> :

[766] **Jean Baptiste Mathieu Joseph HENNEQUET** natif de la cité de cette ville fils de Mathieu habitant d'icelle lors de l'édit d'union à la ville et de Marie Anne Joseph DEFOSSEUX a en vertu dudit édit récréanté sa bourgeoisie et prêté le serment ordinaire pardevant monsieur Dupuich échevin commissaire de semaine en chambre de l'hôtel commun de la ville et cité d'Arras le 27/5/1783.

[767] **Augustin Joseph Fidel Aimé SANSON** natif de cette ville fils de Fleury et de Jeanne Scolastique Joseph CANNESSON a récréanté sa bourgeoisie et prêté le serment ordinaire pardevant monsieur Dupuich échevin commissaire de semaine en chambre de l'hôtel commun de la ville et cité d'Arras le 27/5/1783.

[768] **Jean Baptiste CARRÉ** natif de Grandecourt fils de Louis et de Marie Thérèse GRAS a sur requête par lui présentée été reçu bourgeois de cette ville et cité à la recommandation de monsieur Lecointe avocat et échevin et a prêté le serment ordinaire pardevant messieurs en nombre en chambre de l'hôtel commun de la ville et cité d'Arras le 10/6/1783.

[769] 12 livres : **Crespin Joseph BAILLY** natif d'Arleux en Gohelle fils de Silvestre et de Marie Anne HUNET a sur requête par lui présentée été reçu bourgeois de cette ville et cité moyennant finance de douze livres qu'il a payé au trésorier receveur et prêté le serment ordinaire pardevant messieurs en nombre en chambre de l'hôtel commun de la ville et cité d'Arras le 10/6/1783.

[770] gratis : **Aimable Philippe Joseph LALLO** natif de cette ville fils de Jean François Joseph et de Marie Jeanne Thérèse Cécile CACHEUX a été reçu bourgeois gratis à la recommandation de monsieur Leroux du Châtelet écuyer

Folio 97V :

échevin d'icelle sur requête par lui présentée et a prêté le serment ordinaire pardevant messieurs en nombre en chambre de l'hôtel commun de la ville et cité d'Arras le 13/6/1783.

[771] **Charles Antoine Joseph MONPETIT** fils de Simon bourgeois de cette ville et de Claire Joseph Françoise VEDY natif de la citadelle de cette ville a récréanté sa bourgeoisie et prêté le serment ordinaire pardevant monsieur Herman négociant et échevin de la ville et cité d'Arras commissaire de semaine ce jourd'hui 17/6/1783.

[772] **Alexandre Grégoire Joseph COIFFIER** natif de cette ville fils de Grégoire et de Marie Marguerite BRASSEUR a récréanté sa bourgeoisie et prêté le serment ordinaire en chambre pardevant monsieur Herman échevin commissaire de semaine ce jourd'hui 17/6/1783.

[773] **Amable Thérèse Joseph LEMAIRE** native de cette ville fille de Louis François bourgeois de cette ville et de Placide HEROGUELLE a récréanté sa bourgeoisie et prêté le serment ordinaire pardevant monsieur Duquesnoy avocat et échevin commissaire de semaine en chambre de l'hôtel commun de la ville et cité d'Arras ce jourd'hui 30/6/1783.

[774] **François Joseph Dominique CARPENTIER** fils de Jean François Joseph et de Marie Jeanne PETIT bourgeois de cette ville a récréanté sa bourgeoisie et a prêté le serment ordinaire pardevant monsieur Leroux du Châtelet avocat échevin commissaire de semaine en chambre de l'hôtel commun de la ville et cité d'Arras ce jourd'hui 30/6/1783.

Folio 98R :

[775] 6 livres : **Marie Victoire Joseph LECLERCQ** native de Bapaume fille de Jean Baptiste et Marie Madeleine FERBU a sur requête par elle présentée été reçue bourgeoise de cette ville et cité moyennant finance de six livres et a prêté le serment ordinaire pardevant messieurs en nombre en chambre de l'hôtel commun de la ville et cité d'Arras ce 1/7/1783.

[776] **Antoine Jean Baptiste DEPREZ** fils de Pierre Joseph bourgeois de cette ville et de Marie Françoise CARDAU a récréanté sa bourgeoisie et prêté le serment ordinaire pardevant monsieur Lecointe avocat et échevin commissaire de semaine en chambre de l'hôtel commun de la ville et cité d'Arras ce jourd'hui 14/7/1783.

[777] **Romain Joseph DUPUICH** fils de Toussaint Joseph bourgeois de cette ville et de Thérèse Florence BOUCHE a récréanté sa bourgeoisie et prêté le serment ordinaire en présence de monsieur de Gouve de Nuncque avocat et commissaire de semaine ne chambre de l'hôtel commun de la ville et cité d'Arras ce jourd'hui 15/7/1783.

[778] **François Joseph Marie DUPUICH** fils de Toussaint Joseph bourgeois de cette ville et de Thérèse Françoise BOUCHE a récréanté sa bourgeoisie et prêté le serment ordinaire en présence de monsieur de Gouve de Nuncques avocat et échevin commissaire de semaine en chambre de l'hôtel commun de la ville et cité d'Arras ce jourd'hui 15/7/1783.

Folio 98V :

[779] 11 livres : **Jean Baptiste Amable DAUCHEZ** natif de cette ville fils de Guislain Jérosme et de Scolastique HACART a sur requête présentée été reçu bourgeois de cette ville et cité moyennant finance de onze livres qu'il a payé au trésorier de cette ville et a prêté le serment ordinaire pardevant messieurs en nombre en chambre de l'hôtel commun de la ville et cité d'Arras le 15/7/1783.

[780] gratis : **Jean Pierre LAPORTE** natif de Castalens province du Quercy fils de Jean et de Jeanne TREMOUTEL a sur requête par lui présentée été reçu bourgeois de cette ville et cité gratis à la recommandation de monsieur Grimbert greffier et a prêté le serment ordinaire pardevant messieurs en nombre en chambre de l'hôtel commun de la ville et cité d'Arras le 15/7/1783.

[781] **Vast Joseph Régis ROGER** natif de cette ville fils de Benoît Joseph bourgeois et de Jeanne Thérèse LEMAIRE a récréanté sa bourgeoisie et prêté le serment ordinaire pardevant monsieur Lallart Delebucquière échevin commissaire de semaine ce jourd'hui 24/7/1783.

[782] **Henry Joseph Benjamin CARPENTIER** natif de cette ville fils de Joseph CARPENTIER bourgeois et de Marie Jeanne PETIT a récréanté sa bourgeoisie et prêté le serment ordinaire pardevant monsieur Lallart Delebucquière échevin commissaire de semaine ce jourd'hui 26/1/1783.

[783] **Joseph Charles PECHENA** fils de Pierre Joseph bourgeois de cette ville et de Marie Eléonore PERSONNE ses père et mère a récréanté sa bourgeoisie et prêté le serment ordinaire es mains de monsieur Herman échevin commissaire de semaine ce jourd'hui 28/7/1783.

<u>Folio 99R :</u>

[784] 12 livres : **Georges Louis Joseph GOUBAU** natif de Sailly au Bois fils de Georges André Joseph et de Marie Anne PIGACHE a sur requête par lui présentée en ce siège été reçu bourgeois de cette ville et cité moyennant finance de douze livres qu'il a payé au trésorier receveur de cette ville et cité et a prêté le serment ordinaire pardevant messieurs en nombre en chambre de l'hôtel commun de la ville et cité d'Arras le 1/8/1783.

[785] **Jean François HECQUET** natif de cette ville fils d'Edouard et de Jeanne Célestine DUCHATEAU a récréanté sa bourgeoisie et prêté le serment ordinaire pardevant monsieur Lefebvre Dubosquel échevin et commissaire de semaine ce jourd'hui 6/8/1783.

[786] Maître **Hubert Antoine Joseph CAUWET** avocat fils de maître Louis Joseph bourgeois avocat en parlement receveur général des Etats d'Artois et Dame Marie Catherine Angélique COCHET a récréanté sa bourgeoisie et prêté le serment ordinaire pardevant monsieur Lefebvre Dubosquel échevin commissaire de semaine en chambre de conseil de l'hôtel commun de la ville et cité d'Arras avant de prêter celui de lieutenant général de la gouvernance le 5/8/1783.

[787] **Charles Constant Joseph CUISINIER** fils de Jacques bourgeois et premier greffier commis de ce siège et de Marie Barbe Louise DEGARDIN a récréanté sa bourgeoisie et prêté le serment ordinaire pardevant monsieur Lefebvre Dubosquel échevin de la ville et cité d'Arras commissaire de semaine en chambre de l'hôtel commun de la ville et cité ce jourd'hui 6/8/1783.

[788] **André COINT** fils de Jean Baptiste et d'Hélène Martine EVRART natif de Capelle en Artois a sur requête par lui présentée été reçu bourgeois de cette ville et cité à la recommandation de monsieur le comte de Lannoy mayeur en charge et a prêté serment ordinaire pardevant messieurs en nombre en chambre de l'hôtel commun de la ville et cité d'Arras ce jourd'hui 8/8/1783.

<u>Folio 99V :</u>

[789] 12 livres : **Florent François Joseph GILBERT** natif de Seclin fils de François Joseph et de Marie Joseph CARPENTIER a sur requête par lui présentée été reçu bourgeois de cette ville et cité moyennant finance de douze livres qu'il a payé au trésorier receveur de cette ville et prêté le serment ordinaire pardevant messieurs en nombre en chambre de l'hôtel commun de la ville et cité d'Arras ce jourd'hui 8/8/1783.

[790] **Julien Joseph DUPONCHEL** fils de Jacques Joseph bourgeois de cette ville et de Rosalie PETIT a récréanté sa bourgeoisie et prêté le serment ordinaire pardevant monsieur Lecointe avocat et échevin commissaire de semaine en chambre de l'hôtel commun de la ville et cité d'Arras ce jourd'hui 19/8/1783.

[791] **Bon Albert LALLART** natif de cette ville fils de monsieur Guislain bourgeois échevin de cette dite ville et cité seigneur de Lebucquière, Berlette etc et de Dame Marie Charlotte Joseph BRIOIS a récréanté sa bourgeoisie et prêté le serment ordinaire pardevant monsieur Lecointe avocat et échevin commissaire de semaine en chambre de l'hôtel commun de la ville et cité d'Arras le 19/8/1783.

[792] **Charles Antoine Louis LALLART** natif de cette ville fils de monsieur Guislain bourgeois échevin de cette ville et cité seigneur de Lebucquière, Berles etc et de Dame Charlotte Joseph BRIOIS a récréanté sa bourgeoisie et prêté le serment ordinaire pardevant monsieur Lecointe avocat et échevin commissaire de semaine en chambre de l'hôtel commun de la ville et cité d'Arras le 19/8/1783.

[793] **Louis Joseph HECQUET** natif de cette ville fils d'Edouard et de Célestine DUCHATEAU a récréanté sa bourgeoisie et prêté le serment ordinaire pardevant monsieur Lecointe avocat et échevin commissaire de semaine en chambre de l'hôtel commun de la ville et cité d'Arras le 20/8/1783.

<u>Folio 100R :</u>

[794] 12 livres : **Guillaume François Auguste NOEL** fils de François Joseph et de Jeanne Françoise CODRON natif de Tourcoing a sur requête par lui ce jourd'hui présentée été reçu bourgeois de cette ville et cité moyennant finance de douze livres qu'il a payé au trésorier receveur de cette ville et a prêté le serment ordinaire pardevant messieurs en nombre en chambre de l'hôtel commun de la ville et cité d'Arras ce jourd'hui 29/8/1783.

[795] gratis : **Ferdinand Joseph BOUCHER** natif de Houvin Houvigneul fils de Jean et de Marie Anne Cécile LIEVAL a sur requête par lui présentée été reçu bourgeois gratis à la recommandation de monsieur Herman et a prêté le serment ordinaire pardevant messieurs en nombre en chambre de l'hôtel commun de la ville et cité d'Arras le 19/9/1783.

[796] gratis : **Guislain Joseph SAYON** natif de cette ville fils de Guislain et de Dominique DOUAY a sur requête par lui présentée été reçu bourgeois de cette ville gratis à la recommandation de monsieur Duquesnoy avocat échevin et a prêté le serment ordinaire pardevant messieurs en nombre ce jourd'hui 16/9/1783.

[797] **Isidore Régis Joseph HECQUET** natif de la cité de cette ville fils d'Antoine François et de Marie Marguerite FRANÇOIS a récréanté sa bourgeoisie en vertu de l'édit de 1749 concernant l'union de la cité à la ville et a prêté le serment ordinaire pardevant monsieur Lallart Delebuquière échevin commissaire de semaine en chambre de l'hôtel commun de la ville et cité d'Arras le 16/9/1783.

<u>Folio 100V :</u>

[798] **Antoine Arsène LALLART** clerc tonsuré natif de cette ville fils de monsieur Guislain LALLART bourgeois échevin en exercice de cette ville et cité seigneur de Lebucquière, Berles etc et de Dame Charlotte Joseph BRIOIS a récréanté sa bourgeoisie et prêté le serment ordinaire pardevant monsieur Herman échevin commissaire en chambre de l'hôtel commun de la ville et cité d'Arras le 18/9/1783.

[799] **Jean Baptiste FOSSEUX** natif de Dainville fils de Jean Antoine bourgeois de cette ville et de Marie Augustine BECOURT a récréanté sa bourgeoisie et prêté le serment ordinaire pardevant monsieur Lallart Delebucquière échevin commissaire de semaine en chambre de l'hôtel commun de la ville et cité d'Arras le 19/9/1783.

[800] 18 livres : **Marin GOUDE** natif de la paroisse du Graix diocèse de Sai fils de Pierre et de Marguerite BISSON a sur requête par lui présentée été reçu bourgeois de cette ville et cité moyennant finance de dix-huit livres qu'il a payé au trésorier receveur et a prêté le serment ordinaire en chambre pardevant messieurs en nombre ce jourd'hui 19/9/1783.

[801] 12 livres : **François Joseph GRAND DEPONT** natif de la paroisse de Saint Martin de Vaud diocèse de Lausanne dans le canton de Fribourg en Suisse fils de Jacques et de Françoise MAYEUR a sur requête par lui présentée été reçu bourgeois de cette ville moyennant finance de douze livres qu'il a payé au trésorier receveur de cette ville et a prêté le serment ordinaire pardevant messieurs en nombre en chambre de l'hôtel commun le 19/9/1783.

Folio 101R :

[802] **Adrien Antoine Joseph NOIRET** natif de la cité fils de Charles et de Thérèse BECQUET a ce jourd'hui récréanté sa bourgeoisie en vertu de l'arrêt de 1749 et a prêté le serment ordinaire pardevant monsieur Lecointe avocat et échevin commissaire de semaine en chambre le 30/9/1783.

[803] 18 livres : **Louis François BLONDEL** natif de la paroisse de Miraumont fils de Jean François et de Marie Jeanne HOURIER a sur requête par lui présentée été reçu bourgeois moyennant finance de dix-huit livres qu'il a payé au trésorier receveur de cette ville et a prêté le serment ordinaire pardevant messieurs en nombre ce jourd'hui 30/9/1783.

[804] 12 livres : **Procope Joseph MALLET** natif de la paroisse de Liévin fils de Jean Edmond et d'Agnès DERETZ a sur requête par lui présentée été reçu bourgeois de cette ville moyennant finance de douze livres qu'il a payé au trésorier receveur de cette ville et a prêté le serment ordinaire pardevant messieurs en nombre ce jourd'hui 30/9/1783.

[805] 6 livres : **Pierre Joseph LEVRAY** natif de cette ville fils d'Alduphe et d'Elisabeth LANSEL a sur requête par lui présentée été reçu bourgeois de cette ville et cité moyennant finance de six livres qu'il a payé au trésorier receveur de cette ville et a prêté le serment ordinaire pardevant messieurs en nombre en chambre de l'hôtel commun de cette ville et cité ce jourd'hui 7/10/1783 (attendu les circonstances).

Folio 101V :

[806] 6 livres : **Procope CREQUI** fils de Pierre et de Marie Anne COCHE de cette ville a sur requête par lui présentée ce jourd'hui attendu les circonstances été reçu bourgeois de cette ville et cité moyennant finance de six livres qu'il a payé au trésorier receveur de cette ville et a prêté le serment ordinaire pardevant messieurs en nombre en chambre de l'hôtel commun de cette ville et cité ce jourd'hui 7/10/1783.

[807] 6 livres : **Marie Elisabeth ARONDELLE** natif de Thilloy fille de Louis François et de Marie Joseph ROGER a sur requête par elle présentée été reçue bourgeoise de cette ville et cité moyennant finance de six livres et prêté le serment ordinaire pardevant messieurs en nombre en chambre de l'hôtel commun de la ville et cité d'Arras le 14/10/1783.

[808] 12 livres : **Jean Etienne BOUCHER** natif de Boiry Becquerel fils de Louis Alexandre et de Marie Guislaine DEVAUCHELLE a sur requête par lui présentée été reçu bourgeois de cette ville et cité moyennant finance de douze livres qu'il a payé au trésorier receveur et a prêté le serment ordinaire pardevant messieurs en nombre en chambre de l'hôtel commun de la ville et cité d'Arras le 24/10/1783.

[809] **Charles Louis Joseph LEFEBVRE** natif de cette ville fils du sieur Charles Louis et de Demoiselle Marie Angélique Julie DERANSART a ce jourd'hui récréanté sa bourgeoisie et a prêté le serment ordinaire pardevant monsieur Maioul de Sus Saint Léger échevin commissaire de semaine en chambre le 31/10/1783.

Folio 102R :

[810] 12 livres : **Jean Baptiste René GELLAZ** natif de Paris fils de Nicolas et de Marie OUDIN a été reçu sur requête par lui présentée bourgeois de cette ville et cité moyennant finance de douze livres qu'il a payé au trésorier receveur de cette ville et a prêté le serment ordinaire pardevant messieurs en nombre le 31/10/1783.

[811] **Pierre François ROSE** natif de Bailleulmont fils de Jean François bourgeois de cette ville et cité et d'Eléonore FLECHELLE a récréanté sa bourgeoisie pardevant monsieur Herman échevin commissaire de semaine en chambre de l'hôtel commun le 10/11/1783.

[812] **Nicolas Joseph François CARDON** natif de cette ville fils de Jacques bourgeois et de Marie Isabelle HERBAIS a récréanté sa bourgeoisie et a prêté le serment ordinaire pardevant monsieur Lallart Delebucquière échevin commissaire de semaine en chambre de l'hôtel commun de la ville et cité d'Arras ce jourd'hui 17/11/1783.

[813] **Félix Joseph Victor DERVILLE** natif de cette ville fils de Joseph bourgeois et de Marie Thérèse Angélique BRAS a récréanté sa bourgeoisie et a prêté le serment ordinaire pardevant monsieur Lallart Delebucquière échevin en chambre de l'hôtel commun de la ville et cité d'Arras ce jourd'hui 19/11/1783.

[814] **Alexandre Louis Hubert BRAINE** natif d'Arras fils d'Antoine Procope bourgeois de cette ville et de Louise Charlotte Hubertine PARADIS a récréanté sa bourgeoisie et prêté le serment ordinaire pardevant monsieur Herman échevin en chambre de l'hôtel commun de la ville et cité d'Arras le 20/11/1783

Folio 102V :

[815] **Augustin François BRAINE** natif de cette ville fils d'Antoine Procope bourgeois et de Demoiselle Louise Charlotte Hubertine PARADIS a récréanté sa bourgeoisie et prêté le serment ordinaire pardevant monsieur Herman échevin en chambre de l'hôtel commun de la ville et cité d'Arras le 20/11/1783.

[816] **Antoine François Joseph GOUDEMANT** natif de cette ville fils d'Antoine Joseph bourgeois et de Marie Françoise JONCQUE a récréanté sa bourgeoisie et a prêté le serment ordinaire pardevant monsieur Lallart Delebucquière échevin en chambre de l'hôtel commun de la ville et cité d'Arras ce jourd'hui 21/11/1783.

[817] **Antoine Aimable Joseph GOUDEMANT** natif de cette ville fils d'Antoine Joseph bourgeois et de Marie Françoise JONCQUELLE a récréanté sa bourgeoisie et a prêté le serment ordinaire pardevant monsieur Lallart Delebucquière échevin en chambre de l'hôtel commun de la ville et cité d'Arras ce jourd'hui 21/11/1783.

[818] **Auguste Charles Joseph GOUDEMANT** natif de cette ville fils d'Antoine Joseph bourgeois et de Marie Françoise JONCQUELLE a récréanté sa bourgeoisie et a prêté le serment ordinaire en chambre de l'hôtel commun de la ville et cité pardevant monsieur Lallart Delebucquière échevin le 21/11/1783.

[810] **Charles Joseph Dominique GOUDEMANT** natif de cette ville fils d'Antoine Joseph bourgeois et de Marie Françoise JONCQUELLE a récréanté sa bourgeoisie et prêté le serment ordinaire pardevant monsieur Lallart Delebucquière échevin en chambre de l'hôtel commun de la ville et cité ce jourd'hui 21/11/1783.

Folio 103R :

[811] **François Justin Dominique Joseph GOUDEMAND** natif de cette ville fils d'Antoine Joseph bourgeois et de Marie Françoise JONCQUELLE a récréanté sa bourgeoisie et prêté le serment ordinaire pardevant monsieur Lallart Delebucquière échevin en chambre de l'hôtel commun de la ville et cité d'Arras ce jourd'hui 21/11/1783.

[812] 6 livres : **Joseph Guislain BODERLIQUE** natif de cette ville fils de Joseph Alexis et de Marguerite Joseph DRUART a sur requête par lui présentée ce jourd'hui été reçu bourgeois de cette ville et cité moyennant finance de six livres qu'il a payé au trésorier receveur de cette ville et a prêté le serment ordinaire pardevant messieurs en nombre en chambre de l'hôtel commun de la ville et cité ce jourd'hui 21/11/1783.

[813] gratis : **Félix Joseph MOREL** natif de cette ville fils de Joseph et de Reine DOUALLE a sur requête par lui présentée été gratis reçu bourgeois de cette ville et cité attendu les services que sa mère rend à la ville relativement aux enfants à la charge de cette ville dont elle prend soin et a prêté le serment ordinaire pardevant messieurs en nombre en chambre de l'hôtel commun de la ville et cité d'Arras ce jourd'hui 25/11/1783.

[814] gratis : **Jean Philippe Joseph RICHARD** natif de La Bassée fils de Thomas et de Jeanne Joseph CRESTEL a sur requête par lui présentée été gratis reçu bourgeois à la recommandation de monsieur le comte de Lannoy mayeur en exercice et prêté le serment ordinaire pardevant messieurs en nombre en chambre de l'hôtel commun de la ville et cité d'Arras ce jourd'hui 25/11/1783.

Folio 103V :

[815] **Alexandre Joseph LETELLIER** natif de cette ville fils de Jean et d'Adrienne Joseph LENFANT a ce jourd'hui récréanté sa bourgeoisie et prêté le serment ordinaire pardevant monsieur Dupuich échevin commissaire de semaine le 29/11/1783.

[816] 18 livres : **Jean François JUGNIER** fils de François et de Marie Anne DABBLINCOURT natif du village de Ginchy Guillemont a ce jourd'hui été reçu bourgeois sur requête par lui présentée moyennant finance de dix-huit livres qu'il a payé au trésorier receveur et a prêté le serment ordinaire en chambre pardevant messieurs en nombre suffisant le 16/12/1783.

[817] 12 livres : **René Noël DIJON** natif de Saint Cloud fils de Philippe et de Marguerite LAPIERCE a sur requête par lui présentée été reçu bourgeois de cette ville et cité moyennant finance de douze livres qu'il a payé au trésorier receveur de cette ville et a prêté le serment ordinaire pardevant messieurs en nombre en chambre de l'hôtel commun de la ville et cité d'Arras le 18/12/1783.

[818] **Clément François Marie LESOING** négociant natif de cette ville fils de maître Xavier Marie LESOING ancien échevin et Demoiselle Ursule Delphine IZAMBARD a récréanté sa bourgeoisie et a prêté le serment ordinaire pardevant maître Duquesnoy avocat et échevin commissaire de semaine en chambre de l'hôtel commun de la ville et cité d'Arras ce jourd'hui 24/12/1783.

Folio 104R :

[819] gratis : **Pierre François DELTOUR** natif de Cantain en Cambrésis fils d'Etienne et de Marie Françoise FAILLE a été reçu bourgeois gratis à la recommandation de monsieur de Belval mayeur de cette ville et cité et a prêté le serment ordinaire pardevant messieurs en nombre en chambre de l'hôtel commun de la ville et cité d'Arras ce 30/12/1783.

[820] gratis : **Louis Joseph THERY** natif de cette ville fils de Charles Joseph et de Louise Joseph PITEUX a été admis à récréanter sa bourgeoisie gratis attendu les circonstances et a prêté le serment ordinaire pardevant messieurs en nombre en chambre de l'hôtel commun de la ville et cité d'Arras le 30/12/1783.

[821] **Louis Joseph Philippe DION** natif de cette ville fils de Jean Philippe et de Catherine Angélique HEREN a sur requête par lui présentée été reçu bourgeois en cette ville et cité à la recommandation de monsieur Dubosquel et prêté le serment ordinaire pardevant messieurs en nombre en chambre de l'hôtel commun de ladite ville et cité d'Arras ce jourd'hui 2/1/1784.

[822] gratis : **Antoine Joseph LHERMITE** natif de Saint Kilien en Houvigneul fils de feu Baptiste et de Marie Anne Joseph DEROME a sur requête par lui présentée été reçu bourgeois gratis à la recommandation de monsieur Raulin de Belval mayeur en exercice et a prêté le serment ordinaire pardevant messieurs en nombre en chambre de l'hôtel commun de la ville et cité d'Arras ce jourd'hui 13/1/1784.

[823] gratis : **Ferdinand Simon Joseph DELAHAYE** natif de Douai fils de Pierre Alexis et de Marie Agnès DUMOITIER a sur requête par lui présentée été reçu bourgeois gratis à la recommandation de monsieur Boniface trésorier receveur de cette ville et a prêté le serment ordinaire pardevant messieurs en nombre en chambre de l'hôtel commun de la ville et cité d'Arras ce jourd'hui 13/1/1784.

Folio 104V :

[824][825] gratis : **Antoine François Xavier Joseph WILLIEN** natif de cette ville fils de François Joseph SAVOYART et de Marie Elizabeth Joseph COQUEREL a sur requête par lui présentée été reçu bourgeois de cette ville et cité gratis à la recommandation de monsieur Grimbert greffier de cette ville et cité avec **François Joseph WILLIEN** son père et a prêté le serment ordinaire pardevant messieurs en nombre en chambre de l'hôtel commun de la ville et cité d'Arras le 13/1/1784.

[826] gratis : **Philippe Hubert DEBEUGNY** natif d'Ayette fils de Charles et de Brigitte HENRY a sur requête par lui présentée été reçu bourgeois gratis à la recommandation de monsieur Lobez avocat et échevin en exercice et a prêté le serment ordinaire pardevant messieurs en nombre en chambre de l'hôtel commun de la ville et cité d'Arras le 13/1/1784.

[827] **Pierre Alexis Joseph CALIBRE** natif de cette ville fils de Pierre Alexis et de Marie Anne Joseph DAMOUR a récréanté sa bourgeoisie et prêté le serment ordinaire pardevant monsieur Dupuich échevin commissaire de semaine ce jourd'hui 14/1/1784.

Folio 104V :

[828] **Louis Joseph HERNU** fils de Jacques Joseph bourgeois de cette ville et de Gabriel Joseph REDOUTE ses père et mère a récréanté sa bourgeoisie et prêté le serment ordinaire pardevant monsieur Dupuich échevin de la ville et cité d'Arras commissaire de semaine en chambre de l'hôtel commun de la ville et cité d'Arras ce jourd'hui 15/1/1784.

Folio 105R :

[829] 12 livres : **Jean Baptiste BENOIT** natif d'Houvin fils de Jude et de Marie Antoinette MICHAUX a sur requête par lui présentée été reçu bourgeois de cette ville et cité moyennant finance de douze livres qu'il a payé au trésorier receveur et a prêté le serment ordinaire pardevant messieurs en nombre en chambre de l'hôtel commun de la ville et cité d'Arras le 16/1/1784.

[830] gratis : **Jacques Philippe DUPONCHEL** natif de Ternas fils de Jean et de Gertrude HOQUET a sur requête par lui présentée été reçu bourgeois de cette ville et cité gratis à la recommandation de monsieur Landru échevin et a prêté le serment ordinaire pardevant messieurs en nombre le 16/1/1784.

[831] gratis : **Charles Joseph BOUTTEMY** natif de Savy fils de Barthélémy et de Marie Thérèse BONVARLE a sur requête par lui présentée été reçu bourgeois gratis à la recommandation de monsieur Bayart procureur du roi sindic et a prêté le serment ordinaire pardevant messieurs en nombre en chambre de l'hôtel commun de la ville et cité d'Arras le 20/1/1784.

[832] **Jean Baptiste Joseph PICHON** natif de cette ville fils de Jean François et de Madeleine Félicité LEQUIEN a ce jourd'hui récréanté sa bourgeoisie

Folio 105V :

et a prêté le serment ordinaire entre les mains de monsieur Lefebvre écuyer seigneur du Bosquel échevin commissaire de semaine le 21/1/1784.

[833] **Jean Joseph LALLEMANT** natif de cette ville fils d'Etienne Joseph et de Marie Noëlle HOCQUET a ce jourd'hui récréanté sa bourgeoisie et prêté le serment ordinaire en chambre pardevant monsieur Lefebvre écuyer seigneur du Bosquel ce jourd'hui 22/1/1784.

[834] **François Joseph Modeste GENELLE** natif de cette ville fils de Benoît Druon bourgeois et d'Anne Catherine Joseph SALMON a récréanté sa bourgeoisie et prêté le serment ordinaire pardevant monsieur Lefebvre du Bosquel échevin commissaire de semaine en chambre de l'hôtel commun de la ville et cité d'Arras ce jourd'hui 24/1/1784.

[835] **Jean Charles Joseph DOCMINY** natif de cette ville fils de Charles Joseph et de Marie Anne Joseph LECLERCQ a récréanté sa bourgeoisie et prêté le serment ordinaire pardevant monsieur Lobez avocat et échevin commissaire de semaine en chambre de l'hôtel commun de la ville et cité d'Arras ce jourd'hui 27/1/1784.

[836] 12 livres : **Aimable Florent LILEU** fils de Théodore et de Marie Anne CROUSY natif de Saint Simon et Jude en Troisvaux diocèse de Boulogne a sur requête par lui présentée été reçu bourgeois de cette ville et cité moyennant finance de douze livres qu'il a payé au trésorier receveur de cette ville et a prêté le serment ordinaire pardevant messieurs en nombre en chambre de l'hôtel commun de la ville et cité ce jourd'hui 27/1/1784.

[837] gratis : **Pierre Joseph FLORENT** fils de Marie Guislaine FLORENT natif d'Hermaville a sur requête par lui présentée été reçu bourgeois de cette ville et cité gratis à la recommandation de monsieur Lallart Delebucquière échevin et a prêté le serment ordinaire pardevant messieurs en nombre en chambre de l'hôtel commun de la ville et cité d'Arras ce jourd'hui 30/1/1784.

Folio 106R :

[838] 12 livres : **Augustin LHOMME** natif d'Achicourt fils de Jean François et de Marie Catherine DESHAYE a sur requête par lui présentée été reçu bourgeois de cette ville et cité moyennant finance de douze livres qu'il a payé au trésorier receveur de cette ville et a prêté le serment ordinaire pardevant messieurs en nombre ce jourd'hui en chambre de l'hôtel commun de la ville et cité d'Arras ce 3/2/1784.

[839] 12 livres : **Jacques Joseph DUPUIS** natif d'Avesnes le Comte fils d'Elizabeth DUPUICH a sur requête par lui présentée été reçu bourgeois de cette ville et cité moyennant la somme de douze livres qu'il a payé au trésorier receveur de cette ville et cité et a prêté le serment ordinaire pardevant messieurs en nombre en chambre de l'hôtel commun de la ville et cité d'Arras ce 3/2/1784.

[840] gratis :**Alexandre LELONG** natif de Mondicourt fils d'Etienne et de Marie Françoise ROBRIQUET a sur requête par lui présentée été reçu bourgeois de cette ville et cité gratis en considération des services qu'il a rendus à la bourse commune des pauvres de cette ville et a prêté le serment ordinaire pardevant messieurs en nombre en chambre de l'hôtel commun de la ville et cité d'Arras le 3/2/1784.

[841] **Aimable Joseph GERY** fils de Bertin et de Marguerite Joseph Célestine BILLIET natif de cette ville a récréanté sa bourgeoisie et prêté le serment ordinaire pardevant monsieur de Mayoul de Sus Saint Léger commissaire de semaine en chambre de l'hôtel commun de la ville et cité d'Arras ce jourd'hui 5/2/1784.

[842] 12 livres : **Louis Joseph BAILLY** natif d'Arleux en Gohelle fils de Martin et Delphine GUINET a sur requête par lui présentée été reçu bourgeois de cette ville moyennant finance de douze livres qu'il a payé au trésorier receveur de cette ville et a prêté le serment ordinaire pardevant messieurs en nombre en chambre de l'hôtel commun de la ville et cité d'Arras le 10/2/1784.

Folio 106V :

[843] 12 livres : **Pierre André VIELLE** natif de Vaucourt fils de Jean François et de Marie Louise SAUDEMONT a sur requête par lui présentée été reçu bourgeois de cette ville et cité d'Arras moyennant finance de douze livres qu'il a payé au trésorier receveur et a prêté le serment ordinaire pardevant messieurs en nombre en chambre de l'hôtel commun de la ville et cité d'Arras le 27/2/1784.

[844] **Pierre Dominique TAQUET** natif de cette ville fils de Jean Dominique bourgeois de cette ville et de Catherine WATELIER a récréanté sa bourgeoisie et a prêté le serment ordinaire pardevant monsieur Lallart seigneur de Lebucquière échevin commissaire de semaine en chambre de l'hôtel commun de la ville et cité d'Arras ce jourd'hui 28/2/1784.

[845] **Jean Baptiste Pierre Joseph Théodose SOLON** natif de cette ville fils de Théodose Augustin et de Catherine Joseph SIMOIS a récréanté sa bourgeoisie et prêté le serment ordinaire pardevant monsieur Dupuich échevin commissaire de semaine en chambre de l'hôtel commun de la ville et cité d'Arras le 3/3/1784.

[846] **Nicolas Guislain MINART** natif de cette ville fils d'Augustin et de Marie Madeleine BURE a récréanté sa bourgeoisie et prêté le serment ordinaire pardevant monsieur Dupuich échevin commissaire de semaine en chambre de l'hôtel commun de la ville et cité d'Arras le 3/3/1784.

[847] **Albert Joseph HENON** fils de Philippe Joseph bourgeois de cette ville et de Josephe FOURNIER a récréanté sa bourgeoisie et prêté le serment ordinaire pardevant monsieur Lefebvre du Bosquel échevin en chambre de l'hôtel commun de la ville et cité d'Arras ce jourd'hui 18/3/1784.

[848] 12 livres : **Félix BRASSART** natif de Bailleulmont fils d'André et de Marie Anne PAYEN a sur requête par lui présentée

Folio 107R :

été reçu bourgeois de cette ville et cité et a prêté le serment ordinaire pardevant messieurs en nombre en chambre de l'hôtel commun de la ville et cité d'Arras ce jourd'hui 18/3/1784 moyennant finance de douze livres qu'il a payé au trésorier receveur.

[849] gratis : **Adrien Louis Joseph CORBEAUX** natif de cette ville fils d'Adrien et de Marie Gabrielle FAVART a sur requête par lui présentée été reçu bourgeois gratis à la recommandation de monsieur Mayoul de Sus Saint Léger échevin et a prêté le serment ordinaire pardevant messieurs en nombre en chambre de l'hôtel commun de la ville et cité d'Arras ce jourd'hui 19/3/1784.

[850] **Vulgan François Louis LEMAIRE** natif de cette ville fils de Louis François LEMAIRE et de Placide HEROGUEL a récréanté sa bourgeoisie et prêté le serment ordinaire pardevant monsieur Lobez échevin commissaire de semaine ce jourd'hui 22/3/1784.

[851] **Valentin Joseph DUBOIS** natif de cette ville fils de Nicolas Guilain Albert et de Catherine Joseph DEWAILLY a récréanté sa bourgeoisie et prêté le serment ordinaire pardevant monsieur Lobez avocat échevin commissaire de semaine ce jourd'hui 22/3/1784.

[852] 12 livres : **Jacques Philippe PLAISANT** natif des faubourgs de cette ville fils de Jacques Philippe et de Bertille FRANÇOIS a sur requête par lui présentée été reçu bourgeois de cette ville et cité moyennant finance de douze livres et a prêté le serment ordinaire en chambre de l'hôtel commun de la ville et cité d'Arras le 26/3/1784.

Folio 107V :

[853] **Dominique Joseph PLAISANT** natif des faubourgs de cette ville fils de Jacques Philippe bourgeois et de Marie Guislaine PLAISANT a récréanté sa bourgeoisie et prêté le serment ordinaire pardevant monsieur Lobez avocat échevin commissaire de semaine en chambre de l'hôtel commun de la ville et cité d'Arras le 26/3/1784.

[854] gratis : **Arsenne Joseph DORÉ** natif de cette ville fils de Ciprien et de Marie Joseph FAUQUETTE a été reçu bourgeois gratis à la recommandation de monsieur Herman échevin et a prêté le serment ordinaire pardevant messieurs en nombre en chambre de l'hôtel commun de la ville et cité d'Arras le 2/4/1784.

[855] 12 livres : **Charles GARNIER** fils de Nicolas et de Catherine ROUSSEL natif du diocèse de Loub a sur requête par lui présentée été reçu bourgeois de cette ville et cité d'Arras moyennant finance de douze livres payé au trésorier receveur et a prêté le serment ordinaire pardevant messieurs en nombre en chambre de l'hôtel commun de la ville et cité d'Arras le 16/4/1784.

[856] 6 livres : **Philippe François VASSEUR** natif de cette ville fils de Jean François et de Marie Joseph CUISSE a sur requête été relevé de l'omission d'avoir récréanté sa bourgeoisie avant de se marier moyennant finance de six livres payé au trésorier receveur attendu les circonstances et a prêté le serment ordinaire pardevant messieurs en chambre de l'hôtel commun de la ville et cité d'Arras le 16/4/1784.

Folio 108R :

[857] **Pierre Amand Fidel LABOURÉ** fils d'Adrien François bourgeois de cette ville et de Geneviève LAINE ses père et mère a récréanté sa bourgeoisie et a prêté le serment ordinaire pardevant monsieur Herman échevin commissaire de semaine en chambre de l'hôtel commun de la ville et cité d'Arras ce jourd'hui 19/4/1784.

[858] **Guislain Joseph LESTOQUART** fils d'Antoine Guislain bourgeois de cette ville et de Marie Marguerite GUILBERT a récréanté sa bourgeoisie et a prêté le serment ordinaire pardevant monsieur Dupuich échevin commissaire de semaine en chambre de l'hôtel commun de la ville et cité d'Arras ce jourd'hui 1/5/1784.

[859][860] **Xavier Joseph** et **Constantin Hipolite Joseph MARTIN** natifs de cette ville, fils de Jean bourgeois de cette ville et de Marie Antoinette MOUTON ont récréanté leur bourgeoisie et prêté le serment ordinaire pardevant monsieur Lobez avocat et échevin commissaire de semaine en chambre de l'hôtel commun de la ville et cité d'Arras ce jourd'hui 10/5/1784.

[861] gratis : **Pierre Joseph LOGEZ** natif de cette ville fils de Pierre Joseph et de Marie Rose DELESTRE a sur sa requête été reçu bourgeois gratis attendu les circonstances et a prêté le serment ordinaire pardevant messieurs en nombre en chambre de l'hôtel commun de la ville et cité d'Arras le 10/5/1784.

[862] **Constant Guislain Joseph ATTAGNANT** natif de cette ville fils de Pierre et de Guislaine Joseph CAUVEL a récréanté sa bourgeoisie et a prêté le serment ordinaire pardevant monsieur Lobez échevin commissaire de semaine ce jourd'hui 13/5/1784.

[863] 6 livres : **Louis Jean Baptiste Eustache LECOINTE** fils d'Eustache François et de Marie Louise Françoise POCLET a sur requête

Folio 108V :

par lui présentée été reçu bourgeois moyennant finance de six livres attendu les circonstances qu'il a payé au trésorier receveur de cette ville et cité et a prêté le serment ordinaire pardevant messieurs en nombre en chambre de l'hôtel commun de la ville et cité d'Arras le 14/5/1784.

[864] **Guislain Joseph HENRY** natif de cette ville fils de Joseph et de Marie Thérèse LABOURÉ a ce jourd'hui récréanté sa bourgeoisie et a prêté le serment ordinaire en chambre pardevant monsieur Lobez avocat et échevin commissaire de semaine le 15/5/1784.

[865] 12 livres : **Alphonse COTTEL** natif du Transloy fils de Jean Jacques et d'Anne Joseph FLECHE a sur requête par lui présentée été reçu bourgeois moyennant finance de douze livres qu'il a payé au trésorier receveur et a prêté le serment ordinaire pardevant messieurs en nombre en chambre de l'hôtel commun de la ville et cité d'Arras le 21/5/1784.

[866] **Amand Fidel Constant DEPRÉ** fils d'Amand Fidel Joseph bourgeois de cette ville et de Catherine Félicité LANGRENE a récréanté sa bourgeoisie et prêté le serment ordinaire pardevant monsieur Mayoul de Sus Saint Léger échevin commissaire de semaine en chambre de l'hôtel commun de la ville et cité d'Arras ce jourd'hui 24/5/1784.

[867] **Joseph Xavier CARDON** natif de cette ville fils de Ferdinand Nicolas bourgeois de cette ville et de Madeleine Joseph MINART a créanté sa bourgeoisie et prêté le serment ordinaire en chambre de l'hôtel commun de la ville et cité d'Arras ce jourd'hui 25/5/1784.

Folio 109R :

[868] 6 livres : **Albertine Marguerite Joseph DUPUIS** native de Bapaume fille de Jacques Joseph et de Claire Joseph MOUQUET a sur requête par elle présentée été reçue bourgeoise de cette ville et cité moyennant finance de six livres payé au trésorier receveur et a prêté le serment ordinaire pardevant messieurs en nombre en chambre de l'hôtel commun de la ville et cité d'Arras le 15/6/1784.

[869] 6 livres : **Marie Joseph MIGNION** natif de Neuville Vitasse fille de Jean François Procope et de Louise ARONDELLE a sur requête par elle présentée été reçue bourgeoise de cette ville et cité moyennant finance de six livres payées au trésorier receveur et a prêté le serment ordinaire en chambre de l'hôtel commun de la ville et cité d'Arras le 15/6/1784.

[870] **Louis Dominique GAYANT** natif de cette ville fils de Jean Louis bourgeois et de Marie Célestine BRAISNE a récréanté sa bourgeoisie et prêté le serment ordinaire pardevant monsieur Herman commissaire de semaine en chambre de l'hôtel commun de la ville et cité d'Arras ce jourd'hui 19/6/1784.

[871] **Antoine Alexandre CLAUNIEZ** natif de la paroisse de Saint Sauveur fils d'Antoine Luc et de Marie Guislaine DRANSART a récréanté sa bourgeoisie et prêté le serment ordinaire pardevant monsieur Dupuich échevin commissaire de semaine le 28/6/1784.

[872] **Louis Joseph HERSE** natif de cette ville fils de Jean Baptiste et de Marie Barbe DAMBRINES a récréanté sa bourgeoisie et prêté le serment ordinaire pardevant monsieur Dupuich échevin commissaire de semaine le 30/6/1784.

[873] 12 livres : **Jean François DEMAILLY** natif de Bucquoy fils de Pierre Antoine et de Marie Marguerite DELASSUS a sur requête par lui présentée été reçu bourgeois de cette ville et cité moyennant finance de douze livres qu'il a payé au trésorier receveur et prêté le serment ordinaire pardevant messieurs en nombre en chambre de l'hôtel commun de la ville et cité d'Arras le 2/7/1784.

Folio 109V :

[874] 12 livres : **Louis François Joseph GOULLIARD** natif de Saint Pol fils de Joseph et de Marie Félicité Natalie LENGLET a sur requête par lui présenté été reçu bourgeois de cette ville et cité moyennant finance de douze livres qu'il a payé au trésorier receveur et a prêté le serment ordinaire pardevant messieurs en nombre en chambre de l'hôtel commun de la ville et cité d'Arras le 2/7/1784.

[875] 6 livres : **François Joseph HOYEZ** natif de cette ville fils de Pierre Philippe et de Marie Michelle DERUELLE a sur requête par lui présentée été relevé de l'omission d'avoir récréanté sa bourgeoisie avant se marier moyennant finance de six livres qu'il a payé au trésorier receveur et a prêté le serment ordinaire pardevant messieurs en nombre en chambre de l'hôtel commun de la ville et cité d'Arras le 9/7/1784.

[876] **Jean Baptiste Joseph Tranquile HOYEZ** fils de François Joseph et de Josephe Elisabeth Séraphique CARON a récréanté sa bourgeoisie et a prêté le serment ordinaire pardevant monsieur Baudelet échevin commissaire de semaine ce jourd'hui 9/7/1784.

[877] 12 livres : **Marie Noëlle Rose DELAMORLIERE** veuve de Simon DUPRAT entrepreneur des travaux du roi natif d'Amiens fille de Jean Louis et de Demoiselle Françoise Rose NICOLAS a sur requête par elle présentée été admise à la bourgeoisie de cette ville moyennant finance de douze livres qu'elle a payé au trésorier receveur et a prêté le serment ordinaire pardevant messieurs en nombre en chambre de l'hôtel commun de la ville et cité d'Arras le 9/7/1784.

Folio 110R :

[878] **Pierre Joseph VIDOCQ** natif de cette ville fils de Nicolas Joseph bourgeois et de Marie Barbe Rosalie FOURNIER a récréanté sa bourgeoisie et prêté le serment ordinaire pardevant monsieur Baudelet échevin commissaire de semaine en chambre de l'hôtel commun de la ville et cité d'Arras le 10/7/1784.

[879] **François Joseph MAILLE** fils de Jacques MAILLE marchand boucher et de Marie Brigitte BOYELLE a récréanté sa bourgeoisie et a prêté le serment ordinaire pardevant monsieur Degouve de Nuncque commissaire de semaine ce jourd'hui 13/7/1784.

[880] **Hubert Louis Joseph Marie FLAHAUT** natif de cette ville fils d'Hubert bourgeois de cette ville d'Arras et de Marie Thérèse DILBECQ a récréanté sa bourgeoisie et a prêté le serment ordinaire pardevant monsieur Albert Louis Joseph Degouve de Nuncques avocat et échevin commissaire de semaine en chambre de l'hôtel commun de la ville et cité d'Arras ce jourd'hui 16/7/1784.

[881] 6 livres : **Adrien LAVOINE** natif de cette ville fils de François Bénonie et de Marie Joseph POTTIER a sur requête par lui présentée été relevé de l'omission d'avoir récréanté sa bourgeoisie avant son mariage moyennant finance de six livres attendu les circonstances et a prêté le serment ordinaire pardevant messieurs en nombre en chambre de l'hôtel commun de la ville et cité d'Arras le 16/7/1784.

[882] 12 livres : **Jacques Joseph Guislain HOUDAR** natif de Valenciennes fils de Louis Joseph et de Jeanne Joseph TRICAU

Folio 110V :

a sur requête par lui présentée été reçu bourgeois de cette ville et cité moyennant finance de douze livres qu'il a payé au trésorier receveur et a prêté le serment ordinaire pardevant messieurs en nombre en chambre de l'hôtel commun de la ville et cité d'Arras le 16/7/1784.

[883] 12 livres : **Jean Baptiste Chrisostome DAMAY** natif de Meaulle diocèse d'Amiens fils de Jean et de Catherine GRIFFON a sur requête par lui présentée été reçu bourgeois de cette ville et cité moyennant finance de douze livres qu'il a payé au trésorier receveur de cette ville et cité et a prêté le serment ordinaire pardevant messieurs en nombre en chambre de l'hôtel commun de la ville et cité d'Arras le 16/7/1784.

[884] 6 livres : **Angélique Joseph HERMAN** fille d'Ange Joseph et d'Angélique FLAMAND native de cette ville a sur requête présentée été reçue bourgeoise de cette ville moyennant finance de six livres qu'elle a payé au trésorier receveur et a prêté le serment ordinaire en chambre de l'hôtel commun de la ville et cité d'Arras le 23/7/1784.

[885] **Jean Baptiste Joseph HUNET** natif de la cité de cette ville fils de Jean Philippe et de Marie Joseph BECU a récréanté sa bourgeoisie en vertu de l'édit de 1749 portant union de la cité à la ville et a prêté le serment ordinaire pardevant monsieur Lallart Delebucquière en chambre de l'hôtel commun de la ville et cité d'Arras le 27/7/1784.

Folio 111R :

[886] 12 livres : **Louis Richard MALBRANQUE** natif de la paroisse de Saint Sauveur à Lille fils de Philippe Albert et de Marie Joseph WAVRIN a sur requête présentée a été reçu bourgeois de cette ville et cité moyennant finance de douze livres payé au trésorier receveur et a prêté le serment ordinaire en chambre de l'hôtel commun pardevant messieurs en nombre le 27/7/1784.

[887] 12 livres : **Jean François LAVOINE** natif de Beaufort fils de Jean François et de Marie Guislaine FOURNIER a sur requête par lui présentée été reçu bourgeois de cette ville et cité moyennant finance de douze livres qu'il a payé au trésorier receveur et a prêté le serment ordinaire pardevant messieurs en nombre en chambre de l'hôtel commun de la ville et cité d'Arras le 30/7/1784.

[888] 12 livres : **Louis Joseph Xavier DEMAUX** natif de cette ville fils de Nicolas et de Rosalie LECOINT a sur requête par lui présentée été reçu bourgeois de cette ville et cité moyennant finance de douze livres qu'il a payé au trésorier receveur et a prêté le serment ordinaire pardevant messieurs en nombre en chambre de l'hôtel commun de la ville et cité d'Arras le 3/8/1784.

[889] 12 livres : **Guislain Joseph PAVY** natif du faubourg de Ronville fils d'Antoine et de Marie Marguerite CHEVREUX a sur requête par lui présentée été reçu bourgeois de cette ville et cité moyennant finance de douze livres payé au trésorier receveur et a prêté le serment ordinaire pardevant messieurs en nombre en chambre de l'hôtel commun de ladite ville et cité d'Arras le 6/8/1784.

Folio 111V :

[890] 12 livres : **Marcial DELRUEL** natif du village de Foncquevillers fils de Louis et de Marie Guislaine MACQ a sur requête par lui présentée été reçu bourgeois de cette ville et cité moyennant finance de douze livres qu'il a payé au trésorier receveur et prêté le serment ordinaire en chambre le 13/8/1784.

[891] 12 livres : **Pierre Joseph LEGRAND** fils de Jean François et d'Anne Joseph MOULIN ses père et mère natif de cette ville lequel a sur requête par lui présentée ce jourd'hui été reçu bourgeois de cette ville et cité moyennant finance de douze livres qu'il a payé au trésorier receveur et a prêté le serment ordinaire pardevant messieurs en nombre en chambre de l'hôtel commun de ladite ville et cité le 17/8/1784.

[892] 12 livres : **Jean Baptiste MORAND** natif du village de Duisans paroisse de Saint Léger fils de Jean Baptiste et de Marie Brigitte CARON a sur requête par lui présentée ce jourd'hui été reçu bourgeois de cette ville et cité moyennant finance de douze livres qu'il a payé au trésorier receveur et a prêté le serment ordinaire pardevant messieurs en nombre en chambre de l'hôtel commun de la ville et cité le 17/8/1784.

[893] 12 livres : **Charles Arsène CARLIER** natif de la paroisse de Saint Pierre de la ville de Douai fils de Georges François maître charron et de Marie Thérèse BERNARD a sur requête par lui présentée été reçu bourgeois de cette ville moyennant finance de douze livre qu'il a payé au trésorier receveur et a prêté le serment ordinaire en chambre pardevant messieurs en nombre le 24/8/1784.

Folio 112R :

[894] 12 livres : **Louis François THOMAS** natif de Gouy en Artois fils de Liévin et de Marie Anne Joseph HAUWEL a été reçu bourgeois de cette ville et cité moyennant finance de douze livres qu'il a payé au trésorier receveur et a prêté le serment ordinaire pardevant messieurs en nombre en chambre de l'hôtel commun de la ville et cité d'Arras le 3/9/1784.

[895] 18 livres : **Pierre CHOISNARD** fils de Nicolas et de Marie POLLET natif de la paroisse de Saint Germain Levasson généralité d'Alençon a sur requête été reçu bourgeois de cette ville et cité moyennant finance de dix-huit livres qu'il a payé au trésorier receveur et a prêté le serment ordinaire pardevant messieurs en chambre de l'hôtel commun de la ville et cité d'Arras le 3/9/1784.

[896] **Augustin Louis Marie Modeste CLEMENT** natif de cette ville fils d'Augustin procureur au conseil d'Artois et de Marie Madeleine GOSSART a récréanté sa bourgeoisie et prêté le serment ordinaire pardevant monsieur Lobez avocat et échevin commissaire de semaine en chambre de l'hôtel commun de la ville d'Arras ce jourd'hui 10/9/1784.

[897] **Charles Adrien Joseph BRAS** fils de Nicolas Joseph et de Demoiselle Marie Rose Julie HEBERT natif de cette ville a récréanté sa bourgeoisie et prêté le serment ordinaire pardevant monsieur Lobez avocat et échevin commissaire de semaine en chambre de l'hôtel commun de la ville et cité d'Arras le 14/9/1784.

[898] **Antoine Joseph Basile BRAS** natif de cette ville fils de Nicolas Joseph et de Marie Rose Julie HEBERT a récréanté sa bourgeoisie et prêté le serment ordinaire pardevant monsieur Lobez avocat et échevin commissaire de semaine en chambre de l'hôtel commun de la ville et cité d'Arras ce jourd'hui le 14/9/1784.

Folio 112V :

[899] 18 livres : **Liévin Joseph VANHEGHE** natif de Douai fils de Liévin et de Marguerite PIGOT demeurant en cette ville a sur requête par lui présentée été reçu bourgeois de cette ville et cité moyennant finance de dix-huit livres qu'il a payé au trésorier receveur de cette ville et a prêté le serment ordinaire pardevant messieurs en nombre en chambre de l'hôtel commun de la ville et cité d'Arras le 14/9/1784.

[900] **Philippe Joseph DELECROIX** natif de cette ville fils de Jean Baptiste et de Marie Barbe CORDONNIER a ce jourd'hui récréanté sa bourgeoisie et prêté le serment ordinaire pardevant monsieur Dupuich échevin commissaire de semaine ce jourd'hui 17/9/1784.

[901] **Antoine Joseph Luc LECOMTE** natif de cette ville fils de Nicolas Antoine Joseph et de Marie Barbe CARPENTIER a ce jourd'hui récréanté sa bourgeoisie pardevant monsieur Dupuich échevin commissaire de semaine et a prêté le serment ordinaire le 17/9/1784.

[902] 12 livres : **Auguste PICART** natif d'Amiens fils de Jean Baptiste PICART et de Marie Anne JOLY a sur requête par lui présentée été reçu bourgeois de cette ville moyennant finance de douze livres qu'il a payé au trésorier receveur et a prêté le serment ordinaire pardevant messieurs en nombre en chambre de l'hôtel commun de la ville et cité d'Arras le 21/9/1784.

Folio 113R :

[903] **Jean Baptiste Joseph DUFOUR** natif de cette ville fils d'Antoine Joseph et de Marie Jeanne ROGEZ a récréanté sa bourgeoisie et a prêté le serment ordinaire pardevant monsieur Baudelet échevin commissaire de semaine en chambre de l'hôtel commun de la ville et cité d'Arras ce jourd'hui 24/9/1784.

[904] **François Guislain LENGLET** fils d'Albert Joseph et de Marie Brigitte LEGRAND a récréanté sa bourgeoisie et prêté le serment ordinaire pardevant monsieur Baudelet échevin commissaire de semaine en chambre de l'hôtel commun de la ville et cité d'Arras ce jourd'hui 25/9/1784.

[905] **Nicolas Amable Ferdinand LENGLET** fils d'Albert Joseph et de Marie Brigitte LEGRAND a récréanté sa bourgeoisie et prêté le serment ordinaire pardevant monsieur Baudelet échevin commissaire de semaine en chambre de l'hôtel commun de la ville et cité d'Arras ce jourd'hui 25/9/1784.

[906] **Félix Antoine Joseph HARDUIN** natif de cette ville fils d'André Félix et de Christine COLLET a récréanté sa bourgeoisie et prêté le serment ordinaire pardevant monsieur Baudelet commissaire de semaine en chambre de l'hôtel commun de la ville ce jourd'hui 28/9/1784.

Folio 113V :

[907] 12 livres : **Louis Joseph CARON** natif du village de Givenhy lez La Bassée fils de Pierre et de Marie Catherine BERQUIN a été reçu bourgeois de cette ville et cité moyennant finance de douze livres qu'il a payé au trésorier receveur de cette ville et a prêté serment pardevant messieurs en nombre en chambre ce jourd'hui 28/9/1784.

[908] **François Léon Géry GRIFFON** greffier en chef civil et criminel du bailliage d'Hesdin fils d'Antoine Joseph et de Marie Joseph MAYOUL a récréanté sa bourgeoisie et prêté le serment ordinaire pardevant monsieur Baudelet échevin commissaire de semaine ce jourd'hui 30/9/1784.

[909] 12 livres : **Martin Philippe Georges MARTIN** fils d'Alexis Joseph et de Marie Madeleine GOUDEMAN natif d'Ambrines a sur requête par lui présentée été reçu bourgeois de cette ville moyennant finance de douze livres qu'il a payé au trésorier receveur de cette ville et cité et a prêté le serment ordinaire pardevant messieurs en nombre en chambre de l'hôtel commun de la ville et cité d'Arras le 26/10/1784.

[910] gratis : **Pierre CORROYEZ** fils de Georges et de Marie Marguerite LIEVRE natif de Paris a sur requête par lui présentée été reçu bourgeois de cette ville et cité gratis à la recommandation de monsieur Lefebvre Dubosquel échevin et prêté le serment ordinaire pardevant messieurs en nombre en chambre de l'hôtel commun de la ville et cité d'Arras le 26/10/1784.

Folio 114R :

[911] 6 livres : **Guislain Joseph LACOUTURE** natif de cette ville fils de Joseph LACOUTURE et de Marie Barbe DESHUYS a sur requête par lui présentée été reçu bourgeois de cette ville et cité moyennant finance de six livres qu'il a payé au trésorier receveur de cette ville et a prêté le serment ordinaire pardevant messieurs en nombre en chambre de l'hôtel commun de la ville et cité d'Arras le 29/10/1784.

[912] 18 livres : **Charles Louis Joseph MELLOT** fils de Norbert et de Séraphine PETIT reçu bourgeois moyennant finance de 18 livres le 5/11/1784.

[913] **Dominique Augustin Joseph DEFOSSE** natif de cette ville fils de Philippe Fidel et de Jeanne Marguerite MERCIER a ce jourd'hui récréanté sa bourgeoisie et prêté le serment ordinaire en chambre pardevant monsieur Lefebvre du Bosquel échevin commissaire de semaine ce jourd'hui 22/11/1784.

[914] 12 livres : **Jean Charles Léon CASSEL** fils de Charles Léon et de Marie Anne CARON natif d'Avenescourt Picardie a sur requête par lui présentée été reçu bourgeois de cette ville moyennant finance de douze livres qu'il a payé au trésorier receveur de cette ville et prêté le serment ordinaire pardevant messieurs en nombre en chambre de l'hôtel commun le 26/11/1784.

[915] 12 livres : **Charles François Noël MAILLE** fils de Gaspar et de Marie Anne Françoise LEBON a sur requête par lui présentée été reçu bourgeois de cette ville et cité moyennant finance de douze livres qu'il a payé au trésorier receveur de cette ville et

prêté le serment ordinaire pardevant messieurs en nombre en chambre de l'hôtel commun de la ville et cité d'Arras le 26/11/1784.

[916] **Louis Joseph CARPENTIER** natif de cette ville fils de Louis Joseph bourgeois et de Marie

Folio 114V :

BLOT a récréanté sa bourgeoisie et prêté le serment es mains de monsieur Dupuich échevin en chambre de l'hôtel commun de la ville et cité d'Arras le 3/12/1784.

[917] 6 livres : **Louis François DERVIN** natif de cette ville fils de Joseph et de Marie Marguerite Dorothée LIBER a sur requête par lui présentée été reçu bourgeoisie de cette ville et cité moyennant finance de six livres et a prêté le serment ordinaire pardevant messieurs en nombre en chambre de l'hôtel commun de la ville et cité d'Arras ce jourd'hui 7/12/1784.

[918] 12 livres : **Théodore AUBER** natif de Warlus fils d'Antoine et de Marie Marguerite BONNEL a sur requête par lui présentée ce jourd'hui été reçu bourgeois de cette ville et cité moyennant finance de douze livres qu'il a payé au trésorier receveur de cette ville et a prêté serment pardevant messieurs en chambre de l'hôtel commun de la ville et cité d'Arras ce 7/12/1784.

[919] 12 livres : **Antoine Fidel Joseph REVER** natif d'Armentières fils de Paul Joseph et de Marie Anne Joseph DESQUAND a sur requête par lui présentée été reçu bourgeois de cette ville et cité moyennant finance de douze livres qu'il a payé au trésorier receveur et a prêté le serment ordinaire pardevant messieurs en nombre en chambre de l'hôtel commun de la ville et cité d'Arras le 17/12/1784.

Folio 115R :

[920] gratis : **Pierre Joseph DHERSIN** natif de Magnicourt en Comté fils de Jean Philippe et de Marie Barbe DOLRUE a sur requête par lui présentée été reçu bourgeois gratis à la recommandation de monsieur Dupuich échevin et a prêté le serment ordinaire pardevant messieurs en nombre en chambre de l'hôtel commun de la ville et cité d'Arras le 21/12/1784.

[921] gratis : **Joseph LOURDEL** natif de cette ville fils de Jeanne Françoise LOURDEL a sur requête par lui présentée été reçu bourgeois de cette ville gratis à la recommandation de monsieur Liborel avocat échevin et a prêté le serment ordinaire pardevant messieurs assemblés en chambre de l'hôtel commun de la ville et cité d'Arras le 4/1/1785.

[922] gratis : **Jean BEAUJON** natif de Sainte Aldegonde diocèse de Bourges fils de Jean et de Marguerite BARTHON a sur requête par lui présentée été reçu bourgeois gratis de cette ville et cité attendu les services qu'il rend au public et a prêté le serment ordinaire pardevant messieurs assemblés en chambre de l'hôtel commun de la ville et cité d'Arras le 4/1/1785.

[923] gratis : **Pierre Martin Joseph DEVAUX** natif de Lille fils de Martin Joseph et de Marie Anne Joseph PETITPREZ a sur requête par lui présentée été reçu bourgeois de cette ville et cité gratis à la recommandation de monsieur de Belval mayeur en exercice et a prêté le serment ordinaire pardevant messieurs assemblés en chambre de l'hôtel commun de la ville et cité d'Arras le 7/1/1785.

Folio 115V :

[924] gratis : **Jacques Antoine QUERSON** natif de Vimy fils de Jean Guislain et d'Anne Françoise LARIVIERE a sur requête par lui présentée ce jourd'hui été reçu bourgeois gratis à la recommandation de monsieur Grimbert greffier en chef et a prêté le serment ordinaire pardevant messieurs en chambre ce jourd'hui 11/1/1785.

[925] gratis : **Joachim Joseph HERDUIN** natif du village de Framecourt paroisse d'Hautecloque fils de Louis et de Marie Elizabeth BOTTRY a sur requête par lui ce jourd'hui présentée été reçu bourgeois gratis à la recommandation de monsieur Mayoul de Sus Saint Léger échevin en exercice et a prêté le serment ordinaire pardevant messieurs en nombre en chambre de l'hôtel commun de la ville et cité d'Arras ce jourd'hui 11/1/1785.

[926] gratis : **Louis François PLANCHON** natif de Frévent fils de Zacharie et de Marie Barbe BAQUET a sur requête par lui présentée été reçu bourgeois gratis à la recommandation de monsieur Liborel avocat et échevin et a prêté le serment ordinaire pardevant messieurs assemblés en chambre de l'hôtel commun de la ville et cité d'Arras le 14/1/1785.

[927] 12 livres : **Adrien Joseph LALOUX** natif du faubourg de cette ville paroisse d'Achicourt fils de Jean Baptiste et de Barbe Hélène PLAISANT a sur requête par lui présentée été reçu bourgeois de cette ville moyennant finance de douze livres qu'il a payé au trésorier receveur et a prêté le serment ordinaire pardevant messieurs assemblés en chambre de l'hôtel commun de la ville et cité d'Arras le 14/1/1785.

Folio 116R :

[928] **Michel Philippe Joseph MOREL** natif de cette ville fils du sieur Noël Joseph marchand et de Marie Michelle REGNIER a ce jourd'hui récréanté sa bourgeoisie et a prêté le serment ordinaire es mains de monsieur Lefebvre du Bosquel le 17/1/1785.

[929] 6 livres : **François Fidel Joseph RIVIERE** natif de cette ville fils de Jean Baptiste et de Marie Claire COUSIN a sur requête par lui présentée été reçu bourgeois de cette ville et cité moyennant finance de six livres qu'il a payé au trésorier receveur de cette ville et a prêté le serment ordinaire pardevant messieurs assemblés en chambre de l'hôtel commun de la ville et cité d'Arras le 18/1/1785.

[930] **Charles François Joseph NEPVEU** fils de Jean François et de Marie Scholastique BOYAVAL a récréanté sa bourgeoisie et a prêté le serment ordinaire es mains de monsieur Lefebvre du Bosquel le 18/1/1785.

[931] 12 livres : **Louis Victoire Joseph DEBEAUMONT** natif de la paroisse de Saint Etienne à Lille fils de Bonaventure François et d'Anne Marie Joseph THERIE a été reçu bourgeois de cette ville et cité moyennant finance de douze livres qu'il a payé au trésorier receveur de cette ville et a prêté le serment ordinaire pardevant messieurs en nombre en chambre de la ville et cité d'Arras le 25/1/1785.

Folio 116V :

[932] gratis : **Célestin Joseph LEROY** natif de Bergueneuse fils de Liévin et de Marie Guillaine Augustine WILLEBERTHON a sur requête par lui présentée été reçu bourgeois gratis à la recommandation de monsieur de Gouve de Nuncque avocat et échevin et a prêté le serment ordinaire pardevant messieurs en chambre ce jourd'hui 28/1/1785.

[933] 12 livres : **Charles Louis Joseph DOURDAIN** fils d'Alexis et de Marie Jeanne CAUPAIN natif de Dainville a sur requête par lui présentée été reçu bourgeois de cette ville moyennant finance de douze livres qu'il a payé au trésorier receveur de cette ville et a prêté le serment ordinaire pardevant messieurs en nombre en chambre de l'hôtel commun de la ville et cité d'Arras le 28/1/1785.

[934] **Amand Joseph DORNE** natif de Saint Sauveur lez Arras fils de Pierre Antoine bourgeois de cette ville et de Rosalie MOUTON a récréanté sa bourgeoisie et a prêté le serment ordinaire pardevant monsieur Lobez avocat et échevin de la ville et cité d'Arras commissaire de semaine en chambre de l'hôtel commun de la ville et cité d'Arras ce jourd'hui 29/1/1785.

[935] **Joachim Joseph PRUVOST** garçon menuisier natif de cette ville y demeurant fils de Guy Paschal et de Marie Guislaine DIDIER a sur requête par lui présentée été reçu bourgeois de cette ville et cité à la recommandation de monsieur Herman échevin et a prêté le serment ordinaire pardevant messieurs en nombre en chambre de l'hôtel commun de la ville et cité d'Arras le 1/2/1785.

Folio 117R :

[936] 12 livres : **Pierre François Joseph DUTOIT** natif de Douai fils d'Antoine et de Florentine Joseph FRY a sur requête par lui présentée été reçu bourgeois de cette ville et cité moyennant finance de douze livres qu'il a payé au trésorier receveur et a prêté le serment ordinaire pardevant messieurs assemblés en chambre de l'hôtel commun de la ville et cité d'Arras le 8/2/1785.

[937] 12 livres : **Nicolas Joseph LEFETZ** natif du village de Saint Amand fils de Jean Baptiste et de Marie Isabelle CAUDRON a été reçu bourgeois de cette ville moyennant finance de douze livres qu'il a payé au trésorier receveur de cette ville et a prêté le serment ordinaire pardevant messieurs en nombre en chambre de l'hôtel commun de la ville et cité d'Arras le 1/3/1785.

[938] **Antoine Joseph DRION** natif de cette ville fils d'Antoine et d'Anne Catherine Pélagie SOLON a récréanté sa bourgeoisie et prêté le serment ordinaire es mains de monsieur Dupuich échevin commissaire de semaine en chambre de l'hôtel commun de la ville et cité d'Arras le 2/3/1785.

[939] 18 livres : **Louis Charles HUET** natif de Beauvin diocèse de Sées province de Normandie fils de Jacques et de Renée GALLOT a été reçu bourgeois de cette ville moyennant finance de dix-huit livres qu'il a payé au trésorier receveur et a prêté le serment ordinaire pardevant messieurs en nombre en chambre de l'hôtel commun de la ville et cité d'Arras ce 4/3/1785.

Folio 117V :

[940] 12 livres : **Jean Baptiste Modeste DOUAL** natif du hameau Molinel paroisse de Tortefontaine fils de Laurent et de Marie Anne LEVEE a sur requête par lui présentée ce jourd'hui été reçu bourgeois de cette ville et cité moyennant finance de douze livres qu'il a payé au trésorier receveur de cette ville et a prêté le serment ordinaire pardevant messieurs en nombre en chambre de l'hôtel commun de la ville et cité d'Arras ce jourd'hui 4/3/1785.

[941] **Louis André Marie DESMASIERES** natif de cette ville fils de Louis Toussaint Joseph bourgeois et de Marie Joseph Brigitte LEPRETRE a récréanté sa bourgeoisie et prêté le serment ordinaire pardevant monsieur Baudelet échevin commissaire de semaine en chambre de l'hôtel commun de la ville et cité d'Arras le 8/3/1785.

[942] 12 livre : **Jean Baptiste LETIERCE** fils de Jean et de Françoise BELANGER a sur requête par lui présentée été reçu bourgeois de cette ville et cité moyennant finance de douze livres et a prêté le serment ordinaire en chambre de l'hôtel commun de la ville et cité d'Arras le 11/3/1785.

[943] **Pierre Dominique Joseph DECAIX** fils de Joseph (et) Marie Madeleine Joseph CLIQUET a récréanté sa bourgeoisie et a prêté le serment ordinaire pardevant monsieur Lefebvre du Bosquel échevin commissaire de semaine en chambre de l'hôtel commun de la ville et cité d'Arras ce jourd'hui 14/3/1785.

Folio 118R :

[944] **Norbert Barthélémy Joseph BECCU** natif de cette ville fils de Barthélémy Joseph bourgeois et de Marie Anne Théodore LEGRAND a récréanté sa bourgeoisie et prêté le serment ordinaire pardevant monsieur Lobez avocat et échevin en chambre de l'hôtel commun de la ville et cité d'Arras le 15/3/1785.

[945] 6 livres : **Louis Joseph FIEVET** natif de Monchy le Preux fils d'Etienne et de Marie Catherine DELANNOY a sur requête par lui présentée été reçu bourgeois de cette ville moyennant finance de six livres qu'il a payé à cet effet et a prêté le serment ordinaire pardevant messieurs assemblés en chambre de l'hôtel commun de la ville et cité d'Arras le 18/3/1785.

[946] gratis : **Jean Louis Bon FLAT** natif de Fontaine lez Croisilles fils d'Ambroise et d'Anne Elisabeth HOURIER a sur requête par lui présentée été reçu bourgeois gratis à la recommandation de monsieur Bayart procureur du roi sindic et a prêté le serment ordinaire pardevant messieurs assemblés en chambre de l'hôtel commun de la ville et cité d'Arras le 22/3/1785.

[947] 12 livres : **Philippe Louis MANNIER** natif de Beuvry fils de Laurent François et de Marie Angélique VATELLE a sur requête par lui présentée été reçu bourgeois moyennant finance de douze livres qu'il a payé et a prêté le serment ordinaire pardevant messieurs assemblés en chambre de l'hôtel commun de la ville et cité d'Arras le 12/4/1785.

Folio 119R :

[948] 12 livres : **Benjamin Désiré PICAVET** fils de Guillaume et de Marie Anne WISCAT natif de Burbure diocèse de Boulogne a sur requête par lui présentée été reçu bourgeois de cette ville et cité moyennant finance de douze (livres) qu'il a payé au trésorier receveur et a prêté le serment ordinaire pardevant messieurs assemblés ce jourd'hui 6/5/1785.

[949] gratis : **Jean Etienne CHEVALIER** fils de François Bonnaventure et de Marie Françoise DELACOUR natif du bourg d'Hénin Liétart a sur requête par lui présentée été reçu bourgeois de cette ville et cité gratis à la recommandation de monsieur Boniface trésorier receveur et a prêté le serment ordinaire pardevant messieurs assemblés en chambre de l'hôtel commun de la ville et cité d'Arras le 6/5/1785.

[950] 12 livres : **Pierre François Joseph ROSE** natif de Framecourt fils de Jean et de Marie Adrienne LUCAS a sur requête par lui présentée été reçu bourgeois de cette ville et cité moyennant finance de douze livres qu'il a payé au trésorier receveur et a prêté le serment ordinaire pardevant messieurs assemblés en chambre de l'hôtel commun de la ville et cité d'Arras le 10/5/1785.

[951] **Philippe Eusèbe Joseph POTIER** natif de cette ville fils d'Eusèbe Joseph et de Marie Joseph LOIR ses père et mère a récréanté sa bourgeoisie et a prêté le serment ordinaire pardevant monsieur Lefebvre du Bosquel échevin commissaire de semaine en chambre de l'hôtel commun de la ville et cité d'Arras le 27/5/1785.

Folio 119V :

[952] **Pierre Joseph FRANÇOIS** natif de cette ville fils de Louis et de Brigitte Rosalie LENGLET a récréanté sa bourgeoisie et a prêté le serment ordinaire pardevant monsieur Lefebvre du Bosquel échevin commissaire de semaine en chambre de l'hôtel commun de la ville et cité d'Arras le 27/5/1785.

[953] **Félix Amand Constant CUVILLIER** natif de cette ville fils de Jean François et de Marie Barbe Ignace DEGAND a créanté sa bourgeoisie et a prêté le serment ordinaire pardevant monsieur Liborel avocat et échevin commissaire de semaine en chambre de l'hôtel commun de la ville et cité d'Arras le 29/5/1785.

[954] 6 livres : **Louis Joseph QUIERNY** natif de cette ville y demeurant fils de Malachie et de Marie Angélique DINOIRE a sur requête par lui présentée été reçu bourgeois de cette ville et cité moyennant finance de six livres qu'il a payé au trésorier receveur et a prêté le serment ordinaire pardevant messieurs assemblés en chambre de l'hôtel commun de la ville et cité d'Arras le 3/6/1785.

[955] 12 livres : **Pierre Augustin Joseph HAUDOUART** natif de cette ville fils de Pierre Joseph bourgeois de cette dite ville et de Marie Jeanne Cécile GORLIER a sur requête par lui présentée ce jourd'hui été reçu à récréanter sa bourgeoisie moyennant finance de douze livres qu'il a payé au trésorier receveur de cette dite ville et cité et a prêté le serment ordinaire pardevant messieurs en nombre en chambre de l'hôtel commun de la ville et cité d'Arras le 14/6/1785.

Folio 120R :

[956] **René Bernard LOCQUET** natif de cette ville fils de Jacques Michel et de Suzanne FROYER a récréanté sa bourgeoisie et a prêté le serment ordinaire pardevant monsieur Lefebvre Duprey avocat et échevin de ladite ville et cité d'Arras ce jourd'hui 14/6/1785 dix heures et demie du matin.

[957] gratis : **Dominique GREBET** natif de Pommera fils de Pierre Antoine et de Marie Catherine OSSART a sur requête par lui présentée été reçu bourgeois de cette ville et cité gratis à la recommandation de monsieur Lefebvre du Bosquel échevin d'icelle et a prêté le serment ordinaire pardevant messieurs assemblés en chambre de l'hôtel commun de la ville et cité d'Arras le 21/6/1785.

[958] 12 livres : **Jean Charles Joseph LEROY** natif de Roeux fils d'Arnourd Joseph et de Marie Joseph DELOFFRE a sur requête par lui présentée été reçu bourgeois de cette ville et cité moyennant finance de douze livres qu'il a payé au trésorier receveur et a prêté le serment ordinaire pardevant messieurs assemblés en chambre de l'hôtel commun le 1/7/1785.

[959] **Charles Philippe Joseph DUPONCHEL** natif de cette ville fils de Jean Baptiste et de Scolastique DESAILLY a ce jourd'hui récréanté sa bourgeoisie et a prêté le serment ordinaire pardevant monsieur Dupuich échevin commissaire de semaine ce jourd'hui 5/7/1785.

Folio 120V :

[960] 18 livres : **Louis Joseph DEGRINCOURT** natif de Monchy le Preux fils de Bernard et de Marie Thérèse Scolastique VALET a sur requête par lui présentée été reçu bourgeois de cette ville et cité moyennant finance de dix-huit livres qu'il a payé au trésorier receveur et a prêté le serment ordinaire pardevant messieurs assemblés en chambre de l'hôtel commun de la ville et cité d'Arras le 12/7/1785.

[961] gratis : **Ambroise Joseph MIQUÉ** natif de Foretz fils d'Ignace François et de Marie Philippe BAUDUIN a sur requête par lui présentée été reçu bourgeois gratis à la recommandation de monsieur Lallart Delebucquière échevin et a prêté le serment ordinaire pardevant messieurs assemblés en chambre de l'hôtel commun de la ville et cité d'Arras le 15/7/1785.

[962] **Philippe François Joseph LABOURÉ** natif de cette ville fils de Romain François bourgeois de cette ville et de Marie Madeleine Joseph LOGEZ a récréanté sa bourgeoisie et a prêté le serment ordinaire pardevant monsieur Lobez avocat et échevin commissaire de semaine en chambre de l'hôtel commun de la ville et cité d'Arras ce jourd'hui 29/7/1785.

[963] **Romain Charles Louis LABOURÉ** natif de cette ville fils de Romain François bourgeois de cette ville et de Marie Madeleine LOGEZ a récréanté sa bourgeoisie et a prêté le serment ordinaire pardevant monsieur Lobez avocat et échevin commissaire de semaine en chambre de l'hôtel commun de la ville et cité d'Arras le 29/7/1785.

[964] **Etienne Benoist Joseph LABOURÉ** natif de cette ville fils de Romain François bourgeois de cette ville et de Marie Madeleine LOGEZ a récréanté sa bourgeoisie et prêté le serment ordinaire pardevant monsieur Lobez avocat et échevin commissaire de semaine en chambre de l'hôtel commun de la ville et cité d'Arras le 29/7/1785.

<u>Folio 121R :</u>

[965] **Charles Florent Constant VAUCLIN** natif de cette ville fils de Charles et de Marie Françoise Alberte DELESTRES a récréanté sa bourgeoisie et prêté le serment ordinaire pardevant monsieur Mayoul seigneur de Sus Saint Léger échevin commissaire de semaine en chambre de l'hôtel commun de la ville et cité d'Arras le 2/8/1785.

[966] **Joseph Charles Bruno HOULIER** natif de cette ville fils de Charles Noël bourgeois et de Marie Catherine DELATTRE a récréanté sa bourgeoisie et a prêté le serment ordinaire pardevant monsieur Lefebvre écuyer seigneur du Bosquel échevin commissaire de semaine en chambre de l'hôtel commun de la ville et cité d'Arras ce jourd'hui 10/8/1785.

[967] 12 livres : **Aimé Nicolas Joseph FAVAR** natif de Douai fils de Pierre Philippe et d'Anne Jeanne AVEZ a sur requête par lui présentée été reçu bourgeois de cette ville et cité moyennant finance de douze livres qu'il a payé au trésorier receveur et a prêté le serment ordinaire pardevant messieurs en nombre assemblés en chambre de l'hôtel commun de la ville et cité d'Arras le 12/8/1785.

[968] **Constantin Louis Joseph DEHEE** natif de Fampoux fils de Pierre Joseph et de Marie Rosalie BAILLY a récréanté sa bourgeoisie et a prêté le serment ordinaire pardevant monsieur Lefebvre avocat échevin commissaire de semaine en chambre de l'hôtel commun de la ville et cité d'Arras le 20/8/1785.

[969] 12 livres : **Joseph Hipolite SEIGNEURIE** natif de la paroisse de Saint Germain Levasson fils de Pierre et de Marie Anne CHOISNARD a sur requête par lui présentée ce jourd'hui été reçu bourgeois de cette ville et cité d'Arras moyennant finance de douze livres qu'il a payé au trésorier receveur de cette ville et cité et a prêté le serment ordinaire pardevant messieurs en nombre en chambre de l'hôtel commun de la ville et cité d'Arras ce jourd'hui 23/8/1785.

<u>Folio 121V :</u>

[970] 8 livres : **François Louis Joseph DUCORNET** natif de cette ville fils de Louis et de Marie Joseph DAMBRINNES a sur requête par lui présentée été reçu bourgeois de cette ville moyennant finance de huit livres qu'il a payé au trésorier receveur de cette ville et a prêté le serment ordinaire pardevant messieurs assemblés en chambre de l'hôtel commun de la ville et cité d'Arras le 30/8/1785.

[971] gratis : **Jean Baptiste TILLOY** natif de Saulty paroisse Saint Léger fils de Philippe François et d'Isabelle CORNOTTE a sur requête par lui présentée été reçu à bourgeois de cette ville et cité gratis attendu les circonstances mentionnées en sa requête et a en conséquence prêté le serment ordinaire pardevant messieurs assemblés en chambre de l'hôtel commun de la ville et cité d'Arras le 2/9/1785.

[972] gratis : **Jean Guérin BOUCHER** natif de Meillard fils de Guérin et de Marie MOUILLARD a sur requête par lui présentée été reçu bourgeois gratis attendu les circonstances énoncées dans sadite requête et a en conséquence prêté le serment ordinaire pardevant messieurs assemblés en chambre de l'hôtel commun de la ville et cité d'Arras le 2/9/1785.

[973] **Joseph Dominique Vindicien MOLIN** natif de cette ville fils de Philippe Joseph bourgeois et de Barbe Hélène DELABY a récréanté sa bourgeoisie et prêté le serment ordinaire pardevant monsieur de Gouve de Nuncque avocat et échevin commissaire de semaine en chambre de l'hôtel commun de la ville et cité d'Arras ce 3/9/1785.

<u>Folio 122R :</u>

[974] 12 livres : **Auguste Joseph DUBOIS** natif de La Comté fils de Jean Baptiste et de Marie Jeanne Joseph LEROY a sur requête par lui présentée été reçu bourgeois de cette ville et cité moyennant finance de douze livres qu'il a payé au trésorier receveur de cette ville et a prêté le serment pardevant messieurs assemblés en chambre de l'hôtel commun de la ville et cité d'Arras le 6/9/1785.

[975] 12 livres : **Jean Baptiste TUVIGNEZ** natif de Grandvoir en Comté juridiction de Dôle fils de Claude et de Claudine LE TROUBLON a été reçu bourgeois de cette ville et cité moyennant finance de douze livres qu'il a payé au trésorier receveur de cette ville et a prêté le serment messieurs assemblés en chambre de l'hôtel commun de la ville et cité d'Arras ce 9/9/1785.

[976] **Théodore Joseph FORGEOIS** natif de cette ville fils de Jacques Stanislas et de Marie Dominique Françoise Joseph BOCQUILLON a été reçu bourgeois de cette ville et cité gratis attendu les circonstances et a prêté le serment pardevant messieurs assemblés en chambre de l'hôtel commun de la ville et cité d'Arras le 9/9/1785.

[977] 6 livres : **Henriette Joseph CREPELLE** native du village de Farbus fille de Charles Joseph et de Marie Augustine ROGER a sur requête par elle ce jourd'hui présentée été reçu bourgeoise de cette ville et cité moyennant finance de six livres qu'elle a payé au trésorier receveur de cette dite ville et a prêté le serment ordinaire pardevant messieurs en nombre ce jourd'hui 9/9/1785.

[978] **François Joseph CUVILLIER** natif d'Arras fils de Jean François et de Marie Barbe Ignace DEGAND a récréanté sa bourgeoisie et a prêté le serment ordinaire pardevant messieurs assemblés aujourd'hui 9/9/1785.

Folio 122V :

[979] **Jérôme VEIRAQUET** natif de Paris fils de Jean et de Marguerite LIEGEOIS a sur requête par lui présentée été reçu bourgeois gratis à la recommandation de monsieur de Gouve de Nuncque avocat et échevin et a prêté le serment ordinaire pardevant messieurs assemblés en chambre de l'hôtel commun de la ville et cité d'Arras le 13/9/1785.

[980] 12 livres : **Amable Mathias GADOUX** natif d'Avesnes le Comte fils de Robert et de Marguerite LOUCHAN a sur requête par lui présentée été reçu bourgeois de cette ville moyennant finance de douze livres qu'il a payé au trésorier receveur et a prêté le serment ordinaire en chambre de l'hôtel commun de la ville et cité d'Arras le 30/9/1785.

[981] 12 livres : **Jean Baptiste LEBLOND** natif de Ligny sur Canche fils de Louis et de Marie Madeleine HAINAUT a sur requête par lui présentée été reçu bourgeois de cette ville et cité moyennant finance de douze livres qu'il a payé au trésorier receveur et a prêté le serment ordinaire pardevant messieurs en nombre ce jourd'hui 30/9/1785.

[982] **François Xavier Joseph CAMUS** fils de Jude Joseph bourgeois et de Françoise Louise HUY natif de cette ville a récréanté sa bourgeoisie et a prêté le serment ordinaire pardevant monsieur Dupuich échevin commissaire de semaine en chambre de l'hôtel commun de la ville et cité d'Arras ce jourd'hui 1/10/1785.

[983] **Louis Maximilien Alexandre MOINARD** natif de cette ville fils de maître Louis procureur

Folio 123R :

au conseil d'Artois et de Marie Thérèse DESPRETZ a récréanté sa bourgeoisie et prêté le serment ordinaire pardevant monsieur Dupuich échevin commissaire de semaine en chambre de l'hôtel commun de la ville et cité d'Arras le 6/10/1785.

[984] 12 livres : **Jean François FILLIARD** natif de Neuville en Savoie diocèse de Genève fils de Claude Antoine et de Marie Anne BOJOU a sur requête par lui présentée été reçu bourgeois de cette ville et cité moyennant finance de douze livres qu'il a payé au trésorier receveur et a prêté le serment ordinaire en chambre de l'hôtel commun de la ville et cité pardevant messieurs en nombre ce 14/10/1785.

[985] **Constantin Noël Joseph DOALLE** natif de cette ville fils de Claude Joseph et de Joseph GRENOU a récréanté sa bourgeoisie et prêté le serment ordinaire pardevant monsieur Delebucquière échevin commissaire de semaine en chambre de l'hôtel commun de la ville et cité d'Arras ce 4/11/1785.

[986] **Antoine Joseph FLIPPE** fils d'Etienne Joseph natif de cette ville et de Marie Marguerite DAVID a récréanté sa bourgeoisie et a prêté le serment ordinaire pardevant monsieur de Gouve de Nuncque avocat et échevin commissaire de semaine en chambre de l'hôtel commun de la ville et cité d'Arras le 7/11/1785.

Folio 123V :

[987] 12 livres : **Denis Ignace Joseph WIGNAN** natif de Lille fils de Denis Joseph et d'Anne Joseph WANOSTAL a sur requête par lui présentée été reçu bourgeois de cette ville et cité moyennant la somme de douze livres qu'il a payé au trésorier receveur et a prêté le serment ordinaire pardevant messieurs assemblés en chambre de l'hôtel commun de la ville et cité d'Arras le 11/11/1785.

[988] 12 livres : **Guislain Joseph LEFRANC** natif de Bucquoy fils d'André et de Marie Florence COLLE a sur requête par lui présentée été reçu bourgeois de cette ville moyennant finance de douze livres qu'il a payé au trésorier receveur de cette ville et cité et a prêté le serment ordinaire en chambre pardevant messieurs assemblés le 6/12/1785.

[989] 6 livres : **Etienne Guislain Joseph GODART** natif de cette ville fils de Jacques Théophile et de Marie Françoise GHASANT a sur requête été reçu et admis à récréanter sa bourgeoisie pour ne pas avoir récréanté avant de se marier moyennant finance de six livres et a prêté le serment ordinaire pardevant messieurs assemblés en chambre de l'hôtel commun de la ville et cité d'Arras le 6/12/1785.

[990] 18 livres : **Jean Louis CARLIER** natif de Dunkerque fils de Jean Baptiste Louis et de Jeanne Firmin LEFEBVRE a sur requête par lui présentée été reçu bourgeois de cette ville et cité moyennant finance de dix-huit livres qu'il a payé au trésorier receveur et a prêté le serment ordinaire pardevant messieurs assemblés en chambre de l'hôtel commun ce 9/12/1785.

Folio 124R :

[991] **Amable Fidel Joseph DANELLE** natif de cette ville fils de Pierre Joseph et de Jeanne Catherine RIDDER a récréanté sa bourgeoisie et prêté le serment ordinaire pardevant monsieur Dupuich échevin commissaire de semaine en chambre de l'hôtel commun de la ville et cité d'Arras ce 14/12/1785.

[992] 12 livres : **Jacques Thomas MEAUPAIN** natif de Regnauville fils de Jacques et de Marie Madeleine MAUFLINE a sur requête par lui présentée été reçu bourgeois de cette ville et cité moyennant finance de douze livres qu'il a payé au trésorier receveur et a prêté le serment ordinaire pardevant messieurs assemblés en chambre de l'hôtel commun de la ville et cité d'Arras le 30/12/1785.

[993] **Nicolas Martin LECLERCQ** natif de Saint Eloy fils de Nicolas Martin et de Marie Jeanne Adrienne DUBOIS a sur requête par lui présentée ce jourd'hui été reçu bourgeois de cette ville et cité à la recommandation de monsieur Lefebvre Duprey avocat et échevin et a prêté le serment ordinaire pardevant messieurs assemblés en chambre de l'hôtel commun de la ville et cité d'Arras ce jourd'hui 30/12/1785.

[994] gratis : **Etienne François Joseph PAIX** natif de Douai fils d'Etienne et de Marie Anne VILLETTE a sur requête par lui présentée été reçu bourgeois de cette ville et cité gratis à la recommandation de monsieur le comte de Lannoy mayeur de cette dite ville et a prêté le serment ordinaire pardevant messieurs assemblés en chambre de l'hôtel commun de la ville et cité d'Arras le 30/12/1785.

[995] **Guislain Constantin Joseph DOUALLE** fils de Sébastien Guillaume et de Brigitte COCHET a récréanté sa bourgeoisie et prêté le serment ordinaire pardevant monsieur Liborel avocat et échevin commissaire de semaine en chambre de l'hôtel commun de la ville et cité d'Arras le 30/12/1785.

Folio 124V :

[996] gratis : **Jacques Philippe Eloy RAMETTE** fils de Jacques et de Marie Thérèse LEFEBVRE natif de la cité de cette ville a sur requête par lui présentée ce jourd'hui été reçu bourgeois gratis à la recommandation de monsieur Lobez avocat et échevin et a prêté le serment ordinaire pardevant messieurs en nombre en chambre de l'hôtel commun de la ville et cité d'Arras le 30/12/1785.

[997] **Arnould Hipolite DERVILLE** natif de cette ville fils de Pierre François DERVILLE et Marie Françoise DE DOUAY a récréanté sa bourgeoisie et prêté le serment ordinaire pardevant monsieur Liborel en chambre de l'hôtel commun de la ville et cité d'Arras le 30/12/1785.

[998] gratis : Maître **Englebert François DELEPOUVE** avocat natif de Saint Omer fils du sieur Jean François et de Marie Agnès Elisabeth COMBE a été reçu à la bourgeoisie gratis en considération de sa nomination à l'échevinage et a prêté le serment ordinaire pardevant messieurs assemblés en chambre de l'hôtel commun de la ville et cité d'Arras le 31/12/1785.

[999] gratis : Messire **Louis Hector Constantin D'HAUTECLOQUE** chevalier de l'ordre royal et militaire de Saint Louis fils de Messire Jean Baptiste François Louis et de Dame Anne Marie DELAFORGE a été reçu bourgeois gratis en considération de sa nomination à l'échevinage et a prêté le serment ordinaire pardevant messieurs assemblés en chambre de l'hôtel commun de la ville et cité d'Arras le 31/12/1785.

Folio 125R :

[1000] gratis : **Albert Norbert Augustin DUQUESNOY** négociant fils de Sieur Philippe Albert DUQUESNOY et de Demoiselle Marie Jeanne Thérèse HARDUIN a été reçu bourgeois gratis en considération de sa nomination à l'échevinage et a prêté le serment ordinaire pardevant messieurs assemblés en chambre de l'hôtel commun de la ville et cité d'Arras le 31/12/1785.

[1001] **Lamoral Eugène François Marie** baron **DAIX** seigneur de Rémy, Essart etc fils de Louis Vaast François écuyer et Dame Marie Anne Antoinette PREVOST a récréant sa bourgeoisie et a prêté le serment ordinaire pardevant messieurs assemblés en chambre de l'hôtel commun de la ville et cité d'Arras le 31/12/1785.

[1002] 12 livres : **Jérôme Joseph Théodore BOUCRY** natif d'Hesdin fils de Charles et de Françoise Claire LEMAIRE a sur requête par lui présentée été reçu bourgeois de cette ville et cité moyennant finance de douze livres qu'il a payé au trésorier receveur et a prêté le serment ordinaire pardevant messieurs assemblés en chambre de l'hôtel commun de la ville et cité d'Arras le 31/12/1785.

[1003] gratis : **Charles Antoine François Marie Joseph LAURENT** natif du village d'Adinfer fils de Marc et de Marcelline CANDELIER a sur requête par lui présentée été reçu bourgeois de cette ville et cité gratis à la recommandation de monsieur Delepouve échevin et a prêté le serment ordinaire pardevant messieurs assemblés en chambre de l'hôtel commun de la ville et cité d'Arras le 3/1/1786.

Folio 125V :

[1004] gratis : **Nicolas Joseph QUAISIN** natif de Mons en Hainaut fils de Nicolas Joseph et d'Anne Joseph BILEZ a sur requête par lui présentée ce jourd'hui été reçu bourgeois gratis à la recommandation de monsieur Lefebvre Dubosquel échevin et a prêté le serment ordinaire pardevant messieurs en nombre ce jourd'hui en chambre de l'hôtel commun de la ville et cité d'Arras 10/1/1786.

[1005] gratis : **Charles François Marie CHAMART** natif de cette ville fils de Jean François et d'Anne Marie Véronique DUMETZ a sur requête par lui présentée été reçu bourgeois de cette ville et cité gratis à la recommandation de monsieur Grimbert et a prêté le serment ordinaire pardevant messieurs assemblés en chambre de l'hôtel commun de la ville et cité d'Arras le 13/1/1786.

[1006] gratis : **Barthélémy Joseph GONS** natif de Villers Cagnicourt fils de Jean Noël et de Marie Louise FRANQUELIN a sur requête par lui présentée été reçu bourgeois de cette ville et cité gratis à la recommandation de monsieur Daix de Rémy mayeur en exercice et a prêté le serment ordinaire pardevant messieurs assemblés en chambre de l'hôtel commun de la ville et cité d'Arras ce jourd'hui 17/1/1786.

[1007] gratis : **Jean Baptiste CAWET** natif de cette ville fils de Jacques Antoine et de Marie Françoise MOUTON a sur requête par lui présentée été reçu bourgeois gratis à la recommandation de monsieur Lallart échevin et a prêté le serment ordinaire pardevant messieurs assemblés en chambre de l'hôtel commun de la ville et cité d'Arras le 20/1/1786.

[1008] gratis : Sieur **Dominique Joseph MERCIER** fils de Jacques Louis et de Françoise

Folio 126R :

Joseph DEROME natif de cette ville a sur requête par lui présentée été reçu bourgeois de cette ville et cité gratis à la recommandation de monsieur le chevalier de Hautecloque échevin et a prêté le serment ordinaire pardevant messieurs assemblés en chambre de l'hôtel commun de la ville et cité d'Arras le 24/1/1786.

[1009] gratis : **Jean Pierre MAUGIN** natif de Villers la Montagne en Lorraine fils de Martin et de Jeanne MAUGIN a sur requête par lui présentée été reçu bourgeois gratis à la recommandation de monsieur Bayart procureur du roi sindic et a prêté le serment ordinaire pardevant messieurs assemblés en chambre de l'hôtel commun de la ville et cité d'Arras le 27/1/1786.

[1010] 12 livres : **Pierre François WAVELET** natif de Maroeuil fils de Jean Baptiste et de Marie Joseph LEQUE a sur requête par lui présentée été reçu bourgeois de cette ville et cité moyennant finance de douze livres qu'il a payé et a prêté le serment ordinaire pardevant messieurs assemblés en chambre de l'hôtel commun de la ville et cité d'Arras le 7/2/1786.

[1011] gratis : **Augustin Izidore CARRAUT** marchand brasseur en gros natif de cette ville fils de Jacques François et de Marie Marguerite CORNU a sur requête par lui présentée été reçu bourgeois de cette ville gratis à la recommandation de monsieur Duquesnoy échevin et a prêté le serment ordinaire pardevant messieurs assemblés en chambre de l'hôtel commun de la ville et cité d'Arras le 10/2/1786.

Folio 126V :

[1012] le Sieur **Albert Marie HARDUIN** natif de cette ville fils du sieur Norbert Alphonse ancien échevin de cette ville et seigneur de Groville et de Dame Guislaine Louise Julie ROUGET a récréanté sa bourgeoisie et prêté le serment ordinaire pardevant monsieur de Gouve de Nuncque avocat échevin commissaire de semaine en chambre de l'hôtel commun de la ville et cité d'Arras le 10/2/1786.

[1013] gratis : **Guislain Joseph ROCHE** natif de Berneville fils de Jean Guislain et de Marie Brigitte LEPOT a sur requête par lui présentée été reçu bourgeois de cette ville et cité gratis à la recommandation de monsieur Liborel avocat et échevin et a prêté le serment ordinaire en chambre de l'hôtel commun de la ville et cité d'Arras pardevant messieurs assemblés le 14/2/1786.

[1014] gratis : **Pierre Joseph ROUGEAU** natif de cette ville fils de Philippe Joseph et de Jeanne Scolastique BODIN a sur requête par lui présentée été reçu bourgeois gratis attendu les circonstances et a prêté le serment ordinaire pardevant messieurs en nombre en chambre de l'hôtel commun de la ville et cité d'Arras le 14/2/1786.

[1015] **Charles Philippe Joseph MIELET** natif de cette ville fils de Charles François bourgeois et d'Agnès Constance Pasque HOUPLAIN a récréanté sa bourgeoisie et prêté le serment ordinaire pardevant monsieur Lallart Delebucquière échevin commissaire de semaine en chambre de l'hôtel commun de la ville et cité d'Arras le 17/2/1786.

Folio 127R :

[1016] **Dominique CUVILIER** natif de la cité de cette ville d'Arras fils de François Ignace et de Marie Antoinette CREPIEULLE a en vertu de l'édit de 1749 portant réunion de la cité à la ville récréanté sa bourgeoisie et prêté le serment ordinaire pardevant monsieur Dupuich échevin commissaire de semaine ce jourd'hui en chambre de l'hôtel commun de la ville et cité d'Arras 20/2/1786.

[1017] 12 livres : **Louis Joseph André CORD** natif de la paroisse de Saint Castor de la ville de Nîmes fils de Louis et de Marie Anne CHALAS a sur requête par lui présentée été reçu bourgeois de cette ville et cité moyennant finance de douze livres qu'il a payé au trésorier receveur de cette ville et a prêté le serment ordinaire pardevant messieurs assemblés en nombre en chambre de l'hôtel commun de la ville et cité le 7/3/1786.

[1018] gratis : **Philippe Joseph TABARY** natif de cette ville fils de Pierre Guislain et de Marie Anne DUHAMEL a sur requête par lui présentée été reçu bourgeois de cette ville et cité gratis attendu les circonstances et a prêté le serment ordinaire pardevant messieurs assemblés en nombre en chambre de l'hôtel commun de la ville et cité d'Arras le 7/3/1786.

[1019] **Augustin Louis François CARRAUT** natif de cette ville fils d'Augustin Isidore bourgeois de cette ville et de Sabine Catherine DESPLANQUE a récréanté sa bourgeoisie et a prêté le serment ordinaire pardevant monsieur Duquesnoy échevin commissaire de semaine en chambre de l'hôtel commun de la ville et cité d'Arras ce jourd'hui 10/3/1786.

Folio 127V :

[1020] **Casimir François DELADERIERE** natif d'Avesnes le Comte fils de François et de Marie Claire LESOING a récréanté sa bourgeoisie et prêté le serment ordinaire pardevant monsieur Lefebvre du Bosquel échevin commissaire de semaine en chambre de l'hôtel commun de la ville et cité d'Arras le 21/3/1786.

[1021] gratis : **Jean François FRANCIOSI** natif de Sarzanne état de Gênes paroisse de Saint Jacques et Saint Philippe fils de Jean Augustin et de Marie Madeleine CIPOLINI a sur requête par lui présentée été reçu bourgeois de cette ville et cité gratis à la recommandation de monsieur Dupuich échevin et a prêté le serment ordinaire pardevant messieurs en nombre assemblés en chambre de l'hôtel commun de la ville et cité d'Arras le 21/3/1786.

[1022] 12 livres : **Pierre CATTEZ** natif de Saint Laurent lez Arras fils d'Antoine François et de Marie Elisabeth HUMEZ a sur requête par lui présentée ce jourd'hui été reçu bourgeois de cette ville et cité moyennant finance de douze livres qu'il a payé au trésorier receveur de cette ville et cité et a prêté le serment ordinaire pardevant messieurs en nombre en chambre de l'hôtel commun de ladite ville et cité d'Arras ce jourd'hui 28/3/1786.

[1023] 12 livres : **Jacques Joseph DEPIENNE** natif de Saint Martin Dohain fils d' Jean et de Marie Claire DESISY a sur requête par lui présentée été reçu bourgeois de cette ville et cité moyennant finance de douze livres qu'il a payé au trésorier receveur et a prêté le serment ordinaire pardevant messieurs en nombre en chambre de l'hôtel commun de la ville et cité d'Arras ce jourd'hui 31/3/1786.

Folio 128R :

[1024] 12 livres : **Pierre Guislain Joseph DISTINGUIN** natif d'Achicourt fils d'Adrien François et de Marie Anne Joseph LEGRAND a sur requête par lui présentée ce jourd'hui été reçu bourgeois de cette ville et cité moyennant finance de douze livres qu'il a payé au trésorier receveur et a prêté le serment ordinaire pardevant messieurs en nombre en chambre de l'hôtel commun de la ville et cité d'Arras ce 31/3/1786.

[1025] 12 livres : **François Joseph WACHE** natif d'Achicourt fils de Henry et de Marie Joseph BIENFAIT a sur requête par lui présentée été reçu bourgeois de cette ville et cité moyennant finance de douze livres qu'il a payé au trésorier receveur et a prêté le serment ordinaire pardevant messieurs assemblés ce 31/3/1786.

[1026] 12 livres : **Bernard BAILLIEUL** natif du bourg d'Avesnes le Comte fils de Bernard et de Marie Claire GRINCOURT a sur requête par lui présentée été reçu bourgeois de cette ville et cité moyennant finance de douze livres qu'il a payé au trésorier receveur et a prêté le serment ordinaire pardevant messieurs assemblés en chambre de l'hôtel commun de la ville et cité d'Arras le 4/4/1786.

[1027] gratis : **Pierre Dominique RUMAUX** natif de cette ville fils de Pierre François et de Marie Augustine COLET a sur requête par lui présentée ce jourd'hui été reçu bourgeois de cette cité ville gratis attendu les circonstances et a prêté le serment ordinaire pardevant messieurs en nombre en chambre de l'hôtel commun de la ville et cité d'Arras ce jourd'hui 11/4/1786.

[1028] **Benoît Guislain Joseph LEMAIRE** natif de cette ville fils de Nicolas Mathias bourgeois et de Marie Madeleine DEVAUT a récréanté sa bourgeoisie et prêté le serment ordinaire pardevant monsieur Delepouve avocat et échevin commissaire en chambre de l'hôtel commun de la ville et cité d'Arras ce 11/4/1786.

Folio 128V :

[1029] **Louis Joseph Mathias LEMAIRE** natif de cette ville fils de Nicolas Mathias bourgeois et de Marie Madeleine DEVAUT a récréanté sa bourgeoisie et prêté serment ordinaire pardevant monsieur Delepouve avocat et échevin commissaire de semaine en chambre de l'hôtel commun de la ville et cité d'Arras ce 11/4/1786.

[1030] **Antoine Joseph BLONDEL** natif de cette ville fils d'Antoine François bourgeois et Marie Jeanne GRISART a récréanté sa bourgeoisie et prêté le serment ordinaire pardevant monsieur Degouve de Nuncque avocat et échevin de cette ville et cité en chambre de l'hôtel commun de la ville et cité d'Arras ce 21/4/1786.

[1031] **Ange François Théodore DUMOTIES** fils de Jean Baptiste bourgeois et d'Anne Joseph Aubertine DRIANCOURT a récréanté sa bourgeoisie et prêté le serment ordinaire pardevant monsieur Degouve de Nuncque avocat et échevin commissaire de semaine en chambre de l'hôtel commun de la ville et cité d'Arras ce 22/4/1786.

[1032] 12 livres : **Jean Guislain CASTELAIN** natif de Fampoux fils de Jean Laurent et de Marie Catherine DEMOULIN a sur requête par lui présentée été reçu bourgeois moyennant finance de douze livres qu'il a payé au trésorier receveur de cette ville et cité et prêté le serment ordinaire pardevant messieurs assemblés en chambre de l'hôtel commun de la ville et cité d'Arras le 25/4/1786.

[1033] 12 livres : **Paul Gillebert VALLET** natif du faubourg de Saint Sauveur fils de Dominique et de Marie Jeanne DUPUICH a sur requête par lui présentée été reçu bourgeois moyennant finance de douze livres qu'il a payé au trésorier receveur et a prêté le serment ordinaire pardevant messieurs assemblés en chambre de l'hôtel commun de la ville et cité d'Arras le 28/4/1786.

Folio 129R :

[1034] **Louis François Joseph MERCIER** natif de la cité de cette ville fils de Louis Joseph bourgeois et d'Anne Joseph DHEE a en vertu de la réunion récréanté sa bourgeoisie et prêté le serment ordinaire pardevant monsieur Dupuich échevin commissaire de semaine en chambre de l'hôtel commun de la ville et cité d'Arras ce jourd'hui 2/5/1786.

[1035] **Félix Dominique Joseph LEMAIRE** natif de cette ville fils de François Félix bourgeois de cette ville et de Marie Marguerite Joseph PLESSIS a récréanté sa bourgeoisie et prêté le serment ordinaire pardevant monsieur Dupuich échevin commissaire de semaine en chambre de l'hôtel commun de la ville et cité d'Arras ce 5/5/1786.

[1036] gratis : **Jérôme LEMAIRE** natif de Saint Eloy fils de Jean Baptiste et de Marie Marthe DOUTREMEPUICH a sur requête par lui présentée été reçu bourgeois de cette ville gratis attendu les circonstances et a prêté le serment ordinaire pardevant messieurs en nombre en chambre de l'hôtel commun de la ville et cité d'Arras ce jourd'hui 5/5/1786.

[1037] gratis : **Philippe Joseph GUILMANT** natif de Richebourg fils de Jean et de Marie Anne LEFORT a sur requête par lui présentée été reçu bourgeois gratis à la recommandation de monsieur Boniface trésorier receveur et a prêté le serment ordinaire pardevant messieurs en nombre en chambre de l'hôtel commun de la ville et cité d'Arras ce jourd'hui 5/5/1786.

[1038] **François Xavier Joseph LIBERSALLE** natif de cette ville fils de Pierre Bernard bourgeois et sergent à verges de cette ville et de Marie Louise Joseph DELAVALLE a récréanté sa bourgeoisie et prêté le serment ordinaire pardevant monsieur Dupuich échevin commissaire de semaine en chambre de l'hôtel commun de la ville et cité d'Arras ce jourd'hui 6/5/1786.

Folio 129V :

[1039] Maître **Pierre Joseph WILLEMETZ** natif de cette ville avocat au conseil d'Artois, écuyer secrétaire du roi maison et couronne de France en la chancellerie établie près le conseil d'Artois fils de maître Pierre Joseph licencié en médecine et de

Demoiselle Marie Alexandrine CAYET a récréanté sa bourgeoisie et prêté le serment ordinaire pardevant monsieur Lallart échevin commissaire de semaine en chambre de l'hôtel commun de la ville et cité d'Arras le 8/5/1786.

[1040] **Melchior Hyacinte SOUILLART** natif de cette ville fils d'Ambroise bourgeois et d'Eulalie Constance Thérèse PROUILLE a récréanté sa bourgeoisie et prêté le serment ordinaire pardevant monsieur Lallart échevin commissaire de semaine en chambre de l'hôtel commun de la ville et cité d'Arras le 9/5/1786.

[1041] **Jacques Joseph ACCART** natif de cette ville fils de François bourgeois et de Marie Thérèse LAVENU a récréanté sa bourgeoisie et prêté le serment ordinaire pardevant monsieur Lallart échevin commissaire de semaine en chambre de l'hôtel commun de la ville et cité d'Arras le 10/5/1786.

[1042] 12 livres : **Jean François CARAL** natif du duché d'Alost fils de Martin et de Marie Antoinette BATAILLON a sur requête par lui présentée été reçu bourgeois de cette ville et cité moyennant douze livres qu'il a payé au trésorier receveur et a prêté le serment ordinaire pardevant messieurs en nombre en chambre de l'hôtel commun de la ville et cité d'Arras le 12/5/1786.

Folio 130R :

[1043][1044] **Charles Dominique Joseph** et **Jean Chrisostome Boniface LEMAIRE** natif de cette ville fils de Pierre Dominique et d'Anne Claire MOREL ont récréanté leur bourgeoisie et prêté le serment ordinaire pardevant monsieur Duquesnoy échevin commissaire de semaine en chambre de l'hôtel commun de la ville et cité d'Arras le 16/5/1786.

[1045] **Pierre François Joseph BACQUET** natif de cette ville fils de Benoît bourgeois et de Marie Anne HARDUIN a récréanté sa bourgeoisie et prêté le serment ordinaire pardevant monsieur le chevalier de Hauteclocque échevin commissaire de semaine en chambre de l'hôtel commun de la ville et cité d'Arras ce jourd'hui 21/5/1786.

[1046] gratis : **François Joseph DEBRET** natif d'Houvin fils de Guislain et de Marie Catherine POULAIN a sur requête par lui présentée été reçu bourgeois de cette ville et cité gratis à la recommandation de monsieur Lallart Delebucquière échevin et a prêté le serment ordinaire pardevant messieurs assemblés en chambre de l'hôtel commun ce jourd'hui 23/5/1786.

[1047] 6 livres : **Joseph Marie HURET** fils de Jean Mathias et de Joseph DAVRINGE a été reçu bourgeois moyennant finance de six livres et a prêté le serment le 23/5/1786.

[1048] **Pierre François Joseph BERTIN** natif de cette ville fils d'Antoine François Marie et de Marie Louise Joseph PLOUVIER a récréanté sa bourgeoisie et prêté le serment ordinaire pardevant monsieur le chevalier de Hauteclocque échevin commissaire de semaine en chambre ce jourd'hui 24/5/1786.

[1049] **Joseph Constantin DUBUS** natif de la cité de cette ville fils de Jean François et de Sabine JACQUEMONT a en vertu de l'édit de réunion de 1749 récréanté sa bourgeoisie et prêté le serment ordinaire pardevant monsieur de Hauteclocque échevin commissaire de semaine en chambre de l'hôtel commun de la ville et cité d'Arras ce 26/5/1786.

Folio 130V :

[1050] **Amable Philippe Joseph LEPRAITRE** natif de cette ville fils de Philippe Martin LEPRAITRE bourgeois et de feue Marie Madeleine COEUGNET a récréanté sa bourgeoisie et a prêté le serment ordinaire pardevant monsieur Lefebvre Dubosquel échevin commissaire de semaine en chambre ce jourd'hui 30/5/1786.

[1051] 12 livres : **Pierre Philippe PORION** natif de Rebreuviette sur Canche fils de Jean Baptiste et de Marie Rose OBRY a sur requête par lui présentée été reçu bourgeois de cette ville et cité moyennant finance de douze livres qu'il a payé au trésorier receveur de cette ville et a prêté le serment ordinaire pardevant messieurs assemblés en chambre de l'hôtel commun de la ville et cité d'Arras le 30/5/1786.

[1052] **Charles Philippe HOULIER** natif de la cité de cette ville fils de Charles Noël et de Marie Catherine DELATRE a récréanté sa bourgeoisie et prêté le serment ordinaire pardevant monsieur Delegorgue avocat échevin commissaire de semaine en chambre de l'hôtel commun de la ville et cité d'Arras le 9/6/1786.

[1053] gratis : **Gratien GRATZIANI** natif de l'Isle de Corse paroisse de Saint Quirin diocèse Marianeu fils de Modeste et de Marie Jérosme COLOMBANI a sur requête par lui présentée ce jourd'hui été reçu bourgeois de cette ville et cité gratis en égard à ses talents et prêté le serment pardevant messieurs assemblés en chambre de l'hôtel commun de la ville et cité d'Arras le 9/6/1786.

[1054] **Augustin Nicolas Joseph DUBOIS** natif de cette ville fils de Nicolas Fosse et de Marie Anne Thérèse LHOMME a récréanté sa bourgeoisie et a prêté le serment ordinaire pardevant monsieur Delegorgue avocat et échevin commissaire de semaine en chambre ce jourd'hui 10/6/1786.

Folio 131R :

[1055] 6 livres : **Nicolas Antoine PROUILLE** natif de cette ville fils d'Etienne bourgeois et de Marie Louise BRASSART a sur requête par lui présentée été relevé de l'omission d'avoir récréanté sa bourgeoisie avant son mariage moyennant finance de six livres qu'il a payé au trésorier receveur de cette ville et cité et a prêté le serment ordinaire pardevant messieurs assemblés en chambre de l'hôtel commun de la ville et cité ce 20/6/1786.

[1056] **Hipolite DELADERRIERE** avocat fils de Jean Baptiste bourgeois et de Marie Barbe LAGNIER a récréanté sa bourgeoisie et prêté le serment ordinaire pardevant monsieur Delepouve avocat et échevin commissaire de semaine en chambre de l'hôtel commun de la ville et cité d'Arras ce jourd'hui 21/6/1786.

[1057] **Pierre François BOVET** natif de Saint Nicolas en Meaulens lez Arras fils de Pierre François bourgeois de cette ville et de Jeanne Louise LEFEBVRE a récréanté sa bourgeoisie et prêté le serment ordinaire pardevant monsieur Delepouve avocat et échevin le 23/6/1786.

[1058] 6 livres : **Aldegonde Joseph DERUELLE** native de la ville de Saint Pol fille de Jean et d'Agnès CREPIN a sur requête par elle présentée ce jourd'hui été reçue bourgeoise de cette ville et cité moyennant finance de six livres qu'elle a payé au trésorier receveur et a prêté le serment ordinaire pardevant messieurs en nombre en chambre de l'hôtel commun de la ville et cité d'Arras ce 27/6/1786.

[1059] **Jacques Joseph VERMEIL** natif de cette ville fils de Jean Baptiste bourgeois et de Jeanne Françoise VOTURIER a récréanté sa bourgeoisie et prêté le serment ordinaire pardevant monsieur Dupuich échevin commissaire de semaine en chambre ce 10/7/1786.

<u>Folio 131V :</u>

[1060] **Louis Etienne Joseph LANGUEBIEN** natif de cette ville fils de Louis François Joseph bourgeois et Delphine Natalie CATELAIN a récréanté sa bourgeoisie et prêté le serment ordinaire pardevant monsieur Lallart échevin commissaire de semaine en chambre ce jourd'hui 17/7/1786.

[1061] 12 livres : le Sieur **Nicolas Antoine HURET** natif de cette ville fils de Venant Louis et de Jeanne Dominique DEMIAUT a sur requête par lui présentée été relevé de l'omission d'avoir récréanté sa bourgeoisie avant se marier moyennant finance de douze livres qu'il a payé au trésorier receveur de cette ville et cité et a prêté le serment ordinaire pardevant messieurs assemblé en chambre de l'hôtel commun ce jourd'hui 21/7/1786.

[1062] 12 livres : **Antoine Félix LHOMME** natif d'Achicourt fils de Jean François et de Marie Barbe COURDAT a sur requête par lui présentée été reçu bourgeois moyennant finance de douze livres qu'il a payé au trésorier receveur et a prêté le serment ordinaire pardevant messieurs assemblés en chambre ce jourd'hui 26/7/1786.

[1063] 12 livres : **Antoine Joseph PRANGER** fils de Guislain Noël et de Jeanne Catherine PARMENTIER natif de Chérisy a sur requête par lui présentée été reçu bourgeois moyennant la somme de douze livres qu'il a payé au trésorier receveur de cette ville et cité et a prêté le serment ordinaire pardevant messieurs en nombre en chambre ce jourd'hui 26/7/1786.

[1064] **François Joseph COLLIN** natif de cette ville fils de Jean Baptiste Crisostome bourgeois et de Marie Monique DESPREZ a récréanté sa bourgeoisie et prêté le serment ordinaire pardevant monsieur Lallart Delebucquière échevin commissaire de semaine ce jourd'hui 4/8/1786.

<u>Folio 132R :</u>

[1065] **Charles Guislain Constant DESFONTAINE** fils de Charles Etienne bourgeois de cette ville fils et de Constance Pacifique OBRY a récréanté sa bourgeoisie et prêté le serment ordinaire pardevant monsieur Lallart Delebucquière échevin commissaire de semaine en chambre ce jourd'hui 4/8/1786.

[1066] 12 livres : **Louis Joseph ELOY** natif du faubourg de Ronville paroisse d'Achicourt fils de Jean Pierre et de Marie Marguerite THERY a sur requête par lui présentée été reçu bourgeois de cette ville et cité moyennant finance de douze livres qu'il a payé au trésorier receveur de cette ville et a prêté le serment ordinaire pardevant messieurs en chambre ce jourd'hui 8/8/1786.

[1067] 12 livres : **Benoist Joseph PESÉ** natif de cette ville fils de Nicolas Joseph Xavier et de Guislaine Joseph GUILLEMAN a sur requête par lui présentée été reçu bourgeois de cette ville et cité moyennant finance de douze livres qu'il a payé au trésorier receveur et a prêté le serment ordinaire pardevant messieurs en nombre en chambre de l'hôtel commun de la ville et cité d'Arras le 8/8/1786.

[1068] **Jean Baptiste Joseph Philibert BOSSU** natif de cette ville fils de maître Jean Baptiste notaire de cette ville bourgeois et de Marie Anne Joseph Rosalie CAPPY a récréanté sa bourgeoisie et prêté le serment ordinaire pardevant monsieur Lallart échevin commissaire de semaine en chambre de l'hôtel commun de la ville et cité d'Arras ce jourd'hui 11/8/1766.

<u>Folio 132V :</u>

[1069] 18 livres : **Dominique CAVALLY** natif d'Ajaccio en Corse fils de Philippe Antoine et de Laurence Marie OBERTI a sur requête par lui présentée ce jourd'hui été reçu bourgeois en cette ville et cité moyennant finance de dix-huit livres qu'il a payé au trésorier receveur et a prêté le serment ordinaire pardevant messieurs en nombre en chambre de l'hôtel commun ce 22/8/1786.

[1070] **François Félix BOUDRINGHEM** natif de cette ville fils de Félix Léonard bourgeois de cette ville et de Marie Joseph Victoire DOURDIN a récréanté sa bourgeoisie et prêté le serment ordinaire pardevant monsieur Liborel avocat et échevin commissaire de semaine en chambre ce jourd'hui 22/8/1786.

[1071] **Jean Guislain ROGIER** natif de la cité fils de Joseph Lambert et de Marie Barbe Philippe ROHANT a récréanté sa bourgeoisie en vertu de l'édit d'union de la cité à la ville et a prêté le serment ordinaire pardevant monsieur Delepouve avocat et échevin commissaire de semaine ce jourd'hui 28/8/1786.

[1072] 12 livres : **Régis Joseph OUDART** natif de la paroisse de Genech diocèse de Tournai fils de Jean Baptiste et de Marie Placide MORTREUX a sur requête par lui présentée été reçu bourgeois moyennant finance de douze livres qu'il a payé au trésorier receveur de cette ville et cité et a prêté le serment ordinaire pardevant messieurs en nombre en chambre de l'hôtel commun de la ville et cité d'Arras le 26/9/1786.

[1073] **André Fidel Joseph NEVEUX** natif de Saint Nicolas en Lattre de la cité de cette ville fils de Nicolas François Joseph et de Marie Barbe HALOT a récréanté sa bourgeoisie et prêté le serment ordinaire pardevant monsieur Duquesnoy échevin commissaire de semaine en chambre ce jourd'hui 2/10/1786.

[1074] 18 livres : **Dominique Célestin GRENIER** natif d'Avesnes le Comte fils de Louis et de Marie Jeanne CONDET a été reçu bourgeois moyennant finance 18 livres et prêté le serment le 3/10/1786.

Folio 133R :

[1075] 12 livres : **Antoine VAAST** fils de [ ] a été reçu bourgeois moyennant finance de douze livres et a prêté le serment le 3/10/1786.

[1076] 6 livres : **Pierre Joseph CORNU** natif de cette ville fils de Jean Baptiste bourgeois et de Marie Anne LEPETIT a sur requête par lui présentée ce jourd'hui été relevé de l'omission d'avoir récréanté sa bourgeoisie avant son mariage moyennant finance de six livres qu'il a payé au trésorier receveur de cette dite ville et cité et a prêté le serment ordinaire pardevant messieurs assemblés en chambre ce 6/10/1786.

[1077] **Alexis Dominique Florentin BASTRE** natif de cette ville fils de Jean Dominique bourgeois et de Marie Jeanne Thérèse DALAIN a récréanté sa bourgeoisie et prêté le serment ordinaire pardevant monsieur Duquesnoy échevin commissaire de semaine en chambre ce jourd'hui 6/10/1786.

[1078] **Jean Pierre Brégulat DELESTRE** natif de cette ville fils de Joseph Guillaume DELESTRE et de Jeanne DRUGY a récréanté sa bourgeoisie et prêté le serment ordinaire pardevant monsieur Delebucquière échevin commissaire de semaine ce jourd'hui 16/10/1786.

[1079] **Antoine Joseph François MATHIEU** natif de la paroisse d'Elouge fils de Pierre Joseph bourgeois de cette ville et de Marie Joseph RAU a récréanté sa bourgeoisie et prêté le serment ordinaire pardevant monsieur Delegorgue échevin commissaire de semaine ce jourd'hui 23/10/1786.

[1080] 3 livres : **Antoine Joseph QUINGNART** natif de cette ville fils de Jean Baptiste bourgeois et de Marie Angélique Monique DELAVALLEE a sur requête par lui présentée été admis à récréanter sa bourgeoisie par omission de l'avoir fait avant son mariage moyennant finance de trois livres qu'il a payé au trésorier receveur et a prêté le serment ordinaire pardevant messieurs assemblés en chambre ce jourd'hui 24/10/1786.

[1081] **Nicolas Antoine NOEL** natif de cette ville fils de Claude Robert et de Marie Isabelle LIEBERT a sur requête par lui présentée ce jourd'hui été reçu bourgeois de cette ville et cité à la recommandation de maître Delegorgue avocat et a prêté le serment pardevant messieurs en nombre ce jourd'hui 27/10/1786.

Folio 133V :

[1082] 24 livres : **Jacques Michel Joseph DUVIVIER** natif de la ville de Tournai fils de Pierre Joseph et de Jeanne Joseph DUBOIS a sur requête présentée ce jourd'hui été reçu bourgeois de cette ville et cité moyennant finance de vingt-quatre livres qu'il a payés au trésorier receveur de cette ville et a prêté le serment ordinaire pardevant messieurs en nombre en chambre de l'hôtel commun ce jourd'hui 27/10/1786.

[1083] **Louis Joseph DANELLE** natif de cette ville fils de Joseph bourgeois et de Jeanne Catherine RIDDER a récréanté sa bourgeoisie et prêté le serment ordinaire pardevant maître Delegorgue avocat et échevin commissaire de semaine en chambre ce jourd'hui 28/10/1786.

[1084] **Charles Louis François LAVALLE** fils de Charles François bourgeois de cette ville a récréanté sa bourgeoisie et prêté le serment ordinaire pardevant monsieur de Gouve de Nuncque avocat et échevin commissaire de semaine en chambre ce jourd'hui 2/11/1786.

[1085] Messire **François Marie DE PARTZ** natif de la paroisse de Saint Georges de la ville d'Abbeville fils de Messire Ambroise Emmanuel Antoine DE PARTZ chevalier marquis d'Equierre et de haute et puissante Dame Marie Marguerite DEFONTAINES Dame de Corneout ses père et mère et bourgeois de cette ville a récréanté sa bourgeoisie et prêté le serment ordinaire es mains de maître Delepouve avocat et échevin commissaire de semaine en chambre ce jourd'hui 14/11/1786.

Folio 134R :

[1086] **Jean Pierre DAMIENS** natif de cette ville fils de Jean Baptiste et de Marie Claire CAPRON a récréanté sa bourgeoisie et prêté le serment ordinaire pardevant monsieur Delepouve avocat et échevin commissaire de semaine en chambre ce jourd'hui 17/11/1786.

[1087] 12 livres : **Pierre Joseph QUIGNON** natif de Saint Aubin lez Anzin fils de Jean Philippe et de Marie Elisabeth BROUTIN a sur requête par lui présentée ce jourd'hui été reçu bourgeois de cette ville et cité moyennant finance de douze livres qu'il a payé au trésorier receveur de cette ville et a prêté le serment ordinaire pardevant messieurs en nombre en chambre ce jourd'hui 17/11/1786.

[1088] 12 livres : **François FAVRE** natif de Savoie fils de Jean Maurice et de Jeanne Marie RULLIEZ a sur requête par lui présentée été reçu bourgeois de cette ville et cité moyennant la finance de douze livres qu'il a payé au receveur et a prêté le serment ordinaire pardevant messieurs en nombre en chambre de l'hôtel commun de la ville et cité d'Arras le 24/11/1786.

[1089] 12 livres : **Pierre Joseph SIBEL** natif d'Aire fils de Pierre François et de Marie Anne Joseph FOURNIER a sur requête par lui présentée été reçu bourgeois de cette ville et cité moyennant finance de douze livre qu'il a payé au trésorier receveur et a prêté le serment ordinaire pardevant messieurs en nombre en chambre de l'hôtel commun de la ville et cité d'Arras le 28/11/1786.

[1090] 18 livres : **Nicolas Joseph DANIEAU** natif de Gouy sous Bellonne fils de Nicolas et de Marie Rose DELIGNY a sur requête par lui présentée ce jourd'hui été reçu bourgeois de cette ville et cité moyennant finance de dix-huit livres qu'il a payé au trésorier receveur et a prêté le serment ordinaire pardevant messieurs en nombre en chambre de l'hôtel commun de la ville et cité d'Arras le 1/12/1786.

Folio 134V :

[1091] 12 livres : **Pierre Joseph DUCATEZ** natif de Saint Aubin lez cette ville fils de Guillaume et de Marie Jacqueline DESSEINGE a sur requête par lui présentée été reçu bourgeois de cette ville et cité et prêté le serment ordinaire après avoir payé pour finance la somme de douze livres es mains du trésorier receveur fait en chambre de l'hôtel commun de la ville et cité d'Arras le 12/12/1786.

[1092] 12 livres : **François Joseph LEHECQ** natif de Maroeuil lez cette ville fils d'Etienne et de Jeanne Marguerite CAGIN a sur requête par lui présentée été reçu bourgeois de cette ville et cité moyennant finance de douze livres et a prêté le serment ordinaire pardevant messieurs assemblés en chambre de l'hôtel commun de la ville et cité d'Arras le 15/11/1786.

[1093] **Xavier Joseph DACHEZ** natif de cette ville fils de Jean Joseph bourgeois et de Catherine NOEL a récréanté sa bourgeoisie et prêté le serment ordinaire pardevant monsieur Lefebvre Dubosquel échevin commissaire de semaine en chambre ce jourd'hui 28/12/1786.

[1094] **Romain Constant Joseph DACHEZ** natif de cette ville fils de Jean Joseph bourgeois et de Catherine NOEL a récréanté sa bourgeoisie et prêté le serment ordinaire pardevant monsieur Lefebvre Dubosquel échevin en chambre ce jourd'hui 28/12/1786.

[1095] **Albert Adrien Joseph GILLET** natif de cette ville fils d'Adrien bourgeois de cette ville et de Marie Isabelle LANGLOY a récréanté sa bourgeoisie et a prêté le serment ordinaire pardevant monsieur de Hautecloque échevin commissaire de semaine en chambre ce jourd'hui 2/1/1787.

Folio 135R :

[1096] gratis : **Charles Louis FROMENTINE** natif de cette ville fils de Jacques Joseph et de Marie Catherine ROUSSEL a sur requête par lui présentée été reçu bourgeois de cette ville et cité gratis à la recommandation de monsieur Delepouve avocat et échevin et prêté le serment ordinaire pardevant messieurs assemblés en chambre de l'hôtel commun de la ville et cité d'Arras le 2/1/1787.

[1097] 12 livres : **André VEDEUX** fils de Jean Baptiste et de Marie Joseph DELATTRE natif de la paroisse de Cagnicourt a sur requête par lui présentée été reçu bourgeois de cette ville et cité moyennant finance de douze livres qu'il a payé au trésorier receveur et a prêté le serment ordinaire pardevant messieurs assemblés en chambre de l'hôtel commun de la ville et cité d'Arras le 2/1/1787.

[1098] gratis : **Ferdinand Marie Antoine DUBOIS DE HOVES** écuyer seigneur de Fosseux fils du sieur Philippe Ferdinand aussi écuyer seigneur de Fosseux a été reçu bourgeois de cette ville et cité gratis attendu sa nomination à l'échevinage et prêté le serment ordinaire pardevant messieurs assemblé en chambre de l'hôtel commun de la ville et cité ce jourd'hui 31/12/1786.

[1099] **Michel Zacharie Joseph DERANSART** natif de cette ville fils d'Antoine Robert bourgeois et de Marie Madeleine Joseph LOURDEL a récréanté sa bourgeoisie et prêté le serment ordinaire pardevant monsieur le chevalier de Hauteclocque échevin commissaire de semaine en chambre ce 5/1/1787.

[1100] 12 livres : **Augustin François Joseph PLANQUETTE** natif du faubourg Sainte Catherine en Meaulens fils d'Augustin François Druon et de Marie Antoinette CAPRON a été reçu bourgeois de cette ville et cité moyennant finance de douze livres qu'il a payé au trésorier receveur et a prêté le serment ordinaire pardevant messieurs en nombre en chambre de l'hôtel commun le 5/12/1786.

Folio 135V :

[1101] gratis : **Félix BOUDRINGHEM** natif de la paroisse de Saint Laurent lez Arras fils de Marie Louise BOUDRINGHEM a sur requête par lui présentée ce jourd'hui été reçu bourgeois de cette ville et cité gratis à la recommandation de monsieur Bayart procureur du roi et a prêté le serment ordinaire pardevant messieurs assemblés ce jourd'hui 5/1/1787.

[1102] gratis : **Nicolas LEMAIRE** natif de Beaumetz lez Loges fils de Philippe Ignace et de Marie Angélique MONPETIT a sur requête par lui présentée ce jourd'hui été reçu bourgeois gratis à la recommandation de monsieur le chevalier de Hauteclocque échevin en exercice et a prêté le serment ordinaire pardevant messieurs assemblés en chambre ce jourd'hui 5/1/1787.

[1103] **Constant Joseph BLERY** fils de maître Pierre Antoine Joseph procureur au Conseil d'Artois et de Demoiselle Marie Françoise Guislaine COURCOL a récréanté sa bourgeoisie et a prêté le serment ordinaire pardevant monsieur Dubois de Hoves écuyer seigneur de Fosseux échevin commissaire de semaine ce jourd'hui 8/1/1787.

[1104] gratis : **Hubert Fidel DESAILLY** natif du village de Bavincourt fils de Jean Philippe et d'Anne Joseph BRASSART a sur requête par lui présentée ce jourd'hui été reçu bourgeois de cette ville et cité gratis à la recommandation de monsieur Gosse de Dostrel avocat et échevin en exercice et a prêté le serment pardevant messieurs en nombre en chambre ce jourd'hui 8/1/1787.

Folio 136R :

[1105] gratis : **Pierre Augustin LOIR** natif du village de Willerval fils de Jacques Antoine et de Marie Louise DUBOIS a sur requête par lui présentée été reçu bourgeois gratis à la recommandation de monsieur Dupuich échevin en exercice et a prêté le serment ordinaire pardevant messieurs en nombre en chambre ce jourd'hui 9/1/1787.

[1106] **Benoît François Joseph LEMAIRE** natif de cette ville fils de François et de Françoise DESPLANQUES bourgeois de cette ville lequel a récréanté sa bourgeoisie et prêté le serment ordinaire pardevant monsieur Dubois de Fosseux commissaire de semaine ce jourd'hui 10/1/1787.

[1107] gratis : **Jean Baptiste CUVILLIER** natif de Simencourt fils de Pierre Guislain et de Marie Jeanne DESPRET a sur requête par lui présentée ce jourd'hui été reçu bourgeois gratis à la recommandation de monsieur Dupuich ci-devant échevin et a prêté le serment ordinaire pardevant messieurs en nombre en chambre ce 12/1/1787.

[1108] **Pierre Antoine TISON** natif du village de Beaufort fils d'Antoine et de Marie Rose PIERRON a sur requête par lui présentée ce jourd'hui été reçu bourgeois de cette ville et cité moyennant finance de six livres qu'il a payé au trésorier receveur et a prêté le serment ordinaire pardevant messieurs en nombre en chambre ce 12/1/1787.

[1109] gratis : **Pierre Michel VAST** natif de Simencourt fils de Jacques Philippe et de Marie Barbe FOURMEAUX a sur requête par lui présentée ce jourd'hui été reçu bourgeois gratis à la recommandation de monsieur Daix mayeur et a prêté le serment ordinaire pardevant messieurs en nombre en chambre ce 12/1/1787.

Folio 136V :

[1110] gratis : **François Xavier DELORY** natif du village de Berles lez Aubigny fils d'André et de Marie Elisabeth BELLEVRE a sur requête par lui présentée ce jourd'hui été reçu bourgeois gratis à la recommandation de monsieur Dubois de Fosseux échevin en exercice et a prêté le serment ordinaire pardevant messieurs assemblés en chambre ce 12/1/1787.

[1111] gratis : **Louis Joseph TAVERNIER** natif d'Athies fils de Jean Baptiste et de Marie Anne Joseph CRESPELLE a sur requête par lui présentée été reçu bourgeois de cette ville et cité gratis à la recommandation de monsieur Delegorgue avocat et échevin et a prêté le serment ordinaire pardevant messieurs assemblés en chambre le 19/1/1787.

[1112] gratis : **Joseph BEAUQUI** natif de la cité de cette ville fils de Joseph et de Madeleine GAYET a sur requête par lui présentée été reçu bourgeois de cette ville et cité gratis attendu les circonstances et a prêté le serment ordinaire pardevant messieurs assemblés en chambre le 19/1/1787.

[1113] gratis : **Théodore LEFEBVRE** natif du village de Béthonsart fils de Jean Baptiste et Marie Dominique GODART a sur requête par lui présentée été reçu bourgeois gratis à la recommandation de monsieur Lallart de Berlette échevin en exercice et a prêté le serment ordinaire pardevant messieurs assemblés en chambre de l'hôtel commun le 23/1/1787.

[1114] gratis : **Pierre Philippe HUBERT** orphelin natif de cette ville fils de Pierre François et de Marie Brigitte Scolastique LIEVRE a sur requête par lui présentée été reçu bourgeois de cette ville et cité gratis attendu les circonstances et a prêté le serment ordinaire pardevant messieurs assemblés en chambre de l'hôtel commun de la ville et cité d'Arras le 23/1/1787.

Folio 137R :

[1115] **Stanislas François Joseph DEPRÉ** natif de cette ville fils d'Amand Fidel Joseph bourgeois et maître sellier et de Catherine Joseph Félicité LENGRENE ses père et mère a récréanté sa bourgeoisie et prêté le serment ordinaire pardevant monsieur Delegorgue avocat et échevin commissaire de semaine en chambre ce jourd'hui 25/1/1787.

[1116] 12 livres : **Charles Joseph GUIOT** natif du village de Simencourt fils de Jean Guislain et d'Isabelle Joseph MAYEUR a sur requête par lui présentée été reçu bourgeois de cette ville et cité moyennant finance de douze livres qu'il a payé au trésorier receveur et a prêté le serment ordinaire pardevant messieurs assemblés en chambre de l'hôtel commun de la ville et cité d'Arras le 26/1/1787.

[1117] gratis : **François PIANT** fils de Laurent et de Marie Marguerite DESTOUCHES natif de Chartres en Beauce jardinier en cette ville a sur requête par lui présentée été reçu bourgeois de cette ville et cité gratis à la recommandation de monsieur Dupuich échevin en exercice et a prêté le serment ordinaire pardevant messieurs assemblés en chambre de l'hôtel commun de la ville et cité d'Arras le 26/1/1787.

[1118] **Pierre François Joseph SALMON** natif de la cité de cette ville fils de Jean François Joseph et d'Aldegonde CLOQUETEUR a récréanté sa bourgeoisie en vertu de l'édit de réunion de la ville de 1749 et a prêté le serment ordinaire es mains de monsieur Lefebvre avocat en chambre le 29/1/1787.

Folio 137V :

[1119] **Luc Fleury Joseph BOURY** natif de cette ville fils de Luc Fleury bourgeois et de Brigitte Joseph RENAUT a récréanté sa bourgeoisie et a prêté le serment ordinaire pardevant monsieur Lefebvre Duprez avocat et échevin commissaire de semaine en chambre ce 31/1/1787.

[1120] **Jacques François Joseph VASSEUR** natif de cette ville fils de Jean François bourgeois et de Françoise DELAPLACE ses père et mère a récréanté sa bourgeoisie et prêté le serment ordinaire pardevant monsieur Lefebvre avocat et échevin commissaire de semaine ce jourd'hui 1/2/1787.

[1121] **Philippe Dominique Joseph DEGOUA** natif de la cité fils de Pierre Dominique et d'Anne MARTIN ses père et mère a récréanté sa bourgeoisie en vertu de l'édit portant réunion de la cité de 1749 et a prêté le serment ordinaire pardevant monsieur Lefebvre avocat et échevin commissaire de semaine ce jourd'hui 1/2/1787.

[1122] **Jean Baptiste Guislain MANCHON** natif de cette ville fils de Pierre Norbert bourgeois de cette ville et de Marie Valentine BEUGHIN ses père et mère a récréanté sa bourgeoisie et prêté le serment ordinaire pardevant monsieur Delpouve avocat et échevin commissaire de semaine ce jourd'hui 7/2/1787.

Folio 138R :

[1123] **Pierre Joseph GALAND** natif de cette ville fils de Pierre François bourgeois de cette ville et de Marie Anne MINART ses père et mère a récréanté sa bourgeoisie et prêté le serment ordinaire pardevant monsieur Dubois de Fosseux échevin commissaire de semaine ce jourd'hui 12/2/1787.

[1124] **Xavier Joseph DHUIN** natif de cette ville fils d'Antoine Florent bourgeois de cette ville et de Marie Antoinette DAUTRICOURT ses père et mère a récréanté sa bourgeoisie et prêté le serment ordinaire pardevant monsieur Dubois de Fosseux échevin commissaire de semaine le 16/2/1787.

[1125] 21 livres : **Pierre Louis LEGRAND** natif de Saint Nicolas en Meaulens lez Arras fils de Pierre Joseph et de Marie Joseph CABARET a sur requête par lui présentée été reçu bourgeois de cette ville et cité moyennant finance de 21 livres qu'il a payé au trésorier receveur et prêté le serment ordinaire pardevant messieurs assemblés en chambre de l'hôtel commun de la ville et cité d'Arras le 16/2/1787.

[1126] 12 livres : **Louis Joseph GUIOT** natif de Dainville lez Arras fils de Jean Louis et de Marie Brigitte CHRETIEN a sur requête par lui présentée été reçu bourgeois de cette ville et cité moyennant finance de douze livres qu'il a payé au trésorier receveur et prêté le serment ordinaire pardevant messieurs assemblés en chambre de l'hôtel commun de la ville et cité d'Arras le 16/2/1787.

Folio 138V :

[1127] **François Marie LISAMBER** de cette ville fils de Claude bourgeois de cette ville et de Bertile Joseph WATISSET a récréanté sa bourgeoisie et prêté le serment ordinaire pardevant monsieur Duquesnoy échevin commissaire de semaine en chambre ce jourd'hui 8/3/1787.

[1128] **François Xavier VALET** natif de Tilloy fils de Pierre André bourgeois de cette ville et de Marie Scolastique CARON a récréanté sa bourgeoisie et prêté le serment ordinaire pardevant monsieur Duquesnoy échevin en chambre ce jourd'hui 8/3/1787.

[1129] 12 livres : **Jean Louis LEFEBVRE** natif de la paroisse de Sainte Geneviève de Puissieux en France diocèse de Paris fils de Pierre et de Geneviève FIEFFE a sur requête par lui présentée été reçu bourgeois de cette ville et cité moyennant finance de douze livres qu'il a payé au trésorier receveur et prêté le serment ordinaire et prêté le serment ordinaire pardevant messieurs assemblés en chambre de l'hôtel commun de la ville et cité d'Arras le 9/3/1787.

[1130] gratis : **Pierre Joseph HANNEBIQUE** natif de cette ville fils de Pierre Guislain et de Rose DUGOND a sur requête par lui présentée été reçu bourgeois de cette ville et cité gratis attendu les circonstances et a prêté le serment ordinaire pardevant messieurs assemblés en chambre de l'hôtel commun de la ville et cité d'Arras le 13/3/1787.

[1131] 12 livres : **Cazimir Barthélémy Martin MILVILLE** natif de Saint Eloy fils de Jacques François et de Bernardine MATHON a sur requête par lui présentée été reçu bourgeois moyennant finance de douze livres payé au trésorier receveur et a prêté le serment ordinaire pardevant messieurs assemblés en chambre de l'hôtel commun de la ville et cité d'Arras le 20/3/1787.

Folio 139R :

[1132] 18 livres : **Louis Aimé LE FRANÇOIS** natif du Quesnoy fils de Nicolas et de Marie Anne TELLIER a sur requête par lui présentée été reçu bourgeois de cette ville moyennant finance de dix-huit livres payées au trésorier receveur et a prêté le serment ordinaire pardevant messieurs assemblés en chambre de l'hôtel commun de la ville et cité d'Arras le 23/3/1787.

[1133] 6 livres : **Côme Joseph Cyprien BEAURIN** natif de Beaurauville fils de Nicolas et Marie Joseph BERNARD a sur requête par lui présentée été reçu bourgeois de cette ville et cité moyennant finance de six livres qu'il a payé au trésorier receveur de cette ville et cité et a prêté le serment ordinaire pardevant messieurs assemblés en chambre de l'hôtel commun de la ville et cité d'Arras le 30/3/1787.

[1134] 12 livres : **Jean Baptiste Joseph DE CHOISY** natif de Rebreuve fils de Jean François et de Marie Guilaine WILLEREZ a sur requête par lui présentée été reçu bourgeois de cette ville et cité moyennant finance de douze livres et a prêté le serment ordinaire pardevant messieurs assemblés en chambre de l'hôtel commun de la ville et cité d'Arras le 13/4/1787.

Folio 139V :

[1135] 12 livres : **Jean Baptiste CAPRON** natif d'Arleux en Gohelle fils de Pierre Martin et de Gérardine HERMAN a sur requête par lui présentée été reçu bourgeois de cette ville et cité moyennant finance de douze livres qu'il a payé au trésorier receveur et a prêté le serment ordinaire pardevant messieurs assemblés en chambre de l'hôtel commun de la ville et cité d'Arras le 13/4/1787.

[1136] 12 livres : **Antoine Joseph DUBOIS** natif de Fosseux fils d'Ignace et de Marie Jeanne BREUVART a sur requête par lui présentée été reçu bourgeois de cette ville et cité moyennant finance de douze livres qu'il a payé au trésorier receveur et a prêté le serment ordinaire pardevant messieurs assemblés en chambre de l'hôtel commun de la ville et cité d'Arras le 17/4/1787.

[1137] 12 livres : **Jean Baptiste DE RICQBOURG** natif d'Aubigny fils de Jean Guislain et de Marie Claire LEROY a sur requête par lui présentée été reçu bourgeois de cette ville et cité moyennant finance de douze livres qu'il a payé au receveur trésorier et a prêté le serment ordinaire pardevant messieurs assemblés en chambre de l'hôtel commun de la ville et cité d'Arras le 24/4/1787.

[1138] **Alexandre Joseph Grégoire BOUCHEZ** natif de cette ville fils de Jean bourgeois et d'Angélique Philippine DHOUDIN a récréanté sa bourgeoisie et prêté le serment ordinaire pardevant monsieur Dubois de Hoves écuyer seigneur de Fosseux échevin commissaire de semaine en chambre ce jourd'hui 1/5/1787.

Folio 140R :

[1139] **Pierre Henry CAUWET** natif d'Achicourt fils de Jacques et de Marie Françoise MOUTON a sur requête par lui présentée ce jourd'hui été reçu bourgeois de cette ville et cité à la recommandation de monsieur Lallart échevin et a prêté le serment ordinaire pardevant messieurs en nombre en chambre de l'hôtel commun de la ville et cité d'Arras ce jour 1/5/1787.

[1140] **Pierre Ferdinand HAVART** natif de Louche fils d'Antoine et de Marie Anne HERAUT a sur requête par lui présentée ce jourd'hui été reçu bourgeois de cette ville et cité à la recommandation de monsieur Boniface trésorier receveur et a prêté le serment ordinaire pardevant messieurs assemblés ce 1/5/1787.

[1141] 6 livres : **Ambroise Alexandre CLAUDORÉ** natif de Floringhem fils de Jean Charles et de Marie Françoise DORLENCOURT a sur requête par lui présentée été reçu bourgeois de cette ville et cité moyennant finance de six livres qu'il a payé au trésorier receveur et a prêté le serment ordinaire pardevant messieurs assemblés en chambre ce 11/5/1787.

[1142] 12 livres : **Jacques Léonard Marie GASPARY** natif de Bormio en Suisse grison fils de Jean Pierre et de Marie Isabelle ARTOCPARTSCHERIN Lez Nauderst a sur requête par lui présentée été reçu bourgeois de cette ville et cité moyennant finance de douze livres qu'il a payé au trésorier receveur et a prêté le serment ordinaire pardevant messieurs assemblés en chambre le 25/5/1787.

[1143] **Jean Baptiste FOURMAUX** natif de cette ville fils de Pierre Joseph et de Marie Rosalie DELEMOTTE a récréanté sa bourgeoisie et prêté le serment ordinaire pardevant monsieur Lallart de Berlette échevin commissaire de semaine en chambre de l'hôtel commun de la ville et cité d'Arras ce jourd'hui 12/6/1787.

[1144] 12 livres : **Amable Fidel Joseph QUIGNON** natif de cette ville fils de Guillaume Joseph et de Marie Louise HIBON ses père et mère a sur requête par lui présentée

Folio 140V :

été reçu bourgeois de cette ville et cité moyennant finance de douze livres qu'il a payé au trésorier receveur de cette ville et a prêté le serment ordinaire pardevant messieurs en nombre en chambre de l'hôtel commun de la vile et cité d'Arras le 12/6/1787.

[1145] 12 livres : **Antoine François Joseph MINART** natif du village d'Erin en Artois diocèse de Boulogne sur Mer fils d'Antoine et de Marie Rose VANGLE a sur requête par lui présentée été reçu bourgeois de cette ville et cité moyennant finance de douze livres qu'il a payé au trésorier receveur de cette ville et a prêté le serment ordinaire pardevant messieurs en nombre en chambre de l'hôtel commun de la ville et cité d'Arras le 12/6/1787.

[1146] **Joseph Frédéric Bruno SERGEANT** natif de cette ville fils de Bruno et d'Anne Louise DANTAR a récréanté sa bourgeoisie et prêté le serment ordinaire pardevant monsieur Lallart de Berlette échevin commissaire de semaine en chambre de l'hôtel commun de la ville et cité d'Arras le 14/6/1787.

[1147] **Alexandre Joseph POLLET** natif de cette ville fils de Charles Alexandre Théodore bourgeois marchand et de Madeleine Joseph BLONDEL a récréanté sa bourgeoisie et prêté le serment ordinaire pardevant monsieur Lallart de Berlette échevin commissaire de semaine en chambre ce jourd'hui 16/6/1787.

Folio 141R :

[1148] 12 livres : **Charles Joseph WARIN** natif de Mazingarbe fils de Luc Jean Joseph et d'Aldegonde DERUYS a sur requête par lui présentée été reçu bourgeois de cette ville et cité moyennant finance de douze livres et a prêté le serment ordinaire pardevant messieurs en nombre en chambre de l'hôtel commun de la ville et cité d'Arras le 26/6/1787.

[1149] 12 livres : **Antoine Joseph Albert DENEUVILLE** natif du faubourg de Saint Nicolas lez Arras fils d'Antoine Joseph et de Marie Catherine VASSEUR a sur requête par lui présentée ce jourd'hui été reçu bourgeoisie de cette ville et cité moyennant finance de douze livres qu'il a payé au trésorier receveur de cette ville et a prêté le serment ordinaire pardevant messieurs en nombre en chambre de l'hôtel commun de la ville et cité d'Arras le 3/7/1787.

[1150] **Antoine Guislain Joseph BETHENCOURT** natif de cette ville fils de Jean Baptiste bourgeois et de Marie Guislaine MULLET a récréanté sa bourgeoisie et prêté le serment ordinaire pardevant monsieur Dupuich échevin commissaire de semaine en chambre ce jourd'hui 4/7/1787.

[1151] 12 livres : **Laurent TOUZET** natif de Beaumetz lez Loges fils d'Antoine et Marie Anne SACHE a sur requête par lui présentée été reçu bourgeoisie moyennant finance de douze livres qu'il a payé au trésorier receveur et a prêté le serment ordinaire pardevant messieurs en nombre en chambre de l'hôtel commun de la ville et cité d'Arras le 6/7/1787.

Folio 141V :

[1152] 12 livres : **Bruno Joseph DELAPLACE** natif de Saint Léger au lieu de Duisans fils de Nicolas Joseph et de Béatrice MAHIEUX a sur requête par lui présentée été reçu bourgeois de cette ville et cité moyennant finance de douze livres qu'il a payé au trésorier receveur de cette ville et cité et a prêté le serment ordinaire en chambre pardevant messieurs en nombre ce jourd'hui 6/7/1787.

[1153] 24 livres : **Pierre Joseph D'HANGEST** natif de la paroisse de Rozière en Santerre diocèse d'Amiens fils de Jean et de Marie FOURNIER a sur requête par lui présentée été reçu bourgeois de cette ville et cité moyennant finance de vingt-quatre livres qu'il a payé au trésorier receveur de cette ville et cité et a prêté le serment ordinaire pardevant messieurs en nombre en chambre de l'hôtel commun ce jourd'hui 10/7/1787.

[1154] **Pierre Joseph Albert D'EPINOY** natif de cette ville fils de Joseph et de Marie Anne DOLET a récréanté sa bourgeoisie et prêté le serment pardevant monsieur Lallart de Berlette échevin commissaire de semaine ce jourd'hui 18/7/1787.

[1155] **Louis François Joseph GONSSE** natif de cette ville fils de Louis Dominique Liévin et d'Anne Charlotte Joseph POCHON a récréanté sa bourgeoisie et prêté le serment ordinaire pardevant messieurs en nombre ce jourd'hui 24/7/1787.

Folio 142R :

[1156] **Joseph Alexandre Fidel GORLIER** natif de cette ville fils de Noël Antoine Bruno et de Marie Susanne Ursule MOREL a récréanté sa bourgeoisie et prêté le serment ordinaire pardevant monsieur Duquesnoy échevin commissaire de semaine ce jourd'hui 24/7/1787.

[1157] **Eloy Joseph DUMAY** natif de cette ville fils de Joseph et de Marie Suzanne PREVOST a sur requête par lui présentée ce jourd'hui été admis à récréanter sa bourgeoisie et a prêté le serment ordinaire pardevant messieurs en nombre en chambre le 24/7/1787.

[1158] **Augustin Louis Joseph PEUGNET** natif de cette ville fils de Jean François Guislain bourgeois et d'Isabelle Louise PETIT a récréanté sa bourgeoisie et prêté le serment ordinaire pardevant messieurs en nombre en chambre ce 26/7/1787.

[1159] 12 livres : **Jean Baptiste LAPIERE** natif de la ville d'Amiens fils de Pierre et d'Antoinette LECUIEN a sur requête par lui présentée été reçu bourgeois de cette ville et cité moyennant finance de douze livres qu'il a payé au trésorier receveur de cette ville et cité et a prêté le serment ordinaire pardevant messieurs en nombre en chambre de l'hôtel commun de la ville et cité d'Arras le 27/7/1787.

[1160] 12 livres : **Louis GAMELON** fils de Louis et de Marie Philippe DORLET natif de Saint Martin au lieu de Bailleulmont a sur requête par lui présentée été reçu bourgeois de cette ville et cité moyennant finance de douze livres qu'il a payé au trésorier receveur et a prêté le serment ordinaire pardevant messieurs assemblés en chambre le 31/7/1787.

[1161] **Pierre Joseph STASSY** natif de cette ville fils de Pierre Philippe et de Jeanne Louise BIENFAIT a récréanté sa bourgeoisie et a prêté le serment ordinaire es mains de monsieur le chevalier d'Hautecloque échevin commissaire de semaine ce jourd'hui 7/8/1787.

Folio 142V :

[1162] **Michel Antoine Joseph MONVOISIN** natif de cette ville valet de la pauvreté fils de Louis Joseph bourgeois et d'Isabelle VASSEUR a sur requête par lui présentée été relevé de l'omission d'avoir récréanté sa bourgeoisie avant son mariage et a prêté le serment ordinaire pardevant messieurs assemblés en chambre de l'hôtel commun le 10/8/1787.

[1163] 6 livres : **Xavier Constant Joseph FORGEOIS** natif de cette ville fils de François Eloy et d'Agnès VAISSIAU a sur requête par lui présentée été reçu bourgeois de cette ville et cité moyennant finance de six livres qu'il a payé au trésorier receveur de cette ville et cité et a prêté le serment pardevant messieurs assemblés en chambre de l'hôtel commun de la ville et cité d'Arras le 21/8/1787.

[1164] gratis : **Félix Joseph CATENNE** fils d'André Joseph et de Marie Anne MAURICE a sur requête par lui présentée été reçu bourgeois de cette ville et cité gratis attendu les circonstance et a prêté le serment ordinaire pardevant messieurs assemblés en chambre de l'hôtel commun de la ville et cité d'Arras le 30/8/1787.

[1165] **Antoine Joseph Célestin THERET** natif de la ville de Pernes fils de Guislain Laurent bourgeois de cette ville et de Françoise LEJOSNE a récréanté sa bourgeoisie et a prêté le serment ordinaire pardevant monsieur Delepouve avocat et échevin commissaire de semaine en chambre ce jourd'hui 6/9/1787.

[1166] 18 livres : **André Marie ADVIELLE** natif de Tilloy succursale d'Hermaville fils de Henry Alexandre lieutenant de Tilloy et d'Anne Lucresse BOUILLE a sur requête par lui présentée été reçu bourgeois de cette ville et cité moyennant finance de dix-huit livres

Folio 143R :

qu'il a payé au trésorier receveur de cette ville et a prêté le serment ordinaire pardevant messieurs en nombre en chambre de l'hôtel commun ce jourd'hui 7/9/1787.

[1167] **Louis Joseph HACHIN** natif de cette ville fils de Pierre François bourgeois de cette dite ville et de Jeanne Françoise GREMEL a récréanté sa bourgeoisie et prêté le serment ordinaire pardevant monsieur Lallart échevin commissaire de semaine en chambre de l'hôtel commun de ladite ville et cité ce jourd'hui 13/9/1787.

[1168] 12 livres : **Louis Joseph LEFEBVRE** natif de Bugnies fils de Jean Pierre et de Marie Guislaine WARNIER a sur requête par lui présentée été reçu bourgeois de cette ville et cité moyennant finance de douze livres qu'il a payé au trésorier receveur et a prêté le serment ordinaire pardevant messieurs assemblés en chambre de l'hôtel commun de la ville et cité d'Arras le 14/9/1787.

[1167] **Pierre François Joseph HACHIN** natif de cité fils de Pierre François bourgeois et de Jeanne Françoise Joseph GREMEL a récréanté sa bourgeoisie et prêté serment es mains de monsieur Duquesnoy commissaire de semaine ce jourd'hui 21/9/1787.

[1168] **Bon Joseph LALLART** fils de monsieur Henry Bruno LALLART bourgeois échevin en exercice et de Demoiselle Marie Angélique Joseph Jeanne FOUBERT a récréanté sa bourgeoisie et a prêté le serment ordinaire pardevant monsieur Duquesnoy échevin commissaire de semaine en chambre de l'hôtel commun de la ville et cité d'Arras le 21/9/1787.

Folio 143V :

[1169][1170] **Guislain Amable Joseph** et **Félix François Marie CATENNE** natifs de cette ville fils de Félix Joseph bourgeois de cette dite ville et de Felix Joseph WARNIER ont récréanté leur bourgeoisie et prêté le serment ordinaire pardevant monsieur Duquesnoy échevin en chambre de l'hôtel commun de la ville et cité d'Arras le 22/9/1787.

[1171] 12 livres : **Guillaume Joseph LEBEAU** natif de la paroisse de Ramesis ? diocèse de Cambrai fils de Nicolas et de Marie Joseph PAYEN a sur requête par lui présentée été reçu bourgeois de cette ville et cité moyennant finance de douze livres qu'il a payé au trésorier receveur et a prêté le serment ordinaire en chambre de l'hôtel commun de la ville et cité d'Arras le 25/9/1787.

[1172] 12 livres : **Joseph Benoît Emerand MAST** natif de Blobertlehingen diocèse d'Ausbourg fils de Julien et d'Anne Marie MEZERIN a sur requête par lui présentée été reçu bourgeois de cette ville et cité moyennant douze livres qu'il a payé au trésorier receveur et a prêté le serment ordinaire en chambre de l'hôtel commun de la ville et cité d'Arras le 25/9/1787.

[1173] 12 livres : **Bruno Joseph TOURBET** natif de Duisans fils de Pierre François et d'Anne Marie Joseph CARON a sur requête par lui présentée été reçu bourgeois de cette ville et cité moyennant finance de douze livres qu'il a payé au trésorier receveur et a prêté le serment ordinaire en chambre de l'hôtel commun de la ville et cité ce jourd'hui 25/9/1787.

[1174] 12 livres : **Pierre Louis MILON** natif de Dainville fils de Pierre Antoine et d'Anne Marguerite BOUCHE a sur requête par lui présentée été reçu bourgeois de cette ville et cité moyennant finance de douze livres qu'il a payé au trésorier et a prêté le serment ordinaire en chambre ce 25/9/1787.

Folio 144R :

[1175] **Jean Baptiste Joseph HERSE** natif de cette ville fils de Jean Baptiste bourgeois de cette ville et de Marie Barbe DAMBRINE a récréanté sa bourgeoisie et a prêté le serment ordinaire pardevant monsieur Lallart échevin commissaire de semaine ce jourd'hui 2/10/1787.

[1176][1177][1178][1179] **Antoine Joseph, Charles Michel, Antoine François** et de **Noël Joseph DEMAZURE** natifs de cette ville fils d'Antoine François bourgeois de cette dite ville et de Marie Catherine Joseph DELEFORTRIE ont récréanté leur bourgeoisie et ont prêté le serment ordinaire pardevant monsieur Lallart échevin commissaire de semaine en chambre ce jourd'hui 2/10/1787.

[1180] **Etienne LEMAIRE** natif de cette ville fils d'Etienne bourgeois portefaix et d'Angélique HURET a récréanté sa bourgeoisie et prêté le serment ordinaire pardevant monsieur de Hauteclocque échevin commissaire de semaine en chambre ce 9/10/1787.

[1181] 12 livres : **Téophile Augustin Joseph DELIGNE** natif de Méricourt fils de Jacques et d'Anne Rose Angélique DEDOURGE a sur requête par lui présentée ce jourd'hui été reçu bourgeois de cette ville et cité moyennant finance de douze livres qu'il a payé au trésorier receveur de cette ville et cité et a prêté le serment ordinaire pardevant messieurs en nombre en chambre ce jourd'hui 9/10/1787.

[1182] 12 livres : **Louis JEROME** natif d'Houchin fils de Charles et de Marie Jeanne LADERRIERE a sur requête par lui présentée ce jourd'hui été reçu bourgeois de cette ville et cité moyennant finance de douze livres qu'il a payé au trésorier receveur de cette dite ville et cité et a prêté le serment ordinaire pardevant messieurs assemblés en chambre ce jourd'hui 12/10/1787.

Folio 144V :

[1183] 12 livres : **Antoine Joseph CAUCHY** natif de la paroisse de Warlus Saint Lambert fils de Noël et de Marie Isabelle FOURMAUT a sur requête par lui présentée été reçu bourgeois de cette ville et cité moyennant finance de douze livres qu'il a payé au trésorier receveur et a prêté le serment ordinaire pardevant messieurs en chambre le 16/10/1787.

[1184] 12 livres : **Dominique Raphael BELGODERE** fils de Jean et de Marie Anne CAVALI maître cordonnier du régiment de Royal Corse a sur requête par lui présentée ce jourd'hui été reçu bourgeois de cette ville moyennant finance de douze livres qu'il a payé au trésorier receveur et a prêté le serment ordinaire pardevant messieurs assemblés en chambre le 19/10/1787.

[1185] 12 livres : **Louis François Alexandre LABOURÉ** natif de Dainville fils de Louis François et de Marie Florence Alexandrine DEMORY ses père et mère a sur requête par lui présentée été reçu bourgeois de cette ville et cité moyennant finance de douze livres qu'il a payé au trésorier receveur et a prêté le serment ordinaire pardevant messieurs assemblés en chambre de l'hôtel commun le 30/10/1787.

[1186] 12 livres : **Grégoire LANCRY** natif de Vimy fils d'Arnoud et de Marie Joseph LEGRAND a sur requête par lui présentée ce jourd'hui été reçu bourgeois de cette ville et cité moyennant finance de douze livres qu'il a payé au trésorier receveur et a prêté le serment ordinaire pardevant messieurs assemblés en chambre de l'hôtel commun le 30/10/1787.

[1187] 12 livres : **Hilaire Joseph DESSEINGE** natif de la paroisse de Pelve fils de Jean Noël laboureur et de Jeanne Barbe DELAMBRE a sur requête par lui présentée ce jourd'hui été reçu bourgeois de cette ville et cité moyennant finance de douze livres qu'il a payé au trésorier receveur de cette dite ville et cité et a prêté le serment ordinaire pardevant messieurs en nombre en chambre ce jourd'hui 23/10/1787.

Folio 145R :

[1188] **Jean Baptiste Charles Joseph DUBOIS** natif de cette ville fils de Nicolas Josse bourgeois et de Marie Anne Thérèse LHOMME a récréanté sa bourgeoisie et a prêté le serment ordinaire pardevant monsieur Delegorgue avocat et échevin commissaire de semaine ce jourd'hui 3/11/1787.

[1189] **Fidel Amand Charles WALLE** natif de cette ville fils de Charles Louis bourgeois de cette ville et de Geneviève LOURDEL ses père et mère a récréanté sa bourgeoisie et prêté le serment ordinaire pardevant monsieur Lefebvre avocat et échevin commissaire de semaine le 6/11/1787.

[1190] 12 livres : **Amé Joseph SEGARD** natif de Neuville Saint Vaast fils de Pierre Philippe et d'Anne Joseph Rosalie LECLERCQ a sur requête par lui présentée été reçu bourgeois de cette ville et cité moyennant finance de douze livres qu'il a payé au trésorier receveur et a prêté le serment ordinaire pardevant messieurs assemblés en chambre de l'hôtel commun de la ville et cité d'Arras ce 9/11/1787.

[1191] 12 livres : **Augustin Léon LEROUX** natif de la paroisse de Saint Josse au Val de la ville basse de Montreuil sur Mer fils d'Augustin et de Marie Anne Catherine Cécile WIPAR a sur requête par lui présentée été reçu bourgeois de cette ville moyennant finance de douze livres qu'il a payé au trésorier receveur et a prêté le serment ordinaire pardevant messieurs assemblés en chambre de l'hôtel commun de la ville et cité d'Arras le 13/11/1787.

[1192] [ ] **DELEMOTTE** [ ], [1193] **Eugène CANAPPE** natif de cette ville fils de Jean Baptiste et Marie Joseph LEPREUX, [1194] **Félix VASSEUR** fils de Laurent et de Marguerite

Folio 145V :

CAFFART, [1195] **Liévin DEVISSE** fils de Charles et de Marie Barbe HAUBE, [1196] **Christostome QUIGNION** fils de Charles et de Marie Anne Joseph BLANCHART, [1197] **Xavier CASTELAIN** fils de Louis et de Thérèse BULCOURT, [1198]**Augustin COTTE** fils de [ ] , [1199] **Jacques TISSERAND** fils de Joseph et de Jeanne BERTRANT, [1200] **Guillaume NOIRET** fils de Laurent et de Barbe HAY, [1201] **François SAVIGNAU** fils d'Antoine et de Marie Barbe BULTOIS, [1202] **Augustin SIMON** fils d'Augustin et de Joseph LEGAY, [1203] **Louis QUENEUTTE** fils de Guislain et de Catherine CRETEL, [1204] **Laurent NOIRET** fils de Martin et de Marguerite BAILLON, [1205] **Louis LANGUEBIEN** fils de Louis, [1206] **Antoine VERGET** fils d'Antoine et de Marie CHOMART, [1207] **Etienne LECLERCQ** fils de Germain et de Françoise LANQUIT, [1208] **Nicolas Stanislas PIERON** fils de Jean François et de Madeleine DUFOUR, [1209]**Pierre Joseph SAYON** fils de Georges et de Marie Anne BERVILLE, [1210] **Jean Baptiste ANSART** fils de Pierre Nicolas et de Marie Joseph CANDELIER, [1211] **Félix Joseph CAMPION** fils de Henry Joseph et de Marie Anne Joseph CASTELAIN, [1212] **Alexandre Louis Joseph THIEBAUX** fils de Dominique et de Marguerite Thérèse BUCQUET, [1213] **Guislain François CAMIEZ** fils d'André Vaast et de Thérèse DOUTART, [1214] **Jacques Philippe LEPINTE** fils de Jacques et de Louise DELATTRE, [1215] **Dominique GUILLOTTE** fils de Jean Baptiste et d'Ursule ROSELLE, [1216] **Jean François DUQUESNOY** fils de Martin et d'Angélique GODART, [1217] **Pierre MANIER** fils de Pierre et de Marie Anne HORTILLE, [1218] **Joseph DIEVAL** fils de Rolland et de Rosalie DUIN, [1219] **Augustin HIEZ** natif de cette ville fils de François et de Catherine MONCOMBLE, [1220] **Xavier LANCON** natif de la cité fils d'André et de Léonord LALLEMAND, [1221] **Etienne Joseph BARAL** natif de Douai fils naturel de Marie Joseph VIVET, [1222] **Pierre François Louis BARBIER** natif de la cité fils de François et de Madeleine VREEL, [1223] **Géry MOULIN** natif de la cité fils de Claude et d'Isabelle DELABIT, [1224] **Louis François Joseph MERCIER** natif de Douai fils de Pierre Albert et de Marie Adrienne LOISE, [1225] **François Joseph LENAIN** natif de cette ville fils de Martin et d'Agnès LEBRUN, [1226] **Félix FOURMAU** fils de Jean François et de Jeanne Louise PETIT, [1227] **Alexis Joseph THUILLIER** natif d'Arras fils d'Alexis

Folio 146R :

Joseph et de Marie Marguerite DELECLEF, [1228] **Louis BAZIEU** natif d'Arras fils de Frédéric et d'Antoinette CENSIER, [1229] **Louis Joseph DEWUIS** natif d'Arras fils de Jacques et de Marie Gabrielle PRUVOST, [1230] **Pierre Joseph MONCHAUX** fils de Louis et de Catherine GODART, [1231] **Pierre Paul CANONNE** natif d'Arras fils de Pierre Martin et d'Antoinette WAGON, [1232] **Jean Baptiste LEROULX** natif d'Arras fils de Martin et de Françoise LEBLANC, [1233] **Etienne Louis LAMOTTE** natif d'Arras fils d'Augustin Philippe et de Marie FEBVIN, [1234] **François Xavier CAUDRELIER** fils de Jean Jacques et de Marie Thérèse BERRIER, ont sur requête par eux présentée ce jourd'hui été reçus bourgeois gratis attendu les circonstances et ont prêté le serment ordinaire pardevant messieurs en nombre en chambre de l'hôtel commun de la ville et cité d'Arras le 16/11/1787.

[1235] **Louis Joseph FROMENT** natif de cette ville fils de Jean Louis et de Noëlle BOCQUET ses père et mère a récréanté sa bourgeoisie et prêté le serment ordinaire pardevant monsieur Delepouve avocat et échevin commissaire de semaine ce jourd'hui 17/11/1787.

[1236] **Pierre Antoine Joseph NOIRET** natif de cette ville fils de Pierre Adrien bourgeois et de Marie Madeleine Françoise DESSINGE a récréanté sa bourgeoisie et a prêté le serment ordinaire pardevant monsieur Dubois de Hoves écuyer seigneur de Fosseux échevin en chambre ce 20/11/1787.

[1237] **Pierre Guislain CARPENTIER** natif du village d'Athies fils de Pierre Philippe et de Marie Anne Joseph SADIN bourgeois a récréanté sa bourgeoisie et a prêté le serment ordinaire pardevant monsieur Dubois de Hoves écuyer seigneur de Fosseux échevin commissaire de semaine ce jourd'hui 20/11/1787.

[1238] gratis : **Pierre Stanislas Joseph CAYET** natif de Thélus fils du sieur Stanislas receveur et de Marie Albertine GAILLARD a sur requête par lui présentée été reçu bourgeois de cette ville et cité gratis à la recommandation de monsieur Lefebvre avocat et échevin en exercice et prêté le serment ordinaire pardevant messieurs assemblés en chambre ce jourd'hui 20/11/1787.

Folio 146V :

[1239] **Guy LETIERCE** natif de cette ville fils de Guy et de Marguerite Joseph DOLET a récréanté sa bourgeoisie et a prêté le serment ordinaire en chambre es mains de monsieur Dubois de Hoves écuyer seigneur de Fosseux ce jourd'hui 22/11/1787.

[1240] **Joseph MARTIN** natif de cette ville fils d'Adrien et d'Angélique VAHÉ, [1241] Jean **Baptiste VIGNY** natif de cette ville fils de Joseph et d'Adrienne BOUCHER, [1242] **Philippe Ciril LEVRAY** natif de cette ville fils de Robert et d'Anne Françoise CARON, [1243] **Jean François BAILLON** natif d'Arras fils d'Antoine et d'Angélique GAILLARD, [1244] **Louis Joseph BARBIER** natif de cette ville fils d'Arnould et de Marie Anne LAMOTTE, [1245] **Georges François Guislain SAVIGNAUT** natif d'Arras fils de François et d'Anne Guislaine DUCORNET, [1246] **Louis HENRY** fils d'Adrien et de Madeleine DELANNOY, [1247] **Nicolas Joseph MAILLOT** fils de Jacques Louis et d'Adrienne Joseph MONVOISIN, [1248] **Hipolite Joseph Théodore MONTALAUT** fils de Pierre et de Marie Elisabeth SOULIER, [1249] **Louis Géry TASSIN** fils de Rome et de Susanne CAMPION, [1250] **Charles François PITEUX** natif de cette ville fils de Charles Guislain et de Marie Marguerite NORMAND, [1251] **Martin Joseph PONTHIEU** natif du faubourg de Ronville fils de François et de Marie Anne BOUVET, [1252] **Joachim OMBREUX** natif d'Arras fils d'Antoine et de Marie Marguerite COQUERELLE, [1253] **Charles François LECLERCQ** natif d'Arras fils de François et de Marie CLAIRVASSE, [1254] **Adrien Albert DEBUISSIE** natif d'Arras fils de Luc et d'Elizabeth DUBOIS, [1255] **Charles LEFLON** natif d'Arras fils de Pierre et d'Adrienne CUVELIER, [1256] **Charles BUACHE** natif de la cité fils de Nicolas et de Jeanne DUVAL, [1257] **Guislain COLART** natif de cette ville fils d'Antoine et de Marie Anne Louise SOYON, [1258] **Pierre Antoine DELATRE** fils de Jacques Antoine et de Madeleine BOUTARD, [1259] **Adrien Joseph DETRE** fils d'Antoine Joseph et de Marie Gabrielle NICOLLE, [1260] **Charles DEMORY**

Folio 147R :

fils de Charles et de Marie Joseph DESCLEF, [1261] **Albert DEROME** natif d'Arras fils de Georges et de Constance DHENIN, [1262] **Pierre Joseph BUCQUET** natif de cette ville fils de Pierre et de Thérèse [ ], [1263] **Antoine TERGUET** fils d'Antoine et de Marie Anne LANCON, [1264] **Félix FOURMAUX** fils de Jean François et d'Anne PETIT, [1265] **Albert Joseph SOUALLE** fils de Nicolas et de Marie Louise LEGRAND, [1266] **Augustin WALLE** fils de Louis et de Guislaine DUBOIS, [1267] **Charles HENRY** fils de François et de Madeleine DELAMOTTE, [1268] **Charles François HENRY** fils de Charles, [1269] **Célestin QUIGNON** natif de Boiry Saint Martin fils de Charles et de Marie Anne BLANCHART, [1270] **Pierre Antoine Joseph DELATRE** natif de cette ville fils de Jacques Antoine et de Madeleine BOUTART, [1271] **Pierre Philippe CARPENTIER** natif d'Arras fils de Guislain et de Marie Barbe TOUSET, [1272] **Pierre Joseph BERTHE** fils de Jean Baptiste natif de cette ville et de Marie Joseph THUILLIER, [1273] **Thomas BOUILLY** natif de Basseux fils de Jean et de Marie Joseph FLAMENT ont sur requête par eux présentée ce jourd'hui été reçus bourgeois de cette ville et cité gratis attendu les circonstances et ont prêté le serment ordinaire pardevant messieurs assemblés en chambre de l'hôtel commun de la ville et cité d'Arras ce jourd'hui 25/11/1787.

Folio 147V :

[1274] 18 livres : **Jean Philippe DESAULTY** natif de Béthonsart fils de Jean Baptiste fermier et lieutenant et de Jeanne Claire TOURSEL a sur requête par lui présentée ce jourd'hui été reçu bourgeois de cette ville et cité moyennant finance de dix-huit livres qu'il a payé au trésorier receveur et a prêté le serment ordinaire pardevant messieurs en nombre ce jourd'hui 7/12/1787.

[1275] **Charles Antoine Joseph LEGRAND** natif de cette ville fils de Jean Nicolas Joseph bourgeois de cette ville et de Jeanne Marie Isabelle MOUTHIRON ses père et mère a récréanté sa bourgeoisie et a prêté le serment ordinaire pardevant monsieur Duquesnoy échevin commissaire de semaine ce jourd'hui 11/12/1787.

[1276] 6 livres : **André Joseph SCHEISHER** natif de cette ville fils d'André et de Marguerite SCHINITTINES a sur requête par lui présentée ce jourd'hui été reçu bourgeois de cette ville et cité moyennant finance de six livres qu'il a payé au trésorier receveur et a prêté le serment ordinaire pardevant messieurs en nombre en chambre de l'hôtel commun de la ville et cité d'Arras le 18/12/1787.

[1277] **Louis Marie Joseph WACHEUX** négociant natif de cette ville fils de Louis Joseph WACHEUX de la Rozière bourgeois de cette ville et de Demoiselle Anne Joseph DAMADE de la Motte a récréanté sa bourgeoisie et prêté le serment ordinaire pardevant monsieur le chevalier de Hautecloque échevin commissaire de semaine en chambre de l'hôtel commun de la ville et cité d'Arras le 19/12/1787.

[1278] **Pierre Antoine Joseph LECLERCQ** natif de cette ville fils de Nicolas Joseph bourgeois et de Marie Marguerite BRUYANT a récréanté sa bourgeoisie et a prêté le serment ordinaire pardevant monsieur le chevalier de Hauteclocque échevin commissaire de semaine en chambre le 20/12/1787.

Folio 148R :

[1279] 12 livres : **Charles Antoine Louis Joseph SOUALLE** natif de cette ville fils de Louis Joseph et de Jeanne Hélène BRASSEUR a sur requête par lui présentée ce jourd'hui été reçu bourgeois de cette dite ville et cité moyennant finance de douze livres qu'il a payé au trésorier receveur et a prêté le serment ordinaire pardevant messieurs en nombre en chambre de l'hôtel commun de la ville et cité d'Arras le 21/12/1787.

[1280] 12 livres : **Charles Géry PROUILLE** natif de Berles au Bois fils de Dominique et de Marie Marguerite DE CAMBRAY a sur requête par lui présentée ce jourd'hui été reçu bourgeois de cette ville et cité moyennant finance de douze livres qu'il a payé au trésorier receveur et a prêté le serment ordinaire pardevant messieurs en nombre en chambre de l'hôtel commun de la ville et cité d'Arras le 21/12/1787.

[1281] 18 livres : **Louis Joseph MAIRESSE** natif de la ville de Lens et ancien échevin de la même ville fils du sieur Vulgan Joseph et de Demoiselle Amable Silvie MORAND a sur requête par lui présentée été reçu bourgeois de cette ville et cité moyennant finance de dix-huit livres qu'il a payé au trésorier receveur et a prêté le serment ordinaire pardevant messieurs en nombre en chambre de l'hôtel commun de la ville et cité d'Arras ce jourd'hui 21/12/1787.

[1282] **Jean Baptiste SOUFFLET** natif de cette ville fils d'Isidore et de Marie Françoise DEGOUY a récréanté sa bourgeoisie et prêté le serment ordinaire pardevant monsieur Dubois de Hoves de Fosseux échevin commissaire de semaine en chambre ce jourd'hui 28/12/1787.

[1283] **Joseph Constant DE DION** chevalier ancien capitaine au régiment de la marine chevalier de l'ordre royal et militaire

Folio 148V :

de Saint Louis fils de messire Louis François Tranquillain Izidore DE DION seigneur de Vandosme, Coupelle Vielle, Risbourg et autres lieux et de dame Claire Bonne Joseph DOSTREL a été admis à récréanter la bourgeoisie de ses ancêtres attendu sa nomination à l'échevinage de cette ville et cité et a prêté le serment ordinaire de bourgeois avant celui d'échevin pardevant messieurs en nombre en chambre de l'hôtel commun de la ville et cité d'Arras le 31/12/1787.

[1284] **Toussain Célestin DEWETZ** avocat natif de Douai fils de Jacques Ignace et de Marie Catherine MAHY a été reçu bourgeois de cette ville avant de prêter le serment d'échevin pardevant messieurs assemblés en chambre de l'hôtel commun de la ville et cité d'Arras le 31/12/1787.

[1285] 12 livres : **Pierre André BRAZIER** praticien en cette ville natif de Sart sur Canche fils de Pierre et de Marie Thérèse DE BAILLENCOURT DIT COURCOL a sur requête par lui présentée ce jourd'hui été reçu bourgeois de cette ville et cité moyennant finance de douze livres qu'il a payé au trésorier receveur et a prêté le serment ordinaire pardevant messieurs en nombre en chambre de l'hôtel commun de la ville et cité d'Arras ce jourd'hui 4/1/1788.

[1286] **Jacques Philippe André TARLIER** natif de Hendecourdelle fils d'Ambroise et de Marie Catherine DENOEU a sur requête par lui présentée ce jourd'hui été reçu bourgeois de cette ville et cité à la recommandation de monsieur de Fosseux échevin en exercice et a prêté le serment ordinaire pardevant messieurs en nombre en chambre ce 4/1/1788.

Folio 149R :

[1287] gratis : **Charles Joseph Benoist VASSEUR** natif de la cité de cette ville fils de Louis Joseph et de Marie Madeleine DUVAL a sur requête par lui présentée ce jourd'hui été reçu bourgeois gratis à la recommandation de monsieur Gosse Dostrel avocat et échevin en exercice et a prêté le serment ordinaire pardevant messieurs en nombre en chambre ce 4/1/1788.

[1288] **Charles Alexandre Joseph LEMAIRE** natif de cette ville fils de Nicolas Mathias bourgeois et de Madeleine DEVAUX a récréanté sa bourgeoisie et a prêté le serment ordinaire pardevant monsieur le chevalier de Dion échevin commissaire de semaine en chambre ce jourd'hui 8/1/1788.

[1289] gratis : **Philippe Antoine GUILLEMANT** natif de Renty ? fils d'Antoine et de Geneviève BAILLY a sur requête par lui présentée été reçu bourgeois gratis à la recommandation de monsieur de Dion échevin noble de cette ville et a prêté le serment ordinaire pardevant messieurs en nombre en chambre de l'hôtel commun de la ville et cité d'Arras le 8/1/1788.

[1290] gratis : **Jean Damasaine DEBAY** natif de Beaumont fils de Philippe Eugène et de Marie Cécile DELBERT a sur requête par lui présentée ce jourd'hui été reçu bourgeois gratis à la recommandation de monsieur Dauchez avocat et échevin de cette ville et a prêté le serment ordinaire pardevant messieurs en nombre en chambre de l'hôtel commun de la ville et cité d'Arras le 8/1/1788.

[1291] **Albert François Joseph COUTELOT** natif de cette ville fils d'Adrien Joseph bourgeois et de Marie Angélique Joseph DELATTRE a récréanté sa bourgeoisie et a prêté le serment ordinaire pardevant monsieur de Dion échevin en chambre ce jourd'hui 9/1/1788.

Folio 149V :

[1292] **Nicolas Joseph PICQUETTE** natif de cette ville fils de Louis Fidel bourgeois et de Thérèse Elisabeth MORISET a récréanté sa bourgeoisie et a prêté le serment ordinaire pardevant monsieur de Dion échevin commissaire de semaine en chambre ce jourd'hui 11/1/1788.

[1293] **Louis François Joseph VALLE** fils de Jean François et d'Angélique Brigitte DEHAY a récréanté sa bourgeoisie et a prêté le serment ordinaire pardevant monsieur de Dion échevin commissaire de semaine en chambre ce jourd'hui 11/1/1788.

[1294] gratis : **Louis Henri Joseph Venden POPELIER** natif de Tournai en Flandre fils de Pierre François Joseph et d'Ursule Augustine Joseph MENSIER a sur requête par lui présentée ce jourd'hui été reçu bourgeois gratis à la recommandation de monsieur Caudron échevin et a prêté le serment ordinaire pardevant messieurs en nombre en chambre ce jourd'hui 11/1/1788.

[1295] gratis : **Marc Laurent BENOIST** natif de Ridon évêché de Vannes fils de Jean Pierre et de Savanne THOMAS a sur requête par lui présentée ce jourd'hui été reçu bourgeois gratis à la recommandation de monsieur Grimbert greffier et a prêté le serment ordinaire pardevant messieurs en nombre en chambre ce jourd'hui 11/1/1788.

[1296] gratis : **Pierre Joseph HUBERT** natif de Berles Monchel fils de Marie Louise HUBERT a sur requête par lui présentée ce jourd'hui été bourgeois gratis à la recommandation de monsieur Dewez avocat et échevin et a prêté le serment ordinaire pardevant messieurs assemblés en chambre de l'hôtel commun ce jourd'hui 11/1/1788.

Folio 150R :

[1297] 12 livres : **Louis Marie LEBLON** natif de Ligny sur Canche fils de Louis Marie et de Marie Madeleine HAINAUT a sur requête par lui présentée été reçu bourgeois de cette ville et cité moyennant finance de douze livres qu'il a payé au trésorier receveur et a prêté le serment ordinaire pardevant messieurs assemblés en chambre de l'hôtel commun de la ville et cité d'Arras le 22/1/1788.

[1298] **Nicolas Joseph Augustin Marie BECTHUM** natif de cette ville fils de maître Jean Baptiste François avocat et échevin de cette ville et cité et de Demoiselle Marie Joseph Augustine Noëlle TABARY a récréanté sa bourgeoisie en qualité de fils d'échevin et a prêté le serment ordinaire pardevant Dewez avocat et échevin commissaire de semaine en chambre de l'hôtel commun de la ville et cité d'Arras le 23/1/1788.

[1299] 12 livres : **[Louis Joseph] ROBERT** natif de Landas diocèse de Tournai fils d'Adrien et de Marie Cécile DORLET a sur requête par lui présentée été reçu bourgeois de cette ville et cité moyennant finance de douze livres qu'il a payé au trésorier receveur et prêté le serment ordinaire pardevant messieurs en nombre assemblés en chambre de l'hôtel commun ce jourd'hui 25/1/1788.

[1300] gratis : **Pierre Thomas BOURDON** natif de Saint Pierre de Barly diocèse d'Amiens doyenné d'Auxy le château fils de Pierre et de Marie Françoise LEFEBVRE a sur requête par lui présentée été reçu bourgeois de cette ville et cité gratis à la recommandation de monsieur le baron d'Aix de Rémy mayeur en exercice et a prêté le serment ordinaire pardevant messieurs en nombre assemblés en chambre de l'hôtel commun de la ville et cité d'Arras ce jourd'hui 25/1/1788.

Folio 150V :

[1301] gratis : **Pierre Joseph VAUDEVILLE** natif de Bouvigny fils de Clément et de Marie Anne MOREL a sur requête par lui présentée été reçu bourgeois de cette ville et cité gratis à la recommandation de monsieur Lefebvre avocat et échevin en exercice et a prêté le serment ordinaire pardevant messieurs assemblés en chambre de l'hôtel commun de la ville et cité d'Arras le 25/1/1788.

[1302] gratis : **Pierre DELABROSSE** natif de Jaude en Angouleme fils de Pierre et d'Anne CANTIN a sur requête par lui présentée été reçu bourgeois de cette ville et cité gratis à cause de sa qualité de dentiste pensionné de cette ville et a prêté le serment ordinaire pardevant messieurs assemblés en chambre le 29/1/1788.

[1303] **Louis Joseph WALLE** natif de cette ville fils de Louis Joseph Guillaume bourgeois et de Marie Célestine Joseph DURIEUX a récréanté sa bourgeoisie et a prêté le serment le serment ordinaire pardevant monsieur Dubois de Fosseux échevin commissaire de semaine en chambre ce 29/1/1788.

[1304] **Alexis Guislain LOQUET** natif de cette ville fils de Simon Jude bourgeois et de Marie Marguerite DOUCHEZ a récréanté sa bourgeoisie et prêté le serment ordinaire pardevant monsieur Dauchet avocat et échevin en chambre de l'hôtel commun de la ville et cité d'Arras le 4/2/1788.

[1305] gratis : **Jean François Paschal MOREL** natif de Laucourt fils de Raphael et de Philippe MOREL a sur requête par lui présentée été reçu bourgeois gratis attendu les circonstances et a prêté le serment ordinaire pardevant messieurs assemblés en chambre de l'hôtel commun le 12/2/1788.

Folio 151R :

[1306] 6 livres : **Pierre Philippe HAMILLE** natif d'Ecuire près Montreau fils de Pierre et de Marguerite DOSERT a sur requête par lui présentée été reçu bourgeois moyennant finance de six livres qu'il a payé au trésorier receveur et a prêté le serment ordinaire pardevant messieurs assemblés en chambre de l'hôtel commun de cette ville le 15/2/1788.

[1307] 12 livres : **Jean Philippe GOUDEMAN** natif du faubourg d'Amiens paroisse de Saint Nicaise fils de Michel et de Marie Catherine LAGNEZ a sur requête par lui présentée été reçu bourgeois de cette ville et cité moyennant finance de douze livres qu'il a payé au trésorier receveur et a prêté le serment ordinaire pardevant messieurs assemblés en chambre de l'hôtel commun de la ville et cité d'Arras le 15/2/1788.

[1308] 48 livre : Messire **Ferdinand François Séraphin HESPEL** chevalier seigneur d'Harpouville, Saint Martin sur Caguel, Givenchy, Verdericq et autres lieux, lieutenant-colonel au service de sa majesté catholique, chevalier de l'ordre militaire d'Alcantara, natif de Lille et originaire du duché de Gueldres, fils de noble homme Clément Séraphin Marie HESPEL écuyer seigneur de Coisne et noble dame Henriette Françoise DE WASIERES dame d'Hollebecq a été reçu bourgeois de cette ville et cité moyennant finance de quarante-huit livres qu'il a payé au trésorier receveur et a prêté le serment ordinaire pardevant messieurs assemblés en chambre de l'hôtel commun de la ville et cité d'Arras ce jourd'hui 19/2/1788.

Folio 151V :

[1309] **Dieudonné PRUVOST** fils de Dominique bourgeois de cette ville et de Marie Anne DERAUCOURT a récréanté sa bourgeoisie et prêté le serment ordinaire pardevant monsieur de Soignies échevin commissaire de semaine en chambre de l'hôtel commun de la ville et cité d'Arras le 26/2/1788.

[1310] 12 livres : **Claude BARBIER** natif du diocèse de Metz fils de Nicolas et de Marie Anne MASSON a sur requête par lui présentée été reçu bourgeois moyennant finance de douze livres qu'il a payé au trésorier receveur et a prêté le serment ordinaire pardevant messieurs en nombre en chambre de l'hôtel commun de la ville et cité d'Arras le 4/3/1788.

[1311] **Jean Baptiste François PITEUX** fils de Nicolas Joseph bourgeois et de Jeanne Rose BECU a récréanté sa bourgeoisie et a prêté le serment ordinaire pardevant maître Lefebvre avocat et échevin en chambre ce jourd'hui 28/3/1788.

[1312] **Floris Guislain Philibert DUPIRE** fils de Maître Pierre procureur au conseil d'Artois et de Demoiselle Marie Rose Thimothée BEUGNET a récréanté sa bourgeoisie et a prêté le serment ordinaire pardevant monsieur Lefebvre avocat et échevin en chambre ce jourd'hui 28/3/1788.

[1313] gratis : **Pierre Joseph ROZEAU** natif de Merville fils de Roger et de Marie Anne Joseph LEJOSNE a sur requête par lui présentée été reçu bourgeois de cette ville gratis à la recommandation de monsieur de Soignies échevin et a prêté le serment ordinaire pardevant messieurs assemblés en chambre de l'hôtel commun de la ville et cité d'Arras le 1/4/1788.

Folio 152R :

[1314] 12 livres : **Mathias FRANÇOIS** natif d'Angres Liévin fils d'Athanase et de Marie Augustine LONGUEVAL a sur requête par lui présentée été reçu bourgeois moyennant finance de douze livres qu'il a payé au trésorier receveur et a prêté le serment ordinaire pardevant messieurs assemblés en chambre de l'hôtel commun de la ville et cité d'Arras le 1/4/1788.

[1315] **Louis Joseph Guislain GOUDEMANT** natif en la cité de cette ville fils de Charles Guislain et d'Anne Marguerite MANIEZ a en vertu de l'édit de 1749 portant réunion de la cité à cette ville récréanté sa bourgeoisie et a prêté le serment ordinaire pardevant monsieur Dewez avocat et échevin commissaire de semaine en chambre ce jourd'hui 1/4/1788.

[1316] gratis : **Claude Louis PACOUX** natif de Trescon et Couvigny fils de Louis et d'Elizabeth TARGEZ a sur requête par lui présentée été reçu bourgeois de cette ville et cité gratis à la recommandation de monsieur Lallart de Berlette échevin en exercice et a prêté le serment ordinaire pardevant messieurs assemblés en chambre de l'hôtel commun le 4/4/1788.

[1317] **Aimable Augustin Benoît COURTOIS** fils de Pierre Marie bourgeois et de Marie Madeleine Rosalie BOUBERT a récréanté sa bourgeoisie et a prêté le serment ordinaire pardevant monsieur Dewez avocat et échevin en chambre de l'hôtel commun de la ville et cité d'Arras ce jourd'hui 5/4/1788.

[1318] **Louis Emmanuel Joseph GRUEL** natif de cette ville fils de Benoist Druon GRUEL bourgeois et d'Anne Catherine SALMON a récréanté sa bourgeoisie et prêté le serment ordinaire pardevant monsieur de Dion échevin commissaire de semaine de cette ville et cité en chambre de l'hôtel commun du 10/4/1788.

Folio 152V :

[1319] gratis : **Louis Antoine Joseph MANCHON** fils de Jean François natif de cette ville et de Marie Joseph MASSIN a sur requête par lui présentée été reçu bourgeois de cette ville et cité gratis à la recommandation de monsieur Boniface trésorier receveur et a prêté le serment ordinaire pardevant messieurs assemblés en chambre de l'hôtel commun de la ville et cité d'Arras ce jourd'hui 15/4/1788.

[1320] **Philipe Guislain Joseph BETHENCOURT** fils de Jean Baptiste bourgeois de cette ville et de Marie Guislaine DE MULLET a récréanté sa bourgeoisie et prêté le serment ordinaire pardevant monsieur Dupuich échevin commissaire de semaine en chambre de l'hôtel commun de la ville et cité d'Arras le 16/4/1788.

[1321] 12 livres : **Jean Nicolas MICHAULT** natif de Vitry sur Seine lez Paris fils de Jean François et de Marie Louise GOSSELIN a sur requête par lui présentée été reçu bourgeois de cette ville et cité moyennant finance de douze livres qu'il a payé au trésorier receveur et a prêté le serment ordinaire pardevant messieurs assemblés en chambre de l'hôtel commun le 22/4/1788.

[1322] 12 livres : **Charles Joseph EFFROY** natif d'Auxy le Château fils de Joseph et de Marie Jeanne DEBUIRE a sur requête par lui présentée été reçu bourgeois de cette ville et cité moyennant finance de douze livres qu'il a payé au trésorier receveur et prêté le serment ordinaire pardevant messieurs assemblés en chambre de l'hôtel commun le 22/4/1788.

[1323] **Antoine Joseph LAVALLE** natif de cette ville fils de Simon Laurent bourgeois et Agnès CLIQUET a récréanté sa bourgeoisie et prêté le serment ordinaire pardevant monsieur Desongnies échevin commissaire de semaine en chambre de l'hôtel commun de la ville et cité d'Arras le 23/4/1788.

Folio 153R :

[1324] 12 livres : **Alexandre Joseph VAILLE** fils de Jean Charles et de Catherine SAINT AUBERT natif de Cambrai a sur requête par lui présentée été reçu bourgeois de cette ville et cité moyennant la somme de douze livres qu'il a payé au trésorier et prêté le serment ordinaire en chambre de l'hôtel commun de la ville et cité d'Arras le 25/4/1788.

[1325] **Jean Philippe CLUNIET** natif de la paroisse de Saint Sauveur faubourg d'Arras fils d'Antoine Luc et de Marie Guislaine DRANSART a ce jourd'hui récréanté sa bourgeoisie et a prêté le serment ordinaire es mains de monsieur Desongnies échevin commissaire de semaine ce jourd'hui 29/4/1788.

[1326] **Augustin Guislain Joseph RAYMONT** natif de cette ville fils de Jacques RAYMONT bourgeois de cette ville et de Marie Marguerite JACOUCY a récréanté sa bourgeoisie et prêté le serment ordinaire pardevant monsieur Lallart de Berlette échevin commissaire de semaine en chambre de l'hôtel commun de la ville et cité d'Arras le 9/5/1788.

[1327] 12 livres : **Alexandre Jean Marie BENARD** natif de Versailles fils de Jean Etienne et d'Angélique LAFUE a sur requête par lui présentée été reçu bourgeois de cette ville et cité moyennant finance de douze livres qu'il a payé au trésorier receveur et a prêté le serment ordinaire pardevant messieurs en nombre en chambre de l'hôtel commun de ladite ville et cité le 9/5/1788.

Folio 153V :

[1328] 12 livres : **Etienne Joseph HOWEL** natif de cette ville fils d'Antoine Joseph et de Guislaine MARCAU a sur requête par lui présentée été reçu bourgeois moyennant finance de douze livres qu'il a payé au trésorier receveur et a prêté le serment ordinaire pardevant messieurs en nombre en chambre de l'hôtel commun de ladite ville et cité le 9/5/1788.

[1329] gratis : **François Joseph LEFEBVRE** natif de cette ville fils de Michel sergent de police et de Suzanne LEGRAND a sur requête par lui présentée été reçu bourgeois gratis attendu les circonstances et a prêté le serment ordinaire pardevant messieurs en nombre en chambre de l'hôtel commun de ladite ville et cité le 9/5/1788.

[1330] **François Joseph CARDON** natif de cette ville fils de Ferdinand Nicolas bourgeois et de Madeleine Joseph MINART a récréanté sa bourgeoisie et prêté le serment ordinaire pardevant monsieur Liborel avocat échevin commissaire de semaine en chambre de l'hôtel commun de la ville et cité d'Arras le 13/5/1788.

[1331] 3 livres : **François Nicolas Joseph NOIRET** natif de la cité fils de Nicolas bourgeois aussi natif de ladite cité et de Marie Madeleine MANOEUVRE a été relevé de l'omission d'avoir récréanté sa bourgeoisie avant son mariage moyennant finance de trois livres qu'il a payé au trésorier receveur et a prêté le serment ordinaire pardevant messieurs assemblés en chambre de l'hôtel commun de la ville et cité d'Arras le 23/5/1788.

Folio 154R :

[1332] **Florent Joseph LESTEVE** natif de cette ville fils de Pierre Joseph bourgeois et Marie Françoise BROGNIART a récréanté sa bourgeoisie et prêté le serment ordinaire pardevant monsieur Lallart de Berlette échevin de semaine en chambre de l'hôtel commun de la ville et cité d'Arras le 24/5/1788.

[1333] **François Dominique Joseph RISCHEBÉ** natif de cette ville fils de Joseph Géry bourgeois et de Cécile Alexandrine DHENIN a récréanté sa bourgeoisie et prêté le serment ordinaire pardevant monsieur Lallart de Berlette échevin commissaire de semaine en chambre de l'hôtel commun de la ville et cité d'Arras le 24/5/1788.

[1334] **Nicolas Géry Joseph RICHEBÉ** natif de cette ville fils de Joseph Géry bourgeois et de Cécile Alexandrine DHENIN a récréanté sa bourgeoisie et prêté le serment ordinaire pardevant monsieur Lallart de Berlette échevin commissaire de semaine en chambre de l'hôtel commun de la ville et cité d'Arras le 24/5/1788.

[1335] 12 livres : **Jacques Antoine HALLARD** fils de Philibert et de Jeanne Barbe COL natif de Willerval a sur requête par lui présentée été reçu bourgeois moyennant finance de douze livres qu'il a payé au trésorier receveur et a prêté le serment ordinaire pardevant messieurs assemblés en chambre de l'hôtel commun de la ville et cité d'Arras le 30/5/1788.

[1336] 18 livres : **Charles Joseph PETIT** élève en pharmacie natif de Bailleul en Flandres fils de Charles Nicolas et de Marie Albertine GUISIER a sur requête par lui présentée été reçu bourgeois de cette ville et cité moyennant finance de dix-huit livres qu'il a payé au trésorier receveur et a prêté le serment ordinaire pardevant messieurs assemblés en chambre de l'hôtel commun de la ville et cité d'Arras le 13/6/1788.

[1337] 12 livres : **Léger GARY** natif de Saint Martin de Fauveil diocèse de Clermont fils de Gérard et de Marie BADEVET a sur requête par lui présentée été reçu bourgeois moyennant finance de douze livres qu'il a payé au trésorier receveur et prêté le serment ordinaire pardevant messieurs en nombre en chambre de l'hôtel commun de la ville et cité d'Arras le 13/6/1788.

Folio 154V :

[1337] 12 livres : **Jean Baptiste ROUSSEL** natif de Monchy fils de Jean François et de Marie Joseph BIENCOURT a été reçu bourgeois moyennant douze livres payé au trésorier et a prêté le serment le 20/6/1788.

[1338] **Jean Baptiste Guislain CARRAUT** natif de cette ville fils du sieur Augustin Isidore bourgeois de cette ville et de Sabine Catherine DESPLANQUE a récréanté sa bourgeoisie et prêté le serment ordinaire pardevant monsieur Dauchez avocat et échevin commissaire de semaine en chambre le 20/6/1788.

[1339] 3 livres : **Guillaume François DESMARETZ** natif de cette ville fils d'Antoine et de Marie Françoise LEMAIRE a été reçu bourgeois de cette ville faute d'avoir récréanté avant se marier moyennant finance de trois livres qu'il a payé au trésorier receveur de cette ville et cité et a prêté le serment ordinaire pardevant messieurs assemblés en chambre de l'hôtel commun de la ville et cité d'Arras le 27/6/1788.

[1340] 12 livres : **Pierre Joseph WATERLOT** natif d'Annoeulin fils de Jacques Albert et d'Anne Marie Marguerite PARSY a sur requête par lui présentée été reçu bourgeois de cette ville et cité moyennant finance de douze livres qu'il a payé au trésorier receveur et a prêté le serment ordinaire en chambre de l'hôtel commun de la ville et cité d'Arras le 1/7/1788.

[1341] **Charles François Joseph SIX** natif de cette ville fils de Charles Louis Marie bourgeois de cette ville et de Jeanne Marguerite Joseph LACAILLE ses père et mère a récréanté sa bourgeoisie et prêté le serment ordinaire pardevant monsieur Caudron échevin commissaire de semaine le 1/7/1788.

[1342] 12 livres : **Jean François Marie LAIGLE** natif de Saint Pol fils de François et de Marie Joseph MENBEUF a sur requête par lui présentée été reçu bourgeois de cette ville et cité moyennant finance de douze livres qu'il a payé au trésorier receveur et a prêté le serment ordinaire en chambre ce 1/7/1788.

Folio 155R :

[1343] 12 livres : **Louis Joseph FOURMAUX** natif du faubourg paroisse d'Achicourt fils de Marc et de Marie Françoise CHEVREUX a sur requête par lui présentée été reçu bourgeois de cette ville et cité moyennant finance de douze livres qu'il a payé au trésorier receveur et prêté le serment ordinaire en chambre ce 1/7/1788.

[1344] 12 livres : **Antoine François Gabriel LEBRON** natif de Montreuil sur Mer fils de Jean Baptiste et de Marie Claude Austreberte DUBOCQUET a sur requête par lui présentée été reçu bourgeois de cette ville et cité moyennant finance de douze livres qu'il a payé au trésorier receveur et prêté le serment ordinaire pardevant messieurs assemblés en chambre ce jourd'hui 4/7/1788.

[1345] 12 livres : **Jean Philippe LEGROUX** natif d'Arleux fils de Jean François et de Marie Louise PETIT a sur requête par lui présentée été reçu bourgeois de cette ville et cité et a prêté le serment ordinaire en chambre après avoir payé douze livres de finance es mains du trésorier ce jourd'hui 8/7/1788.

[1346] 6 livres : **Jean Baptiste Joseph MANIER** natif de cette ville fils de François et de Marie Barbe Françoise BOUCHER a été admis et reçu bourgeois de cette ville et cité moyennant finance de six livres qu'il a payé au trésorier receveur et a prêté le serment ordinaire en chambre de l'hôtel commun de la ville et cité d'Arras le 8/7/1788.

[1347] 12 livres : **Jean Baptiste Joseph DAMBRINES** natif de Gouy en Gohelle fils de Philippe François et Marie Françoise ARNOULD a sur requête par lui présentée été reçu bourgeois de cette ville et cité moyennant finance de douze livres qu'il a payé au trésorier receveur et prêté le serment ordinaire pardevant messieurs assemblés en chambre ce jourd'hui 15/7/1788.

<u>Folio 155V :</u>

[1348] **Georges François BECU** natif de cette ville fils de Barthélémy Joseph bourgeois de cette ville et de Marie Anne Théodore LEGRAND a récréanté sa bourgeoisie et prêté le serment ordinaire pardevant monsieur de Dion échevin commissaire de semaine en chambre ce jourd'hui 22/7/1788.

[1349] **Jean Baptiste Joseph Clément DRION** natif de cette ville fils d'Antoine bourgeois et d'Anne Catherine Pélagie SOLON a récréanté sa bourgeoisie et prêté le serment ordinaire pardevant monsieur Lallart de Berlette échevin commissaire de semaine en chambre de l'hôtel commun de la ville et cité d'Arras le 25/7/1788.

[1350] 12 livres : **Louis LEGRAND** natif d'Achicourt fils de Pierre Philippe et de Marie Anne Joseph BIENFAIT a sur requête par lui présentée été reçu bourgeois de cette ville et cité moyennant finance de douze livres qu'il a payé au trésorier receveur et a prêté le serment ordinaire pardevant messieurs assemblés en chambre de l'hôtel commun ce jourd'hui 5/8/1788.

[1351] **Jean Baptiste POLLET** natif de cette ville fils de Nicolas et de Marie Joseph PETIT a récréanté sa bourgeoisie et prêté le serment ordinaire pardevant maître Liborel avocat et échevin commissaire de semaine ce jourd'hui en chambre de l'hôtel commun de la ville et cité d'Arras 18/8/1788.

[1352] gratis : **Etienne RIMBERT** natif de Saint Pierre de Lezoux du diocèse de Clermont en Auvergne fils de Joseph et de Gilberte DOGE a sur requête par lui présentée été reçu bourgeois gratis et a prêté le serment ordinaire pardevant messieurs en nombre en chambre de l'hôtel commun de la ville et cité d'Arras le 26/8/1788.

[1353] 3 livres : **Charles François Joseph GELEE** natif de cette ville fils d'Albert Joseph et de Jeanne Joseph CAUDRON a sur requête par lui présentée été reçu bourgeois de cette ville moyennant

<u>Folio 156R :</u>

finance de trois livres qu'il a payé au trésorier receveur et a prêté le serment ordinaire pardevant messieurs en nombre en chambre de l'hôtel commun de la ville et cité d'Arras le 2/9/1788.

[1354] **Guislain Emmanuel DEPLANQUE** natif de cette ville fils de Jean Baptiste et d'Isabelle Anne LAGACHE a récréanté sa bourgeoisie et prêté le serment ordinaire pardevant monsieur Dupuich échevin commissaire de semaine ce jourd'hui 3/9/1788.

[1355] 6 livres : **Victoire Natalie MARQUIS** native d'Ayette fille de Lambert et de Marie Anne CAMIEZ a sur requête par elle présentée été reçue bourgeois de la ville et cité d'Arras moyennant finance de six livres qu'elle a payé au trésorier receveur de cette ville et a prêté le serment pardevant messieurs en nombre ce jourd'hui 9/9/1788.

[1356] **Constant Joseph LECLERCQ** natif de cette ville fils d'Antoine Joseph bourgeois et de Catherine Joseph DUSAR a récréanté sa bourgeoisie et a prêté le serment ordinaire pardevant monsieur Caudron échevin commissaire de semaine en chambre ce jourd'hui 13/9/1788.

[1357] **Pierre François Joseph COUTHIAUX** natif de cette ville fils de François Joseph bourgeois de cette ville et de Jeanne Catherine DELEMOTTE a récréanté sa bourgeoisie et prêté le serment ordinaire es mains de monsieur Caudron échevin commissaire de semaine ce jourd'hui 19/9/1788.

<u>Folio 156V :</u>

[1358] **Jean Baptiste LANCEL** natif de cette ville fils de Jean Baptiste Guislain et de Marie Joseph Victoire DEPLANQUE a récréanté sa bourgeoisie et prêté le serment ordinaire en chambre es mains de monsieur Dupuich échevin commissaire de semaine ce jourd'hui 27/9/1788.

[1359] 12 livres : **Nicolas François LEQUIEN** natif d'Etrun fils de Jean Baptiste et de Marie Thérèse BLAZAU a sur requête par lui présentée été reçu bourgeois de cette ville et cité moyennant finance de douze livres qu'il a payé au trésorier receveur et a prêté le serment ordinaire pardevant messieurs assemblés en chambre de l'hôtel commun de la ville et cité d'Arras le 3/10/1788.

[1360] **Guislain Louis Joseph BERRU** natif de cette ville fils de Jean Baptiste bourgeois de cette ville et de Marie Anne Joseph HAUWEL a récréanté sa bourgeoisie et a prêté le serment ordinaire pardevant monsieur Dupuich échevin commissaire de semaine en chambre ce jourd'hui 6/10/1788.

[1361] **Augustin François Joseph Laurent LENAIN** natif de cette ville fils d'Augustin Joseph et de Yolande Joseph COURCELLE a récréanté sa bourgeoisie et prêté le serment ordinaire pardevant monsieur Dupuich échevin commissaire de semaine en chambre de l'hôtel commun de la ville et cité d'Arras ce 7/10/1788.

[1362] 12 livres : **Pierre VACHE** natif de Tours fils de Pierre et de Françoise BERGE a sur requête par lui présentée été reçu bourgeois de cette ville moyennant finance de douze livres qu'il a payé au trésorier receveur et a prêté le serment ordinaire pardevant messieurs en nombre en chambre de l'hôtel commun de la ville et cité d'Arras le 7/10/1788.

Folio 157R :

[1363] gratis : **Nicolas Constantin Joseph BOCQUILLON** natif de cette ville fils de Gilles Constantin Joseph et de Marie Anne Joseph BLO a sur requête par lui présentée été reçu bourgeois gratis attendu les circonstances et a prêté le serment ordinaire pardevant messieurs assemblés en chambre de l'hôtel commun de la ville et cité d'Arras le 7/10/1788.

[1364] 6 livres : **Joseph Mathieu DESPLANQUES** natif de cette ville fils de Barthélémy bourgeois et de Marie ROHAULT a été relevé de l'omission d'avoir récréanté sa bourgeoisie avant se marier moyennant finance de six livres qu'il a payé au trésorier receveur et a prêté le serment ordinaire en chambre de l'hôtel commun pardevant messieurs en nombre le 10/10/1788.

[1365] 12 livres : **Louis François DEUSY** natif de Neuville Saint Vaast fils de Philippe et de Marie Florice BALTIQUE a sur requête par lui présentée ce jourd'hui été reçu bourgeois de cette ville et cité moyennant finance de douze livres qu'il a payé au trésorier receveur de cette ville et a prêté le serment ordinaire pardevant messieurs en nombre en chambre ce jourd'hui 21/10/1788.

[1366] gratis : **André SCHILLEMANS** natif de Dunkerque fils d'Adrien et de Françoise KEYSEBECKE a sur requête par lui présentée été reçu bourgeois gratis à la recommandation de monsieur Delepouve substitut et a prêté le serment ordinaire pardevant messieurs en nombre en chambre de l'hôtel commun de la ville et cité d'Arras le 24/10/1788.

[1367] **Louis BASIEUX** natif de cette ville fils de Louis BASIEUX et de Marguerite BLOT a récréanté sa bourgeoisie et prêté le serment ordinaire pardevant monsieur Lallart de Berlette échevin commissaire de semaine en chambre de l'hôtel commun de la ville et cité d'Arras le 6/11/1788.

[1368] 12 livres : **Hubert Philogone TILLETTE** natif de Rollencourt fils de Jean et d'Antoinette OCCRE a été reçu bourgeois moyennant finance de douze livres et a prêté le serment le 6/11/1788.

Folio 157V :

[1369] **François Augustin Laurent LANGUEBIEN** natif de cette ville fils de Louis François Joseph et Natalie Delphine CATELAIN a récréanté sa bourgeoisie et prêté le serment ordinaire pardevant monsieur Théodore Dupuich échevin commissaire de semaine en l'hôtel commun de la ville et cité d'Arras le 11/11/1788.

[1370] **Louis Amand Joseph LANGUEBIEN** natif de cette ville fils d'Etienne Joseph LANGUEBIEN bourgeois et d'Angélique Rosalie MONEL a récréanté sa bourgeoisie et prêté le serment ordinaire pardevant monsieur Dupuich échevin commissaire de semaine en chambre le 11/11/1788.

[1371] 12 livres : **Daniel MARGRETTA** natif d'Obervatz fils de Jean et de Marie FLORINET a sur requête par lui présentée été reçu bourgeois de cette ville et cité moyennant finance de douze livres qu'il a payé au trésorier receveur et prêté le serment ordinaire pardevant messieurs assemblés en chambre de l'hôtel commun de la ville et cité d'Arras le 11/11/1788.

[1372] **Libert Jean Marie MARCHAND** fils de Pierre Augustin Marie MARCHAND et de Barbe Louise Thérèse LEFEBVRE a récréanté sa bourgeoisie et prêté le serment ordinaire pardevant monsieur Théodore Dupuich échevin commissaire de semaine en chambre de l'hôtel commun de la ville et cité d'Arras le 14/11/1788.

[1373] **Nicolas François Dominique GOUZOT** natif de cette ville fils de Dominique bourgeois et de Marie Anne DEROUSSEL a récréanté sa bourgeoisie et a prêté le serment ordinaire pardevant monsieur Dupuich échevin commissaire de semaine en chambre ce jourd'hui 15/11/1788.

[1374] **Josse Joseph Thomas DUPONT** fils de Charles Thomas et de Catherine Fidèle CAMIEZ natif de cette ville a récréanté sa bourgeoisie et a prêté le serment ordinaire es mains de maître Caudron échevin commissaire de semaine ce jourd'hui 18/11/1788.

Folio 158R :

[1375] 6 livres : **Nicolas François PAYEN** natif de cette ville fils de Charles Guislain bourgeois et de Marie Joseph MALPAUX a sur requête été reçu bourgeois de cette ville et cité moyennant finance de six livres qu'il a payé au trésorier receveur attendu les circonstances et a prêté le serment ordinaire pardevant messieurs assemblés en nombre en chambre de l'hôtel commun de la ville et cité d'Arras le 18/11/1788.

[1376] gratis : **Augustin RAMETTE** natif de cette ville fils de Jacques et de Marie Thérèse LEFEBVRE a été reçu bourgeois gratis attendu les circonstances et a prêté le serment ordinaire pardevant messieurs assemblés en chambre de l'hôtel commun de la ville et cité d'Arras ce jourd'hui 21/11/1788.

[1377] gratis : **Antoine Joseph QUIGNON** natif de cette ville fils de Charles et de Marie Anne BLANCHART a été reçu bourgeois de cette ville gratis attendu les circonstances et a prêté le serment ordinaire pardevant messieurs en chambre de l'hôtel commun de la ville et cité d'Arras ce jourd'hui 21/11/1788.

[1378] 12 livres : **Jean Louis CORBET** natif de la paroisse de Saint Rémy Suzaine diocèse de Noyon fils de François et de Marie Catherine DUPUIS a sur requête par lui présentée été reçu bourgeois de cette ville et cité moyennant finance de douze livres qu'il a payé au trésorier receveur et a prêté le serment ordinaire pardevant messieurs assemblés en nombre ce jourd'hui 5/12/1788.

[1379] 3 livres : **Antoine Florent GRIGNY** natif de cette ville fils de Léonard François bourgeois et petit fils de Jean Guillaume aussi bourgeois a sur requête par lui présentée été reçu bourgeois de cette ville et cité moyennant finance de trois livres qu'il a payé au trésorier receveur attendu qu'il ne s'est récréanté avant son mariage et a prêté le serment pardevant messieurs en nombre en chambre le 9/12/1788.

Folio 158V :

[1380] gratis : **Jean Baptiste DEGUELDRES** natif d'Etrun fils de Jean Baptiste et de Jeanne Catherine BOUBERT a sur requête par lui présentée été reçu bourgeois gratis attendu les circonstances et a prêté le serment ordinaire en chambre de l'hôtel commun de la ville et cité d'Arras le 19/12/1788.

[1381] **Antoine Joseph BERU** natif de cette ville fils de Claude Joseph bourgeois et de Cécile Joseph LAWRE a récréanté sa bourgeoisie et a prêté le serment ordinaire pardevant maître Lefebvre avocat et échevin en chambre ce 31/12/1788.

[1382] gratis : **Alexis François Benoît PETIT** natif de cette ville fils d'Alexis et de Marie Michelle PAYEN a été reçu bourgeois de cette ville et cité gratis à la recommandation de monsieur Bayart procureur du roi sindic de cette ville et a prêté le serment ordinaire pardevant messieurs en chambre de l'hôtel commun de la ville et cité d'Arras le 30/12/1788.

[1383] 12 livres : **Honoré Etienne MATIFA** natif de cette ville fils d'Etienne Victor et d'Angélique GRIANGE a sur requête par lui présentée ce jourd'hui été reçu bourgeois de cette ville et cité moyennant finance de douze livres qu'il a payé au trésorier receveur et a prêté le serment ordinaire en chambre pardevant messieurs en nombre ce 9/1/1789.

[1384] 12 livres : **Jean Baptiste Joseph GOSSART** natif de cette ville fils de Pierre François maître tonnelier et aubergiste et de Marie Madeleine Joseph THOMAS a sur requête par lui présentée ce jourd'hui été reçu de l'omission à récréanter sa bourgeoisie moyennant finance de douze livres qu'il a payé au trésorier receveur et a prêté le serment ordinaire pardevant messieurs en nombre en chambre ce jourd'hui 13/1/1789. [aussi 160R]

Folio 159R :

[1385] 12 livres : **Pierre Joseph FOURSY** natif d'Agny fils de Thomas et de Scolastique LEMAIRE a sur requête par lui présentée ce jourd'hui été reçu bourgeois de cette dite ville et cité moyennant finance de douze livres qu'il a payé au trésorier receveur de cette ville et cité et a prêté le serment ordinaire pardevant messieurs en nombre ce jourd'hui 13/1/1789.

[1386] **Etienne Guislain Hipolite Joseph WAGON** natif de cette ville fils d'Etienne Joseph Prosper bourgeois de cette ville et de Marie Elisabeth Cécile LEPAGE a récréanté sa bourgeoisie et a prêté le serment ordinaire pardevant monsieur Liborel avocat échevin commissaire de semaine ce jourd'hui 15/1/1789.

[1387] gratis : **Philippe BLASART** natif d'Agniez fils de Jean Guislain et de Dorothée DURIEZ a sur requête par lui présentée été reçu bourgeois gratis à la recommandation de monsieur Lallart de Berlette échevin et a prêté le serment ordinaire en chambre de l'hôtel commun de la ville et cité d'Arras le 23/1/1789.

[1388] gratis : **Philippe Joseph MICHON** natif de Frévent fils de Claude Joseph et de Marie Catherine MARTIN a sur requête par lui présentée été reçu bourgeois de cette ville et cité gratis à la recommandation de monsieur de Dion échevin et a prêté le serment ordinaire pardevant messieurs assemblés en chambre ce jourd'hui 30/1/1789.

[1389] gratis : **Michel Joseph TOBOIS** natif de Noulette en Gohelle fils de Jean François et de Marie Françoise LEROUX a sur requête par lui présentée été reçu bourgeois de cette ville et cité gratis à la recommandation de monsieur Dauchez avocat échevin et a prêté le serment ordinaire pardevant messieurs assemblés en chambre de l'hôtel commun ce jourd'hui 30/1/1789.

Folio 159V :

[1390] gratis : **Jean François Marie GOBERT** natif du village de Sorrus banlieue de Montreuil sur mer fils de Jean Baptiste Denis et de Marie Joseph VALLOIS a sur requête par lui présentée été reçu bourgeois de cette ville et cité gratis à la recommandation de monsieur Boniface trésorier receveur et a prêté le serment ordinaire pardevant messieurs assemblés en chambre de l'hôtel commun de la ville et cité d'Arras ce jourd'hui 3/2/1789.

[1391] **Marie Guislain Joseph LEMAIRE** natif de cette ville fils de Jérosme Joseph bourgeois et de Marie Anne COCHE a récréanté sa bourgeoisie et prêté le serment ordinaire pardevant monsieur Dauchez avocat échevin en chambre ce jourd'hui 7/2/1789.

[1392] **Pierre Joseph Joachim BOYELLE** natif de cette ville fils de Pierre Antoine et de Marie Marguerite BONAVENTURE a récréanté sa bourgeoisie et prêté le serment ordinaire pardevant monsieur Dupuich échevin commissaire de semaine en chambre de l'hôtel commun de la ville et cité d'Arras le 10/2/1789.

[1393] gratis : **[ ] DELADERRIERE** fils de Nicolas François et d'Anne Barbe Thérèse SERGEANT natif de cette ville a sur requête par lui présentée été reçu bourgeois de cette ville et cité gratis à la recommandation de monsieur Grimbert avocat et greffier en chef et a prêté le serment ordinaire pardevant messieurs assemblés en chambre ce jourd'hui 10/2/1789.

[1394] gratis : **Antoine PENTIL** natif de Saint Sauveur de Cambrai fils de Michel et de Marie Joseph VIVET a sur requête par lui présentée été reçu bourgeois de cette ville et cité gratis à la recommandation de maître Dewez avocat et échevin et a prêté le serment ordinaire pardevant messieurs assemblés en nombre en chambre le 10/2/1789.

Folio 160R :

[1395] 12 livres : **Georges AUBERT** natif de Maunhoffen ou de Mariecelle fils d'Antoine et de Thérèse MANRERIN a sur requête par lui présentée été reçu bourgeois de cette ville moyennant finance de douze livres qu'il a payé au trésorier receveur de cette ville et a prêté le serment ordinaire pardevant messieurs assemblés en chambre de l'hôtel commun de la ville et cité d'Arras ce jourd'hui 10/2/1789.

[1396] 12 livres : **Jean Baptiste PERO** natif du village de Condivo en Corse fils de Pierre et d'Anne Marie [ ] a sur requête par lui présentée été reçu bourgeois de cette ville et cité moyennant finance de douze livres qu'il a payé au trésorier receveur et a prêté le serment ordinaire pardevant messieurs assemblés en chambre ce jourd'hui 17/2/1789.

[1397] gratis : **Antoine BARBE** natif de Carcassonne fils de Jean et de Paule CHAUMON a sur requête par lui présentée été reçu bourgeois de cette ville et cité gratis à la recommandation de monsieur Caudron échevin en exercice et a prêté le serment ordinaire pardevant messieurs assemblés en chambre ce jourd'hui 17/2/1789.

Folio 160V :

[1398] **Adrien Joseph NONGEANT** natif de cette ville fils d'Adrien Robert bourgeois de cette dite ville et de Marie Rose Joseph DUFOUR a récréanté sa bourgeoisie et a prêté le serment ordinaire en chambre pardevant monsieur Desongnis échevin commissaire de semaine ce jourd'hui 19/2/1789.

[1399] 12 livres : **Henry KUHNMINICH** natif de Blamon fils de Jean Georges et Marie Elisabeth SCHEU a sur requête par lui présentée ce jourd'hui été reçu bourgeois de cette ville et cité moyennant finance de douze livres qu'il a payé au trésorier receveur de cette dite ville et cité et a prêté le serment ordinaire pardevant messieurs en nombre en chambre ce jourd'hui 20/2/1789.

[1400] 12 livres : **Louis Amable Joseph ROGER** natif du faubourg de Sainte Catherine lez cette ville fils de Jean Philippe et de Jeanne Marguerite LEGLAND a sur requête par lui présentée ce jourd'hui été reçu bourgeois de cette dite ville et cité moyennant finance de douze livres qu'il a payé au trésorier receveur de cette ville et a prêté le serment ordinaire pardevant messieurs en nombre en chambre ce jourd'hui 27/2/1789.

[1401] 12 livres : **Jacob BADER** natif de Sudorf de Berne en Suisse fils de Jacob et de Catherine WUIMEN a sur requête par lui présentée ce jourd'hui été reçu bourgeois de cette ville et cité moyennant finance de douze livres qu'il a payé au trésorier receveur de cette dite ville et cité et a prêté le serment ordinaire pardevant messieurs en nombre en chambre ce jourd'hui 27/2/1789.

[1402] **Liévin Louis Joseph DUWA** natif de Sainghin ? fils d'Antoine et de Marie Jeanne Maurice DUPUIS a sur requête par lui présentée ce jourd'hui été reçu bourgeois de cette dite ville et cité à la recommandation de monsieur Desongnis échevin en exercice et a prêté le serment ordinaire pardevant messieurs en nombre ce jourd'hui 27/2/1789.

Folio 161R :

[1403] **Pierre Guislain Joseph DUQUESNE** natif de cette ville fils de Pierre François bourgeois et de Marie Joseph Augustin RIDON a récréanté sa bourgeoisie et a prêté le serment ordinaire pardevant monsieur Defosseux échevin commissaire de semaine en chambre ce jourd'hui 3/3/1789.

[1404] gratis : **Augustin Joseph FERBUS** natif de Beaumetz les Loges fils de Louis Joseph et de Marie Jeanne BETHENCOURT a sur requête par lui présentée ce jourd'hui été reçu bourgeois gratis à la recommandation de maître Liborel avocat et échevin et a prêté le serment ordinaire pardevant messieurs en nombre en chambre ce 6/3/1789.

[1405] 12 livres : **François WALMERAD** natif de Naples fils de Guillaume et de Susanne WALMERAD a sur requête par lui présentée ce jourd'hui été reçu bourgeois de cette dite ville et cité moyennant finance de douze livres qu'il a payé au trésorier receveur et a prêté le serment ordinaire pardevant messieurs en nombre ce jourd'hui 13/3/1789.

[1406] **Roch GODART** natif de cette ville fils de Maclou bourgeois et de Marie Jeanne Austreberte MUSQUINEL a récréanté sa bourgeoisie et a prêté le serment ordinaire pardevant monsieur Dubois de Fosseux échevin en chambre ce jourd'hui 1/3/1789.

[1407] **Xavier Joseph CENSIER** fils de François Joseph bourgeois de cette ville et de Marie Antoinette Françoise Julie PROUILLE a récréanté sa bourgeoisie et a prêté le serment ordinaire pardevant maître Dewez avocat échevin ce jourd'hui 3/4/1789.

[1408] gratis : **Augustin Joseph DE FARBUS** natif de Neuville Saint Vaast fils de Joseph et de Marie Anne Joseph FORESTIER a sur requête par lui présentée été reçu bourgeois de cette ville et cité gratis à la recommandation de monsieur le baron d'Aix mayeur de cette ville et a prêté le serment ordinaire pardevant messieurs ce jourd'hui 3/4/1789.

Folio 161V :

[1409] **Antoine Joseph Prudent COLIN** natif de cette ville fils de Jacques Antoine bourgeois et de Claire Dominique CHOUET a récréanté sa bourgeoisie et prêté le serment ordinaire pardevant monsieur Dauchez avocat échevin commissaire de semaine en chambre de l'hôtel commun de la ville et cité d'Arras le 11/4/1789.

[1410] 12 livres : **Jean Baptiste Magloire CUVILLIER** natif de Simencourt fils de Jean Baptiste et de Marie Françoise MISE a sur requête par lui présentée été reçu bourgeois de cette ville et cité moyennant finance de douze livres qu'il a payé au trésorier receveur de cette dite ville et a prêté le serment ordinaire en chambre de l'hôtel commun de la ville et cité d'Arras ce 21/4/1789.

[1411] 12 livres : **Jean Baptiste CUVELIER** natif du village d'Estrée Wamin fils de Jean Baptiste et de Cécile SARANA a été reçu bourgeois de cette ville sur la requête par lui présentée moyennant finance de douze livres qu'il a payé au trésorier receveur et a prêté le serment ordinaire pardevant messieurs en chambre de l'hôtel commun de la ville et cité d'Arras ce 21/4/1789.

[1412] 18 livres : **Charles Louis Joseph RINGOT** natif de Béthune fils de Louis Joseph et de Marie Louise PRINGUE a sur requête par lui présentée été reçu bourgeois de cette ville et cité moyennant finance de dix-huit livres qu'il a payé au trésorier receveur d'icelle et a prêté le serment ordinaire pardevant messieurs assemblés en chambre de l'hôtel commun ce jourd'hui 24/4/1789.

[1413] **Louis François Jérosme CELLIER** natif de cette ville fils de Jérome et de Jeanne Claire VAAST a récréanté sa bourgeoisie et prêté le serment ordinaire pardevant monsieur Desongnis échevin commissaire de semaine en chambre de l'hôtel commun de la ville et cité d'Arras le 28/4/1789.

Folio 162R :

[1414] 12 livres : **Pierre Louis Baltazard LEGER** natif de cette ville fils d'Antoine et de Marie Jeanne ANSELIN a sur requête par lui présentée été reçu bourgeois de cette ville et cité moyennant finance de douze livres qu'il a payé au trésorier receveur et prêté le serment ordinaire pardevant messieurs assemblés en chambre de l'hôtel commun de la ville et cité d'Arras le 1/5/1789.

[1415] 12 livres : **Henry Lambert ROUSSEL** natif de Bapaume fils de Lambert et d'Elisabeth WALDIN hostelain a sur requête par lui présentée été reçu bourgeois de cette ville moyennant finance de douze livres qu'il a payé au trésorier receveur et a prêté le serment ordinaire en chambre de l'hôtel commun de la ville et cité d'Arras le 8/5/1789.

[1416] gratis : **Jean Baptiste DIDELOT** natif de Nancy fils de Charles et de Thérèse CASSIN a sur requête par lui présentée été reçu bourgeois gratis à la recommandation de monsieur Grimbert greffier et a prêté le serment ordinaire pardevant messieurs en nombre en chambre de l'hôtel commun de la ville et cité d'Arras (8/5/1789).

[1417] gratis : **Godefred METZ** natif du duché de Wittemberg fils de Jean Jacob et de Marie Anne LACRISTEREIN a sur requête par lui présentée été reçu bourgeois gratis à la recommandation de monsieur Delepouve substitut du procureur du roi et a prêté le serment ordinaire pardevant messieurs en nombre en chambre de l'hôtel commun de la ville et cité d'Arras le 19/5/1789.

[1418] **Antoine Nicolas DINOIR** natif de cette ville fils de Jean Charles Patrice et de Constance Anne Joseph DAMIENS a récréanté sa bourgeoisie et prêté le serment ordinaire pardevant monsieur Dubois de Fosseux échevin commissaire de semaine en chambre de l'hôtel commun de la ville et cité d'Arras ce 25/5/1789.

Folio 162V :

[1419] **Louis Elzear RAYEZ** natif de cette ville fils de Jean Baptiste bourgeois et d'Isabelle NONJEAN a récréanté sa bourgeoisie et prêté le serment ordinaire pardevant monsieur Liborel avocat et échevin commissaire de semaine ce jourd'hui 2/6/1789.

[1420] **Jean Baptiste Alexandre Félix HOUPLAIN** natif de cette ville fils de Mathias Félix et de Marie Marthe LAFILET a récréanté sa bourgeoisie et prêté le serment ordinaire pardevant monsieur Liborel lainé avocat et échevin commissaire de semaine ce jourd'hui 2/6/1789.

[1421] **Augustin Nicolas Joseph LIBESSART** natif de cette ville fils de Guislain Donat bourgeois de cette dite ville et d'Agnès Joseph QUEVA a récréanté sa bourgeoisie et a prêté le serment ordinaire pardevant monsieur Liborel avocat et échevin commissaire de semaine en chambre ce jourd'hui 4/6/1789.

[1422] **Louis Joseph François DUPONCHEL** natif de cette ville fils de Jean Baptiste bourgeois de cette ville et de Scolastique DESAILLY a récréanté sa bourgeoisie et prêté le serment ordinaire pardevant monsieur Dewez avocat et échevin commissaire de semaine ce jourd'hui 15/6/1789.

[1423] 6 livres : **Marie Anne Joseph LEPINOY** natif de la paroisse de Saint Martin de la ville de Ham fille de Louis et de Catherine COQUENET a sur requête par elle présentée été reçue bourgeoise de cette ville et cité moyennant finance de six livres qu'elle a payé au trésorier receveur de cette ville et cité et a prêté le serment ordinaire pardevant messieurs en nombre en chambre de l'hôtel commun ce jourd'hui 23/6/1789.

Folio 163R :

[1424] 3 livres : **Jean Etienne CAPY** natif de Bailleul aux Cornailles fils de Martin et de Marie Catherine BECOURT a sur requête par lui présentée été reçu bourgeois moyennant finance de trois livres qu'il a payé au trésorier receveur et a prêté le serment ordinaire en chambre de l'hôtel commun pardevant messieurs en nombre le 26/6/1789.

[1425] 6 livres : **Jean Baptiste Urbain MONVOISIN** natif de Bavincourt fils de Guillaume et de Marie Jeanne ALEXANDRE a sur requête par lui présentée ce jourd'hui été reçu bourgeois de cette ville et cité moyennant finance de six livres qu'il a payé au trésorier receveur de cette ville et cité et a prêté le serment ordinaire pardevant messieurs en nombre en chambre ce jourd'hui 26/6/1789.

[1426] **Hipolite Henry Joseph HODOYER** fils de Louis Joseph et de Marie Monique LEGAY de cette ville a récréanté sa bourgeoisie et prêté le serment ordinaire pardevant monsieur Desongnies échevin commissaire de semaine ce jourd'hui 30/6/1789.

[1427] **François Joseph BOYELLE** natif de cette ville fils de Louis Alexis Fidel bourgeois de cette dite ville et de Marie Madeleine LENGLET a récréanté sa bourgeoisie et a prêté le serment ordinaire pardevant monsieur Dupuich échevin commissaire de semaine en chambre ce jourd'hui 4/7/1789.

[1428] **Fleury Joseph DERANSART** fils de Pierre François et de Marie Dominique SAMSON a récréanté sa bourgeoisie et a prêté le serment ordinaire pardevant monsieur Caudron échevin commissaire de semaine en chambre ce jourd'hui 7/7/1789.

[1429] 12 livres : **Louis Joseph LESAGE** natif d'Ayette fils de François et de Thérèse SAVARY praticien a sur requête par lui présentée ce jourd'hui été reçu bourgeois de cette ville et cité moyennant finance de douze livres qu'il a payé au trésorier receveur et prêté le serment ordinaire pardevant messieurs assemblés en chambre ce jourd'hui 7/7/1789.

Folio 163V :

[1430] 12 livres : **Charles Louis Joseph BOULOT** natif de la paroisse d'Achicourt fils de Jean Philippe et de Marie Barbe PROUVE a sur requête par lui présentée été reçu bourgeois de cette ville et cité moyennant finance de douze livres qu'il a payé au trésorier receveur de cette ville et a prêté le serment ordinaire pardevant messieurs assemblés en chambre de l'hôtel commun ce jourd'hui 7/7/1789/

[1431] 12 livres : **Louis Joseph BOEL** natif de Tournai fils de Charles Jacob et de Marie Catherine DURIEZ a sur requête par lui présentée été reçu bourgeois de cette ville et cité moyennant finance de douze livres qu'il a payé au trésorier receveur de cette ville et a prêté le serment ordinaire pardevant messieurs assemblés en chambre ce jourd'hui 10/7/1789.

[1432] **Nicolas Alexis ROGIER** natif de cette ville fils de Nicolas François Joseph bourgeois et de Marie Pélagie CHARLES a récréanté sa bourgeoisie et a prêté le serment ordinaire pardevant monsieur Caudron échevin commissaire de semaine en chambre ce jourd'hui 21/6/1789.

[1433] 12 livres : **François Augustin PRUVOST** natif de Dainville fils de Jean François et de Marie Joseph LA ROCHE a sur requête par lui présentée été reçu bourgeois de cette ville et cité moyennant finance de douze livres qu'il a payé au trésorier receveur de cette ville et cité et a prêté le serment ordinaire pardevant messieurs assemblés en chambre ce jourd'hui 7/8/1789.

[1434] 6 livres : **Jean François Liévin LEROUX** natif de cette ville fils de Jean Philippe et de Marie Marguerite CAILLEZ a sur requête par lui présentée été reçu bourgeois de cette ville et cité moyennant

Folio 164R :

finance de six livres qu'il a payé au trésorier receveur de cette ville et a prêté le serment ordinaire pardevant messieurs en nombre en chambre ce jourd'hui 18/8/1789.

[1435] **Louis Aimable Etienne WAQUEZ** natif de cette ville fils de Louis Nicolas Fidel et d'Angélique Marie Claire Joseph CARON a récréanté sa bourgeoisie et prêté le serment ordinaire pardevant monsieur Dauchez avocat et échevin de semaine en chambre ce jourd'hui 3/9/1789.

[1436] 12 livres : **Barthélémy François BURLION** natif de Bousie en Cambrésis fils de Barthélémy et de Michelle DREUMONT a sur requête par lui présentée été reçu bourgeois de cette ville et cité moyennant finance de douze livres qu'il a payé au trésorier receveur de cette ville et cité et a prêté le serment ordinaire pardevant messieurs en nombre en chambre ce jourd'hui 4/9/1789.

[1437] 6 livres : **Jean CHRIST** natif de Ridedholtz Suisse fils de Joseph et d'Anne Marie MULLER a sur requête par lui présentée été reçu bourgeois de cette ville et cité moyennant finance de six livres qu'il a payé au trésorier receveur de cette ville et a prêté le serment ordinaire pardevant messieurs assemblés en chambre de l'hôtel commun de cette ville ce jourd'hui 15/9/1789.

[1438] **Louis François Joseph DEHAY** natif de cette ville fils de Guillaume François bourgeois et de Reine Joseph FLAMANT a récréanté sa bourgeoisie et a prêté le serment ordinaire pardevant monsieur Caudron échevin commissaire de semaine ce jourd'hui 16/9/1789.

Folio 164V :

[1439] 6 livres : **Jean ALEXANDRE** natif de Calais diocèse de Boulogne fils de François et de Marie Catherine BATARD a sur requête par lui présentée été reçu bourgeois de cette ville moyennant finance de six livres qu'il a payé au trésorier receveur et a prêté le serment ordinaire pardevant messieurs en nombre en chambre de l'hôtel commun de la ville et cité d'Arras le 18/9/1789.

[1440] **Fidel André Joseph THOMAS** fils d'André bourgeois et de Jeanne Elizabeth COUSIN a récréanté sa bourgeoisie et prêté le serment ordinaire pardevant monsieur Lefebvre avocat et échevin commissaire de semaine le 28/9/1789.

[1441] gratis : **Louis FOURNIER** natif de Bavincourt fils de Pierre et de Marie Laurence DAUTE a sur requête par lui présentée été reçu bourgeois gratis à la recommandation de monsieur Dubois de Fosseux et a prêté le serment ordinaire en chambre de l'hôtel commun de la ville et cité d'Arras le 28/9/1789.

[1442] **Romain Joseph LAVALLE** natif de cette ville fils de Guillaume Joseph bourgeois de cette ville et de Marguerite Jeanne WALLE a récréanté sa bourgeoisie et prêté le serment ordinaire pardevant monsieur Desoignie échevin commissaire de semaine en chambre de l'hôtel commun de la ville et cité d'Arras le 5/10/1789.

[1443] 18 livres : **Ive Eugène ANSART** natif de la paroisse d'Aubigny fils de Philippe et d'Augustine ANSART a sur requête par lui présentée été reçu bourgeois de cette ville moyennant finance de dix-huit livres qu'il a payé au trésorier receveur de cette ville et a prêté le serment ordinaire pardevant messieurs en nombre en chambre de l'hôtel commun de la ville et cité d'Arras le 13/10/1789.

<u>Folio 165R</u> :

[1444] 3 livres : **François Léopol DUVENEL** natif d'Alsace fils de François et Dottile MATIE a sur requête par lui présentée été reçu bourgeois de cette ville et cité moyennant finance de trois livres qu'il a payé au trésorier receveur de cette ville et a prêté le serment ordinaire pardevant messieurs assemblés en chambre de l'hôtel commun ce jourd'hui 23/10/1789.

[1445] **Philippe Joseph CHAPRON** natif de cette ville fils de Jean Philippe bourgeois de cette ville et de Florine Caroline Joseph MURY a récréanté sa bourgeoisie et prêté le serment ordinaire pardevant monsieur Dewez échevin commissaire de semaine ce jourd'hui 3/11/1789.

[1446] **Constantin Joseph VASSEUR** natif de cette ville fils de Gabriel bourgeois de cette ville et de Marie Jeanne HACHE a récréanté sa bourgeoisie et prêté le serment ordinaire pardevant messieurs assemblés en chambre de l'hôtel commun ce jourd'hui 3/11/1789.

[1447] 12 livres : **Jean Baptiste Chrétien Joseph PAJOT** natif de Bapaume fils de Jean Baptiste et de Marie Guislaine COUVREUR a sur requête par lui présentée été reçu bourgeois de cette ville et cité moyennant finance de douze livres qu'il a payé au trésorier receveur de cette ville et a prêté le serment ordinaire pardevant messieurs assemblés en chambre de l'hôtel commun ce jourd'hui 3/11/1789.

[1448] **Séraphin Jean Baptiste MARY** natif de la cité de cette ville fils de Pierre Ambroise bourgeois et de Marie Adrienne Joseph LIBERSALLE a récréanté sa bourgeoisie et a prêté le serment ordinaire pardevant maître Dewez avocat et échevin en chambre ce jourd'hui 3/11/1789.

<u>Folio 165V</u> :

[1449] **Auguste DUQUENELLE** natif de cette ville fils de César bourgeois de cette ville et de Marie Joseph LESCHEVIN a récréanté sa bourgeoisie et prêté le serment ordinaire pardevant maître Dewez avocat et échevin commissaire de semaine ce jourd'hui 3/11/1789.

[1450] **Philippe Joseph GUIO** natif de Dainville lez Arras fils de Jean Philippe bourgeois et de Marie Alexandrine Joseph DELEFORTRY a récréanté sa bourgeoisie et prêté le serment ordinaire pardevant monsieur Dupuich échevin commissaire de semaine ce jourd'hui 17/11/1789.

[1451] gratis : **Alexis Bernard LANTÉ** natif de Pomera fils de Philippe et de Marie Rose OSSART a été reçu bourgeois gratis en recommandation de monsieur Dupuich échevin en cette ville et cité et a prêté le serment ordinaire pardevant messieurs assemblés en chambre de l'hôtel commun des ville et cité d'Arras le 4/12/1789.

[1452] **Jean Baptiste Joseph DESMASURES** natif de cette ville fils de Jean Pierre et de Marie Guislaine HURET a récréanté sa bourgeoisie et prêté le serment ordinaire pardevant monsieur de Dion échevin et commissaire de semaine ce jourd'hui en chambre de l'hôtel commun de la dite ville le 7/12/1789.

[1453] 12 livres : **André SCHLEITER** natif de Metz fils d'André et d'Anne AUBURTIN a sur requête par lui présentée été reçu bourgeois moyennant quittance de douze livres qu'il a payé au trésorier receveur de cette ville et a prêté le serment ordinaire pardevant messieurs en nombre en chambre de l'hôtel commun des ville et cité d'Arras le 11/12/1789.

<u>Folio 166R</u> :

[1454] 3 livres : **François HORTE** fils légitime de Maurice HORTE et de Marie GODEFROY son épouse a sur requête par lui présentée été reçu bourgeois moyennant quittance de trois livres qu'il a payé au trésorier receveur de cette ville et a prêté le serment ordinaire pardevant messieurs en nombre en chambre de l'hôtel commun des ville et cité d'Arras ce 18/12/1789.

[1455] 3 livres : **Jean Philippe PINTHIAUX** natif de Heninel fils de Gilles et d'Anne Jeanne DERUELLE a sur requête par lui présentée été reçu bourgeois de cette ville moyennant finance de trois livres qu'il a payée au trésorier receveur et a prêté le serment ordinaire pardevant messieurs en nombre en chambre de l'hôtel commun des ville et cité d'Arras le 22/12/1789.

[1456] **Mathias Joseph LETIERCE** natif de cette ville fils de Guy bourgeois de cette ville et de Marguerite Joseph DOLET a récréanté sa bourgeoisie et prêté le serment ordinaire es mains de monsieur Lefevre art et échevin en chambre de l'hôtel commun de cette ville et cité d'Arras ce jourd'hui 29/12/1789.

[1457] gratis : **Guillain Joseph DUPONT** fils de François DUPONT et de Rose LEQUEUX sa femme a sur requête par lui présentée été reçu bourgeois gratis à la recommandation de monsieur Bayart procureur du roi sindic et a prêté le serment ordinaire pardevant messieurs en nombre en chambre de l'hôtel commun le 29/12/1789.

<u>Folio 166V</u> :

[1458] **Joseph Fidel Bonaventure PETIT** fils de Furcy PETIT bourgeois et de Marie Antoinette LIEVRE sa femme a récréanté sa bourgeoisie et prêté le serment ordinaire es mains de monsieur Dubois de Fosseux échevin en chambre de l'hôtel commun des ville et cité d'Arras ce jourd'hui 4/1/1790.

[1459] **Florent Marie Philibert BRONGNIART** natif de cette ville fils de Jacques Florent Géry et de Marie Hélène Isabelle PITEUX bourgeois de cette ville a récréanté sa bourgeoisie et prêté le serment ordinaire es mains de monsieur Dauchez avocat et échevin de semaine en chambre de l'hôtel commun de la ville et cité d'Arras ce jourd'hui 5/1/1790.

[1460] **Pierre Charles Robert Florentin BRONGNIART** fils de Jacques Florentin Géry BRONGNIART bourgeois de cette ville et de Marie Hélène Isabelle PITEUX sa femme a récréanté sa bourgeoisie et prêté le serment ordinaire es mains de monsieur

Dauchet avocat échevin commissaire de semaine en chambre de l'hôtel commun de la ville et cité d'Arras ce jourd'hui 7/1/1790.

[1461] **Maurice Amand Constant DE LASSUS** natif de Bucquoy fils de Pierre Antoine maître en chirurgie et de Marie Albertine RIVAUX a été reçu bourgeois gratis à la recommandation de monsieur Delepouve procureur du roi de cette ville et cité et a prêté le serment ordinaire es mains de messieurs assemblés en chambre de l'hôtel commun de cette ville et cité d'Arras ce jourd'hui 7/1/1790.

Folio 167R :

[1462] **François Joseph LEGROS** fils d'Antoine Joseph et de Marie Marguerite PLOUVIER sa femme a récréanté sa bourgeoisie et prêté le serment ordinaire es mains de monsieur Dauchet avocat échevin commissaire de semaine en chambre de l'hôtel commun de la ville et cité d'Arras ce jourd'hui 8/1/1790.

[1463] gratis : **Sébastien Henri Joseph BEN** fils de Sébastien François Joseph et de Marie Marguerite Scolastique MAGNIEZ natif de la paroisse de Saint Vaast d'Ecurie banlieue de Montreuil sur Mer a été reçu bourgeois gratis à la recommandation de monsieur Grimbert secrétaire greffier de cette ville et cité et a prêté le serment ordinaire es mains de messieurs assemblés en chambre de l'hôtel commun de cette ville et cité d'Arras ce jourd'hui 19/1/1790.

[1464] **Charles François Célestin GAYANT** fils de Jean Louis et de Marie Célestine BRAINE sa femme a récréanté sa bourgeoisie et prêté le serment ordinaire es mains de monsieur Desongnies échevin commissaire de semaine en chambre de l'hôtel commun de cette ville et cité d'Arras ce jourd'hui 5/2/1790.

Folio 167V :

[1465] gratis : **Jean François BOUTTEMI** natif de Rivière fils de Pierre François et de Marie Noëlle LESAGE a sur requête par lui présentée été reçu bourgeois gratis et a prêté le serment civique en chambre de l'hôtel commun de la ville et cité d'Arras le 12/2/1790.

[1466] **Dominique Joseph DELAYENCE** natif de cette ville fils d'Antoine Joseph bourgeois de cette ville et d'Antoinette Françoise Brigitte LANGUEBIEN a récréanté sa bourgeoisie et prêté le serment civique en chambre de l'hôtel commun de la ville et cité d'Arras le 15/2/1790.

[1467] **François Louis Sigibert HOST** fils de Jean Jacques et de Madeleine CHARDON natif Astental Alsace a sur requête par lui présentée été reçu bourgeois et prêté le serment civique en chambre de l'hôtel commun de la ville d'Arras le 16/2/1790.

[1468] **Jean DOMINÉ** natif de Toul fils d'Antoine DOMINÉ et de Jeanne ASSOUX son épouse a sur requête par lui présentée été reçu bourgeois et prêté le serment civique en chambre de l'hôtel commun de la ville d'Arras le 19/2/1790.

[1469] **Jean Baptiste Ive VERRET** natif de Forest Moutier diocèse d'Amiens fils de Jean Baptiste et de Marie Madeleine BLONDIN son épouse a sur requête par lui présentée été reçu bourgeois et prêté le serment civique en chambre de l'hôtel commun de la ville d'Arras le 23/2/1790.

Folio 168R :

[1470] **Jean François HERBOUT** natif du village d'Hendecourt fils de Jean Baptiste et de Scolastique ROGER son épouse a sur requête par lui présentée été reçu bourgeois et prêté le serment civique en chambre de l'hôtel commun de la ville d'Arras le 2/3/1790.

[1471] **Philippe Joseph BERA** fils de Jacques et de Marguerite DESPRETZ de la paroisse de Preux au Bois pays de Hainaut a sur requête par lui présentée été reçu bourgeois et prêté le serment civique en chambre de l'hôtel commun de la ville d'Arras ce jourd'hui 5/3/1790.

[1472] **Albert Joseph SPINEUX** natif de Liège fils d'Albert Joseph et de Catherine BAILLY a sur requête par lui présentée été reçu bourgeois et prêté le serment civique en chambre de l'hôtel commun d'Arras le 9/3/1790.

[1473] **Antoine Louis GREBAUT** natif de Sains lez Pernes fils de Pierre et de Marie Françoise DROUVAIN a sur requête par lui présentée été reçu bourgeois d'Arras et prêté le serment civique en chambre de l'hôtel commun d'Arras le 9/3/1790.

[1474] **Damien GUYOT** fils de Jacques et de Jeanne VERGNAUD né sur la paroisse de la Madeleine de Paris a sur requête par lui présentée été reçu bourgeois d'Arras et prêté le serment civique en chambre de l'hôtel commun de la ville d'Arras le 19/3/1790.

Folio 168V :

[1475] **Antoine Aimable Joseph MINART** fils d'Antoine François MINART bourgeois de cette ville a récréanté sa bourgeoisie et prêté le serment civique en chambre de l'hôtel commun de la ville d'Arras le 22/3/1790.

[1476] **Philippe Augustin GEUDIN** natif de Berles Monchel fils de Jean François et d'Anne Marie DIEVAL a sur requête par lui présentée été reçu bourgeois et prêté le serment civique en chambre de l'hôtel commun de la ville et cité d'Arras le 23/3/1790.

[1477] **Pierre Denis DELAPORTE** natif de Sarton fils de Charles et de Marguerite QUENEL a sur requête par lui présentée été reçu bourgeois et prêté le serment civique en chambre de l'hôtel commun de la ville d'Arras le 26/3/1790.

[1478] **Jean Baptiste Constant Joseph DELEFOSSE** du village de Provin fils de Mathieu et de Marie Rose LE CUTIER a sur requête par lui présentée été reçu bourgeois et prêté le serment civique en chambre de l'hôtel commun de cette ville d'Arras le 27/3/1790.

[1479] **Augustin Etienne Joseph MINART** fils de Jean Louis Augustin MINART bourgeois de cette ville et de Brigitte CAMIER son épouse a récréanté sa bourgeoisie et prêté le serment civique en chambre de l'hôtel commun de cette ville d'Arras le 30/3/1790.

Folio 169R :

[1480] **Charles Louis Eloy LEGRAND** fils de Charles Guillain bourgeois et de Marie Guilaine BIENFAIT ses père et mère a récréanté sa bourgeoisie et prêté le serment civique en chambre de l'hôtel commun de la ville d'Arras le 9/4/1790.

[1481] **Guillain Joseph TESTART** natif de la paroisse de Saint Nicolas d'Azincourt diocèse de Boulogne fils de Guillain Joseph et de Marie Françoise VASSEUR a sur requête par lui présentée été reçu bourgeois et prêté le serment civique en chambre de l'hôtel commun de la ville d'Arras le 10/4/1790.

[1482] **Jean François Alexandre HYART** natif de la paroisse de Sainte Croix de cette ville fils de Jean François et de Demoiselle Jeanne Françoise Onuphe DE BAILLENCOURT DIT COURCOL a sur requête par lui présentée été reçu bourgeois de cette ville et prêté le serment civique en chambre de l'hôtel commun de cette ville d'Arras le 13/4/1790.

[1483] **Louis François Joseph DORÉ** natif de la paroisse de Saint Géry de cette ville fils d'Alexis DORE bourgeois de cette ville et de Marie Thérèse Augustine CABARET a récréanté sa bourgeoisie et prêté le serment civique en chambre de l'hôtel commun de cette ville d'Arras le 14/4/1790.

Folio 169V :

[1484] **Jean Baptiste Joseph QUECKER** natif de la paroisse de Nieppe près Armentières département du Nord fils de Jean Baptiste et de Marie Anne Monique DUFOUR a sur requête par lui présentée été reçu bourgeois de cette ville et prêté le serment civique en chambre de l'hôtel commun de la ville d'Arras le 23/4/1790.

[1485] **Boniface Joseph Modeste PERIN** fils de Jacques Joseph bourgeois de cette ville et de Marie Madeleine Victoire FROMEINTIN son épouse a récréanté sa bourgeoisie et prêté le serment civique en chambre de cette ville d'Arras le 26/4/1790.

[1486] **Adrien VARIER** natif de Bergonvillers diocèse d'Amiens fils d'Adrien et de Marie Françoise CORDON a sur requête par lui présentée été reçu bourgeois de cette ville et prêté le serment civique en chambre de l'hôtel commun de la ville d'Arras le 4/5/1790.

[1487] **Jean Baptiste BUTT** natif de la paroisse de Sainte Marguerite de la ville de Paris fils de Robert et de Geneviève FILLIEU a sur requête par lui présentée été reçu bourgeois de cette ville et prêté le serment civique en chambre de l'hôtel commun de la ville d'Arras le 5/5/1790.

Folio 170R :

[1488] **Guillain Constant Joseph CARON** natif du village d'Auby fils de Nicolas Joseph et de Marie Madeleine HERLAN a sur requête par lui présentée été reçu bourgeois de cette ville et prêté le serment civique en chambre de l'hôtel commun en la ville d'Arras le 14/5/1790.

[1489] **Ives Antoine Joseph LABBE** natif de Carvin Epinoy fils de Louis LABBE et Marie Anne Joseph DANQUOINE a sur requête par lui présentée été reçu bourgeois de cette ville et prêté le serment civique en chambre de l'hôtel commun de la ville d'Arras le 21/5/1790.

[1490] **Pierre Paul BAILLY** de la paroisse d'Arleux en Gohelle fils de Silvestre BAILLY et de Marie Anne HUNET sa femme a sur requête par lui présentée été reçu bourgeois de cette ville et prêté le serment civique en chambre de l'hôtel commun de la ville d'Arras le 25/5/1790.

[1491] **Jean Louis MACRON** natif de Saint Léger lez Authies diocèse d'Amiens fils de François et de Marie Jeanne GRIS a sur requête par lui présentée été reçu bourgeois et prêté le serment civique en chambre de l'hôtel commun de la ville d'Arras le 31/5/1790.

[1492] **Antoine Ignace HANON** natif de Frevin Capelle diocèse d'Arras fils d'Ignace et de Thérèse HACHIN a sur requête par lui présentée été reçu bourgeois de cette ville et prêté le serment civique en chambre de l'hôtel commun de la ville d'Arras le 1/6/1790.

Folio 170V :

[1493] **Louis Joseph François CAPLAIN** fils de Pierre Louis Gaspart bourgeois de cette ville et de Catherine Joseph LECOCQ ses père et mère a récréanté sa bourgeoisie et prêté le serment civique en chambre de l'hôtel commun de la ville d'Arras le 5/6/1790.

[1494] **Nicolas LEFEVRE** de la paroisse de Saint Sébastien de la ville et du diocèse de Nancy en Lorraine fils de Nicolas LEFEVRE et de Marguerite GOUTIERE son épouse a sur requête par lui présentée été reçu bourgeois de cette ville et prêté le serment civique en chambre de l'hôtel commun de la ville d'Arras le 8/6/1790.

[1495] **Jean Baptiste LEROI** natif de la paroisse de Saint Seufroy de Surene et de Marguerite BENARD son épouse a sur requête par lui présentée été reçu bourgeois de cette ville et prêté le serment civique en chambre de l'hôtel commun de la ville d'Arras le 8/6/1790.

[1496] **Cornille WACHEUX** natif de la paroisse de Sallaux diocèse d'Arras fils de Théophile et de Marie Anne HURET a sur requête par lui présentée été reçu bourgeois de cette ville et prêté le serment civique en chambre de l'hôtel commun de la ville d'Arras le 22/6/1790.

Folio 171R :

[1497] **Jean WARMONT** natif de la paroisse de Saint Sulpice de Pierrefond diocèse de Soissons fils de Jean et de Marie Louise DE VILLERS a sur requête par lui présentée été reçu bourgeois de cette ville et prêté le serment civique en chambre de l'hôtel commun de cette ville d'Arras le 23/6/1790.

[1498] **Charlemagne François Joseph PLOUVIER** natif du village d'Henninel en la province d'Artois fils de Jean Guillain et de Julie BAYART a sur requête par lui présentée été reçu bourgeois de cette ville et prêté le serment civique en chambre de l'hôtel commun de la ville d'Arras le 22/6/1790.

[1499] **Alexandre Xavier Joseph VICHERY** natif de la paroisse de Saint Géry de cette ville fils de Nicolas Xavier et de Jeanne Françoise LESUR a ce jourd'hui récréanté sa bourgeoisie et prêté le serment civique en chambre de l'hôtel commun d'Arras le 25/6/1790.

[1500] **Honoré Constant Fidel FAUVEL** natif de la paroisse de Foncquevillers diocèse d'Arras fils de Pierre Guillain et de Marie Guilaine DERSIGNY a sur requête par lui présentée été reçu bourgeois de cette ville et prêté le serment civique en chambre de l'hôtel commun d'Arras le 1/7/1790.

Folio 171V :

[1501] **Jacques Xavier Joseph DESTRAQUE** natif de cette ville fils de François Xavier Joseph et de Marie Elisabeth COINTRE a sur requête par lui présentée été reçu bourgeois de la ville d'Arras et prêté le serment civique en chambre de l'hôtel commun le 3/7/1790.

[1502] **Etienne Alexandre SARTIAU** natif de Paris paroisse Saint Nicolas du Chardonnet fils d'Etienne Guillain SARTIAU bourgeois de cette ville et de Marie Anne Françoise LEBLANC a sur requête par lui présentée été reçu bourgeois de cette ville d'Arras et prêté le serment civique en chambre de l'hôtel commun le 9/7/1790.

[1503] **Jean Baptiste DELAPORTE** natif du village de Saint Martin d'Orville fils de François et de Marie Catherine ROUSSEL a sur requête par lui présentée été reçu bourgeois de cette ville et prêté le serment civique en chambre de l'hôtel commun le 16/7/1790.

[1504] **Toussaint DELABY** natif de cette ville paroisse Saint Nicolas sur les Fossés fils de Jean François et de Marie Isabelle ESTIN a sur requête par lui présentée été reçu bourgeois de cette ville d'Arras et prêté le serment civique en chambre de l'hôtel commun le 19/7/1790.

Folio 172R :

[1505] **Philippe François Joseph CREPIEUX** procureur au Conseil d'Artois [ ].

[1506] **Jean Baptiste VIELLE** du village de Wancourt fils de Jean François et de Marie Louise SAUDEMONT a sur requête par lui présentée été reçu bourgeois de la ville d'Arras et prêté le serment civique en chambre de l'hôtel commun le 27/7/1790.

[1507] **Philippe DEVILLERS** natif de Saint Amand lez Souastre fils d'Antoine et de Marie Barbe CAILLERET a sur requête par lui présentée été reçu bourgeois de cette ville et prêté le serment civique en chambre de l'hôtel commun de la ville d'Arras le 2/8/1790.

[1508] **Pierre François HENIQUE** natif d'Agnez lez Duisans fils de Martin Jacques et de Marie Guillaine DHOUDAIN a sur requête par lui présentée été reçu bourgeois de cette ville et prêté le serment civique en chambre de l'hôtel commun le 6/8/1790.

[1509] **Jean François Gabriel BEKE** natif d'Arras paroisse Sainte Croix fils de Jean François et de Marie Michele Gabrielle LEFEVRE a été reçu bourgeois de cette ville et prêté le serment civique en chambre de l'hôtel commun le 6/8/1790.

Folio 172V :

[1510] **Charles SCRIBE** natif d'Hendecourt diocèse d'Arras fils de François et de Marie Antoinette VASSEUR a été reçu bourgeois de cette ville et a prêté le serment civique en chambre de l'hôtel commun d'Arras le 6/8/1790.

[1511] **Simon André Joseph Prosper SIMON** natif d'Arras paroisse La Madeleine fils d'Adrien Joseph bourgeois et de Marie Thérèse Joseph PLOUVIER a récréanté sa bourgeoisie et prêté le serment civique es mains de monsieur Beke officier municipal de semaine en chambre de l'hôtel commun d'Arras le 9/8/1790.

[1512] **Benoît Joseph HOCHART** natif de la paroisse de Saint Aubert de cette ville fils de Maximilien et de Marie Rose ROUSSELLE son épouse a sur requête par lui présentée été reçu bourgeois de cette ville d'Arras et prêté le serment civique en chambre de l'hôtel commun le 31/8/1790.

[1513] **Honoré Joseph BOULIER** natif de Roquelincourt fils de Pierre Paul et de Marie Anne FAUQUEZ a été reçu bourgeois de cette ville et a prêté le serment civique en chambre de l'hôtel commun de la ville d'Arras le 14/9/1790.

Folio 173R :

[1514] **Jean Baptiste Charles Joseph DELECQ** natif de cette ville fils de Nicolas Florent Joseph bourgeois de cette ville et de Marie Thérèse Rosalie Adrienne GRUEL a récréanté sa bourgeoisie et prêté le serment civique pardevant monsieur Thomas officier municipal d'Arras en chambre de l'hôtel commun de la ville d'Arras le 13/11/1790.

[1515] **Pierre Antoine DHENIN** natif de cette ville fils d'Antoine Joseph et d'Agnès Thérèse LUCAS a sur requête par lui présentée été reçu bourgeois de cette ville d'Arras et prêté le serment civique en chambre de l'hôtel commun le 23/11/1790.

[1516] **Louis Joseph MARTEL** natif de Bapaume garçon boucher fils d'Adrien et de Bonne Florence LAGNIER a sur sa requête par lui présentée été reçu bourgeois de cette ville d'Arras et prêté le serment civique en chambre de l'hôtel commun le 29/11/1790.

[1517] **Silvestre DINCQ** natif de Dourges fils de Mathieu et d'Elisabeth [ ] a sur requête présentée par lui a été reçu bourgeois et a prêté le serment civique pardevant messieurs assemblés en chambre de l'hôtel commun d'Arras le 10/12/1790.

Folio 173V :

[1518] **Philippe Jacques SCHEIDEGGER** natif du canton de Soleure en Suisse fils de Gaspar et de Marie ACLERMAN a sur requête par lui présentée été reçu bourgeois de cette ville et a prêté le serment civique pardevant messieurs les officiers municipaux assemblés en chambre de l'hôtel commun le 7/1/1791.

[1519] **Louis François Joseph MASSIN** fils d'Antoine François Joseph et de Marie Anne Joseph VANAHEERDE natif de cette ville a été reçu bourgeois et a prêté le serment civique pardevant monsieur Petit officier municipal commissaire de semaine en chambre de l'hôtel commun de ladite municipalité ce jourd'hui 4/2/1791.

[1520] **Jean Baptiste BEZU** natif de Burbure fils de Jean et d'Anne CANDAS a sur requête par lui présentée été reçu bourgeois de cette ville et a prêté le serment civique pardevant messieurs en chambre de l'hôtel commun d'Arras le 15/2/1791.

[1521] **Charles MERGÉ** natif de La Haye en Hollande fils de Pierre et de Marie DANDERWENS a sur requête par lui présentée été reçu bourgeois de cette ville et a prêté le serment civique pardevant messieurs en chambre de l'hôtel commun d'Arras le 15/3/1791.

[1522] **Addon GILES** natif de Rives fils de Mathieu et de Lucie GIRAUDEL a sur requête par lui présentée été reçu bourgeois de cette ville et a prêté le serment civique pardevant messieurs en chambre de l'hôtel commun d'Arras le 15/3/1791.

Folio 174R :

[1523] **Liévin Joseph DUCHATEL** natif d'Aire Artois fils de Casimir et de Pétronille Joseph PRIEUR a sur requête par lui présentée été reçu bourgeois de cette ville et a prêté le serment civique en chambre le 12/4/1791.

Table des noms cités dans le registre

La mention en face du nom correspond au folio du manuscrit : 39R = folio 39 Recto ou 118V = folio 118 Verso.

CAPPY, 132R
CAPRON, 134R, 135R, 139V
CAPY, 76R, 163R
CARAL, 129V
CARDAU, 98R
CARDIN, 15R
CARDON, 44R, 102R, 108V, 153V
CARLIER, 27R, 53V, 111V, 123V
CARNAIL, 19V
CARNEL, 56V
CARON, 15V, 18V, 20V, 29R, 30R, 32R, 48V, 52R, 63R, 66R, 70R, 70V, 83V, 109V, 111V, 113V, 114R, 138V, 143V, 146V, 164R, 170R
CARPENTIER, 5V, 6V, 9V, 17R, 25V, 28R, 36R, 38V, 43V, 68R, 97V, 98V, 99V, 112V, 114R, 146R, 146V
CARPESAT, 89R
CARRAUT, 126R, 127R, 154V
CARRÉ, 12R, 97R
CARREAUX, 38R
CARRIER, 88V
CARTIER, 84R
CASSEL, 114R
CASSIN, 162R
CASTELAIN, 79V, 128V, 145V
CATELAIN, 131V, 157V
CATENNE, 142V, 143V
CATHELEIN, 77R
CATOULLOIR, 48V
CATTEZ, 127V
CAUCHY, 144V
CAUDRELIER, 146R
CAUDRON, 8R, 68V, 117R, 155V
CAUPAIN, 116V
CAUPIN, 69V
CAUVEL, 6V, 108R
CAUWET, 99R, 140R
CAVALI, 144V
CAVALIER, 61V
CAVALLY, 132V
CAVROIS, 38R
CAWET, 125V
CAYET, 129V, 146R
CELLIER, 161V
CENSIER, 17R, 69R, 146R, 161R
CHABERT, 65R
CHALAS, 127R
CHALONITTE, 40V
CHAMART, 125V
CHAPRON, 165R
CHAPUIS, 11R
CHARDON, 167V
CHARLES, 163V
CHARLET, 84R
CHATELET, 34V
CHAUMON, 160R
CHENEVIER, 77R
CHENEVIERRE, 16V
CHEVALIER, 119R
CHEVREUX, 111R, 155R
CHOCQUET, 73R
CHOISNARD, 112R, 121R
CHOMART, 145V
CHOPIN, 7V, 38R, 39V
CHOUET, 161V
CHRETIEN, 138R

CHRIST, 164R
CHUFFART, 46R
CIPOLINI, 127V
CITERNE, 75V
CLABAUT, 49V, 61R, 81R
CLAIRET, 64R, 81R
CLAIRVASSE, 146V
CLARIS, 34R
CLARK, 13V
CLAUDORÉ, 140R
CLAUNIEZ, 109R
CLEMENT, 7R, 25R, 59V, 112R
CLICQUET, 62R
CLIQUET, 30V, 117V, 152V
CLOQUETEUR, 137R
CLOUET, 93R
CLUNIET, 153R
CLUNIEZ, 46R
COCHE, 101V, 159V
COCHET, 12V, 99R, 124R
COCQUEL, 1R
COCQUIDÉ, 5V, 90V
COCU, 23R
CODRON, 82R, 100R
COEUGNET, 130V
COEURETTE, 49R
COFFIN, 2R
COIFFIER, 18V, 97V
COINT, 99R
COINTRE, 171V
COL, 154R
COLART, 146V
COLET, 128R
COLIN, 19R, 161V
COLLE, 123V
COLLET, 113R
COLLIN, 131V
COLOMBANI, 130V
COMBE, 124V
CONDET, 132V
CONDETTE, 53V, 86R
CONVERSE, 74R
COPLAIN, 29V
COQUEL, 77V
COQUENET, 162V
COQUEREL, 104V
COQUERELLE, 146V
COQUIDÉ, 33R, 56V
CORBEAUX, 107R
CORBET, 158R
CORD, 127R
CORDON, 169V
CORDONIER, 5R
CORDONNIER, 91V, 112V
CORNOTTE, 121V
CORNU, 66V, 126R, 133R
CORRIER, 50V
CORRIEZ, 6R
CORROYER, 93V, 94R
CORROYEZ, 113V
COTTE, 145V
COTTEL, 108V
COUET, 17R, 27R
COULMONT, 65R
COUPE, 9R, 58V, 86R
COUPET, 77V
COUPY, 9V
COURCELLE, 156V
COURCOL, 135V
COURDAT, 131V
COURTOIS, 21R, 30R, 152R
COUSIN, 45R, 116R, 164V
COUTEAUX, 76R
COUTELOT, 149R
COUTHIAUX, 156R

COUTURE, 89V
COUVREUR, 165R
CREPEL, 53V
CREPELLE, 122R
CREPIEULLE, 127R
CREPIEUX, 172R
CREPIN, 131R
CREQUI, 101V
CRESPEL, 19R
CRESPELLE, 136V
CRESPIN, 11R
CRESTEL, 103R
CRETEL, 145V
CROCQUEFERT, 62R
CRONFART, 27R
CROQUISON, 24V
CROUSY, 105V
CUEGNET, 19R
CUISINIER, 99R
CUISSE, 107V
CUVELIER, 7V, 39V, 146V, 161V
CUVILIER, 127R
CUVILLIER, 119V, 122R, 136R, 161V
D'EPINOY, 141V
D'HANGEST, 141V
D'HAUTECLOCQUE, 42V
D'HAUTECLOQUE, 124V
DABBLINCOURT, 103V
DACHEZ, 67R, 74R, 134V
DACQUIERT, 47R
DAILLET FOLIO, 49V
DAILLEZ, 45R
DAILLY, 58V
DAIX, 125R
DALAIN, 133R
DALLEU, 72R
DAMADE, 147V
DAMAY, 110R
DAMBRINE, 144R
DAMBRINES, 14R, 109R, 155R
DAMBRINNES, 32R, 121V
DAMIEN, 69R
DAMIENS, 31V, 42R, 43R, 134R, 162R
DAMOUR, 104V
DANCHIN, 8R
DANDERWENS, 173V
DANEL, 81R
DANELLE, 124R, 133V
DANGLETERRE, 48V
DANHOUQUERQUE, 85R
DANIEAU, 134R
DANQUOINE, 170R
DANTAR, 140V
DANTIN, 21V
DANVIN, 60R
DARCOURT, 75V
DARSONVILLE, 8V
DARTUS, 76R
DAUCHET, 35R
DAUCHEZ, 98V
DAUTE, 164V
DAUTRICOURT, 83R, 84V, 138R
DAVID, 23R, 57R, 57V, 65V, 123R
DAVIN, 56R
DAVION, 92R
DAVRINGE, 130R
DEALET, 17R, 53R
DE BAILLENCOURT DIT COURCOL, 148V, 169R
DEBAILLEUL, 33V

DEBAILLOEUL, 74V
DEBAY, 149R
DEBEAUMONT, 116R
DE BERARD, 66V
DE BEUGNY, 14V, 49R
DEBEUGNY, 54R, 104V
DEBOUT, 21R, 49V
DEBRAY, 41R
DEBRET, 130R
DE BUGNY, 39V
DEBUIRE, 25R, 94V, 95R, 152V
DEBUISSIE, 146V
DEBUISSY, 26V
DECAIX, 62R, 117V
DE CAMBRAY, 11V, 148R
DECAUCHY, 53R
DE CHAUMONT, 3V
DE CHOISY, 139R
DECOINT, 80V
DECROIX, 29V
DE DION, 148R, 148V
DE DOUAY, 124V
DEDOURGE, 144R
DE DOURGES, 38V
DEDRON, 46V
DE FARBUS, 161R
DEFONTAINE, 23V, 92R
DEFONTAINES, 133V
DEFOSSE, 114R
DEFOSSEUX, 8R, 51V, 97R
DEGAND, 49V, 66R, 119V, 122R
DEGANT, 36R
DEGARDIN, 99R
DEGOUA, 137V
DEGOUVE, 66V
DEGOUY, 148R
DEGRINCOURT, 120V
DEGUELDRES, 158V
DEGUISNE, 3R
DEHAY, 5V, 149V, 164R
DEHE, 40V, 84R
DEHEE, 22V, 80V, 121R
DE HOLLANDE, 16R
DEHORNES, 22V
DELABBE, 2R
DELABIT, 93R, 145V
DELABORIE, 96V
DELABROSSE, 150V
DELABY, 17V, 121V, 171V
DELACHAMBRE, 16R
DELACHAUSSEE, 95R
DELACOUR, 119R
DELADERIERE, 127V
DELADERRIERE, 64R, 81R, 131R, 159V
DELAFORGE, 26R, 95V, 124V
DELAHAYE, 104R
DELAIR, 89R
DELALIAU, 2R
DELAMBRE, 144V
DELAMORLIERE, 109V
DELAMOTTE, 146V
DELANNOY, 118R, 146V
DELANOY, 40V
DELAPLACE, 32R, 70R, 137V, 141V
DELAPORTE, 168V, 171V
DELARUE, 61V
DELASCOMBE, 58V
DE LASSUS, 166V
DELASSUS, 5R, 109R
DELATRE, 130V, 146V

DELATTRE, 1V, 2R, 16R, 17V, 19V, 48R, 55R, 121R, 135R, 145V, 149R
DELAVALLE, 129R
DELAVALLEE, 133R
DELAYENCE, 167V
DELBERT, 149R
DELCOURT, 91R
DELDIC, 22R
DELEAU, 8V, 13R, 25V, 87R
DELECLEF, 146R
DELECQ, 2V, 173R
DELECROIX, 67R, 91V, 92V, 112V
DELEFORTRIE, 144R
DELEFORTRY, 58R, 165V
DELEFOSSE, 168V
DELEMARE, 3R
DELEMOTTE, 71V, 140R, 145R, 156R
DELEPOUVE, 124V
DELERUE, 30R, 58R
DELESTRE, 13V, 108R, 133R
DELESTREE, 24V
DELESTRES, 121R
DELETOILLE, 75V
DELEURY, 43V, 44R
DELEVAL, 35V
DELEVAQUE, 3R
DELIEGE, 6V, 8V
DELIGNE, 27R, 144R
DELIGNY, 19R, 134R
DELMOTTE, 76R
DELO, 4R
DELOBELLE, 40R
DELOFFRE, 120R
DELORE, 2R
DELORY, 136V
DELOTTE, 76V
DELRUE, 95R
DELRUEL, 111V
DELTOMBE, 95R
DELTOUR, 34V, 104R
DELVALLÉE, 72V, 73R
DELVILLE, 96R
DELYS, 9R
DE MAILLIAC, 13V
DEMAILLY, 30V, 109R
DE MARBAIS, 35V
DEMASURE, 78V
DEMAUX, 111R
DEMAZURE, 144R
DEMELAIN, 7V
DEMELIN, 83R
DE MELUN, 74R
DEMIAUT, 131V
DEMOLIN, 32R, 72V
DEMONCHY, 33V
DEMORY, 56R, 144V
DEMORY FOLIO, 146V
DEMOULIN, 128V
DE MULLET, 152V
DENAIN, 24V
DENDICOURT, 63R
DE NEUFEGLISE, 27R
DE NEUVILLE, 1V, 27R
DENEUVILLE, 141R
DENIBAS, 94R
DE NIEPE, 4V
DENISE, 74V
DENOEU, 148V
DENYS, 2R
DE PARTZ, 133V
DEPIENNE, 127V
DEPLANQUE, 156R, 156V

DEPRÉ, 65R, 108V, 137R
DEPREZ, 52R, 98R
DEQUETTE, 14V
DE RANSART, 23V
DERANSART, 101V, 135R, 163R
DE RAUCOURT, 49V
DERAUCOURT, 151V
DERETZ, 8R, 68V, 101R
DE RICQBOURG, 139V
DERIENCOURT, 85V
DERIVE, 86R
DE ROME, 6V
DEROME, 104R, 126R, 146V
DEROUSSEL, 157V
DEROY, 89R
DERSIGNY, 171R
DERUELLE, 18R, 109V, 131R, 166R
DERUYS, 141R
DERVILLE, 6R, 45V, 102R, 124V
DERVILLER, 34R
DERVILLERS, 28R, 28V
DERVIN, 114V
DESAILLIEZ, 6R
DESAILLY, 41R, 82V, 87V, 120R, 135V, 162V
DE SAINT LEGER, 56R
DESAULTY, 147V
DESCLEF, 146V
DESEVE, 8V
DESFONTAINE, 132R
DESFRENES, 76R
DESGARDIN, 31V
DESHAYE, 106R
DESHUYS, 114R
DE SION, 49R
DESIR, 23R
DESISY, 127V
DESMARETZ, 154V
DESMASIERES, 7V, 117V
DESMASURES, 165V
DESMAZURES, 78R
DESPLANQUE, 127R, 154V
DESPLANQUES, 136R, 157R
DESPRES, 24V, 36R
DESPRET, 136R
DESPRETZ, 1V, 31V, 123R, 168R
DESPREZ, 131V
DESQUAND, 114V
DESSEIGNES, 69V
DESSEINGE, 134V, 144V
DESSENNE, 39V
DESSEVE, 50V
DESSINGE, 146R
DESTOUCHES, 137R
DESTOURS, 29R
DESTRAQUE, 171V
DETRE, 146V
DETREE, 19R
DEUSY, 67V, 157R
DEVAUCHELLE, 101V
DEVAUT, 128R, 128V
DEVAUX, 115R, 149R
DE VIENNE, 54V
DE VILLERS, 171R
DEVILLERS, 7V, 13R, 172R
DEVIN, 51R
DEVISME, 90V
DEVISSE, 145V
DEVOS, 3R, 37R
DEWAILLY, 93R, 107R
DE WASIERES, 151R

DEWETZ, 148V
DEWISME, 67V
DEWUIS, 146R
DHAINE, 87R
DHEE, 37V, 129R
DHENIN, 20R, 25V, 146V, 154R, 173R
DHERSIN, 115R
DHOUDAIN, 4R, 172R
DHOUDIN, 139V
DHUIN, 83R, 84V, 138R
DIDELOT, 162R
DIDIER, 116V
DIEVAL, 58R, 59V, 83R, 145V, 168V
DIJON, 103V
DILBECQ, 110R
DILLY, 60R, 89V
DINCQ, 173R
DINOIR, 162R
DINOIRE, 119V
DION, 9V, 104R
DISTINGHIEN, 78V
DISTINGHIN, 66R
DISTINGUIN, 2V, 12V, 53V, 128R
DOALLE, 123R
DOBIGNY, 80R
DOCMINY, 105V
DOFFIN, 21V
DOGE, 155V
DOLET, 141V, 146V, 166R
DOLEZ, 38V
DOLRUE, 115R
DOMINÉ, 167V
DONJON, 61V
DONNET, 76V
DORÉ, 44V, 107V, 169R
DORLENCOURT, 140R
DORLET, 142R, 150R
DORNE, 116V
DOSERT, 151R
DOSTREL, 148V
DOUAL, 117V
DOUALLE, 103R, 124R
DOUAY, 100R
DOUCHET, 95R
DOUCHEZ, 150V
DOUE, 74V
DOURDAIN, 116V
DOURDIN, 132V
DOURNEL, 11V
DOUTART, 145V
DOUTREMEPUICH, 129R
DRANSART, 14R, 46R, 78R, 78V, 109R, 153R
DRECOURT, 11V
DREUMONT, 164R
DREVILLE, 74V
DRIANCOURT, 128V
DRION, 117R, 155V
DRON, 75V
DRONCOURT, 10V
DROUVAIN, 168R
DRUART, 103R
DRUGY, 133R
DUBOCQUET, 155R
DUBOIS, 11V, 15V, 27R, 42R, 45V, 50V, 67R, 75V, 83V, 107R, 122R, 124R, 130V, 133V, 136R, 139V, 145R, 146V
DUBOIS DE HOVES, 135R
DUBRULLE, 42V, 47V
DUBUS, 37R, 43R, 130R
DUCATEL, 37V, 38R

DUCATEZ, 76R, 80R, 134V
DUCHATEAU, 99R, 99V
DUCHATEL, 174R
DUCHEMIN, 24V
DUCORNET, 121V, 146V
DUCROCQ, 43R
DUFLOT, 6V
DUFOUR, 17V, 27R, 33R, 46R, 76V, 113R, 145V, 160V, 169V
DUFRENOY, 4V
DUGOND, 138V
DUHAMEL, 127R
DUIN, 145V
DUMARQUEZ, 10V
DUMAY, 142R
DUMESNIL, 85V
DUMETZ, 87V, 125V
DUMEZ, 52R
DUMOITIER, 104R
DUMOTIES, 128V
DUNAT, 92R
DUPIRE, 29V, 49V, 151V
DUPLESSIS, 74R
DUPLOUY, 54R
DUPONCHEL, 87V, 99V, 105R, 120R, 162V
DUPONT, 18R, 55R, 157V, 166R
DUPORGE, 36R
DUPRAT, 109V
DUPRE, 73V
DUPRES, 15V, 45R
DUPRET, 22R
DUPUICH, 52R, 98R, 106R, 128V
DUPUIS, 55R, 106R, 109R, 158R, 160V
DUQUENELLE, 165V
DUQUESNE, 78R, 161R
DUQUESNOY, 125R, 145V
DURAND, 55V
DURANT, 5R
DUREUX, 58V
DURIETZ, 16V
DURIEUX, 96V, 150V
DURIEZ, 79V, 84V, 159R, 163V
DURINS, 62R
DUROISSIN, 85V
DUSAR, 156R
DUSSART, 28R
DUTOIT, 117R
DUVAL, 92V, 146V, 149R
DUVENEL, 165R
DUVERRET, 1V
DUVIVIER, 133V
DUWA, 160V
EFFROY, 152V
ELOY, 132R
ENGRAND, 34V
ESTABEL, 59V
ESTIN, 171V
EVE, 29R
EVRARD, 29V
EVRART, 99R
FACE, 47R
FACIEUX, 63R
FAILLE, 104R
FALCONNET, 39R
FALEMPIN, 90V, 91R
FALOUR, 66R
FARDEL, 5V
FASCIEUX, 38R
FAUQUETTE, 44V, 67R, 107V

FAUQUEZ, 172V
FAUVEL, 171R
FAVAR, 121R
FAVART, 107R
FAVRE, 134R
FEBVIN, 146R
FERBU, 98R
FERBUS, 161R
FERCO, 31V, 47V
FESSART, 1V
FIEFFE, 138V
FIEVET, 118R
FILIPPE, 94V
FILLIARD, 123R
FILLIEU, 169V
FINOT, 88V
FLAHAUT, 7R, 26R, 110R
FLAMAND, 110R
FLAMANT, 164R
FLAMEND, 18R
FLAMENT, 7R, 28R, 68V, 146V
FLANDRE, 46V
FLAT, 118R
FLECHE, 108V
FLECHELLE, 102R
FLIPPE, 123R
FLIPPES, 57V
FLORENT, 105V
FLORINET, 157V
FONFREDE, 44V
FONTAINE, 8V, 22R, 61R
FONTANGE, 83V
FORESTIER, 161R
FORGEOIS, 87V, 88R, 122R, 142V
FOSSEUX, 39V, 73V, 100V
FOUBERT, 143R
FOULON, 54R
FOUQUART, 56R
FOURMAU, 145V
FOURMAUT, 12V, 25V, 144V
FOURMAUX, 61V, 87V, 89V, 140R, 146V, 155R
FOURMEAUX, 136R
FOURNIER, 39V, 51V, 80V, 106V, 110R, 111R, 134R, 141V, 164V
FOURSY, 85V, 159R
FRANCIOSI, 127V
FRANCQUEVILLE, 69V
FRANQUELIN, 125V
FRANQUEVILLE, 20R
FRANÇOIS, 23R, 42V, 63V, 74R, 100R, 107R, 119V, 152R
FREMY, 47V, 89V
FRIDBOURG, 91R
FROMEINTIN, 35V, 169V
FROMENT, 21R, 49V, 146R
FROMENTELLE, 62R
FROMENTIN, 21V, 27R, 76V
FROMENTINE, 135R
FROYER, 120R
FRULEUX, 54V
FRUY, 32V
FRY, 117R
FUXIN, 71R
GABRIAUX, 14R
GABRIO, 63V
GADOUX, 122V
GAFFET, 31R
GAILLARD, 17V, 26V, 146R, 146V

GALAND, 138R
GALLET, 19V, 86R
GALLOT, 117R
GALOT, 5R
GAMAND, 50V
GAMANT, 63R
GAMBIER, 18R
GAMBLIN, 65V, 78V
GAMBUS, 34R
GAMELON, 60R, 72V, 142R
GARBE, 77R
GARIN, 62R, 84R
GARNIER, 107V
GARRE, 73R
GARY, 154R
GASON, 48R
GASPARY, 140R
GAUDIN, 53R
GAUJOT, 31R
GAURILIO, 42V
GAUTIER, 6R, 17R, 27R, 83R
GAYANT, 109R, 167R
GAYET, 136V
GELEE, 155V
GELEZ, 81R
GELLAZ, 102R
GENELLE, 105V
GEORGE, 26R
GERIN, 27R
GERY, 106R
GEUDIN, 168V
GHASANT, 123V
GILBERT, 99V
GILES, 173V
GILETTE, 15R
GILLES, 1V, 49V
GILLET, 134V
GILLON, 49V
GIRAUDEL, 173V
GLORIAN, 96V
GOBERT, 159V
GODART, 12R, 12V, 23V, 123V, 136V, 145V, 146R, 161R
GODEFROY, 166R
GODEL, 47V, 48R
GODET, 50V
GOIARD, 10R
GONS, 125V
GONSSE, 83V, 141V
GORLIER, 23V, 37V, 119V, 142R
GOSSART, 7R, 112R, 158V
GOSSELIN, 152V
GOSSOND, 31V
GOTRANT, 1R
GOTTRAND, 41R, 41V
GOUBAU, 99R
GOUBE, 68V
GOUDART, 1V
GOUDE, 100V
GOUDEMAN, 113V, 151R
GOUDEMAND, 103R
GOUDEMANT, 102V, 152R
GOULLIARD, 109V
GOUTIERE, 170V
GOUZOT, 157V
GRAND DEPONT, 100V
GRAS, 97R
GRATZIANI, 130V
GRAU, 31V
GRAUX, 47V, 60R
GREBAUT, 168R
GREBET, 120R
GREMEL, 143R

GRENIER, 26V, 132V
GRENON, 59R
GRENOU, 123R
GRENOUILLART, 96V
GRIANGE, 158V
GRIFFON, 110R, 113V
GRIGNY, 2R, 38R, 43R, 63R, 158R
GRIMBERT, 52R
GRINCOURT, 33V, 128R
GRIS, 170R
GRISART, 28V, 128V
GRUEL, 152R, 173R
GRUET, 67V, 90V
GUENET, 96V
GUERARD, 63R
GUFFROY, 16R, 84V
GUICHART, 82V
GUIDON, 51R
GUILBERT, 11R, 87V, 88R, 108R
GUILLEMAN, 132R
GUILLEMANT, 149R
GUILLOTE, 16V
GUILLOTTE, 145V
GUILMANT, 129R
GUINET, 106R
GUINION, 46V
GUIO, 17V, 32V, 165V
GUIOT, 137R, 138R
GUISIER, 154R
GUYO, 35R
GUYOT, 58R, 168R
HACART, 98V
HACHE, 165R
HACHIN, 143R, 170R
HAINAUT, 122V, 150R
HALART, 16V
HALLARD, 154R
HALLO, 16V, 25R
HALLOT, 26R, 77R
HALOT, 80V, 132V
HAMILLE, 151R
HANNART, 72V
HANNEBIQUE, 138V
HANO, 64R
HANON, 27R, 170R
HANOT, 2V, 91V
HAON, 2R
HAPIOT, 33V
HARDELIN, 28V
HARDUIN, 22R, 88V, 113R, 125R, 126V, 130R
HARRIS, 13V
HAUBE, 145V
HAUDOUART, 37V, 119V
HAULOT, 22V
HAUTECOEUR, 10V
HAUTTE, 45R
HAUVELLE, 23R, 27R
HAUWEL, 112R, 156V
HAVART, 140R
HAVET, 86V
HAY, 145V
HAZARD, 83V
HE, 3V
HEBERT, 31V, 36R, 112R
HECQUET, 99R, 99V, 100R
HELLUIN, 1R
HENAUX, 60R
HENIQUE, 4R, 172R
HENNEBELLE, 84V
HENNEBOIS, 13V
HENNEQUET, 97R
HENOCQ, 50V
HENON, 106V

HENRY, 93R, 104V, 108V, 146V
HERAUT, 140R
HERBAIS, 102R
HERBET, 49R, 96V
HERBINOT DESTOUCHES, 64V
HERBOUT, 168R
HERDUIN, 115V
HEREN, 104R
HERIN, 9V
HERLAN, 170R
HERMAN, 4V, 23R, 58R, 110R, 139V
HERMANT, 73V
HERMET, 83V
HERNU, 104V
HEROGUEL, 107R
HEROGUELLE, 97V
HERSE, 109R, 144R
HESPEL, 151R
HIBON, 140R
HIERRE, 17V
HIEZ, 145V
HIGLIN, 64V
HIRACHE, 71V
HOCHART, 57V, 65R, 172V
HOCHEDE, 54R
HOCQUE, 75V
HOCQUET, 5V, 105V
HODOYER, 92V, 163R
HOET, 54R
HONORÉ, 53R, 85V
HONOREE, 71V
HOQUET, 57V, 59R, 105R
HORDEQUIN, 12R
HORTE, 166R
HORTILLE, 145V
HOST, 167V
HOUBRON, 39R
HOUDAR, 110R
HOULIER, 4R, 121R, 130V
HOULIEZ, 55R, 64V
HOUPLAIN, 72R, 126V, 162V
HOURDEL, 46V, 72R
HOURIER, 62R, 101R, 118R
HOURIEZ, 81V, 89V, 92V
HOUVRE, 45V
HOWEL, 153V
HOYEZ, 109V
HUBERT, 78R, 84V, 136V, 149V
HUCLIER, 88V
HUCLIEZ, 33V
HUET, 117R
HUGOT, 72V
HUMEZ, 127V
HUNET, 62R, 75V, 82V, 97R, 110R, 170R
HUNEZ, 25R
HUON, 15R
HURE, 9R
HURET, 3V, 69V, 96R, 130R, 131V, 144R, 165V, 170V
HURIAUX, 63V
HURTEAU, 32R
HURTEAUX, 22R
HURTREL, 52R
HUSTIN, 9R
HUY, 122V
HYART, 169R
IGEZ, 58R
IVAIN, 80R
IZAMBAR, 94R
IZAMBARD, 96V, 103V

IZAMBART, 23V
JACOUCY, 153R
JACQUEMONT, 130R
JARDIN, 92R
JEROME, 144R
JOLY, 49V, 112V
JONCQUE, 102V
JONCQUELLE, 102V, 103R
JOSSEE, 57R, 57V
JOURDAIN, 5V, 79V
JUGNIER, 103V
KEYSEBECKE, 157R
KROMPHART, 15V
KUHNMINICH, 160V
LABALETTE, 59V
LABBE, 170R
LABOURÉ, 108R, 108V, 120V, 144V
LABROUCHE, 78R
LACAILLE, 154V
LACOSTE, 68R
LACOUTURE, 46R, 72R, 114R
LACRISTEREIN, 162R
LADERRIERE, 35R, 144R
LAFFON, 12R
LAFILET, 162V
LAFOND, 65V
LAFUE, 153R
LAGACHE, 13V, 14R, 41V, 85R, 156R
LAGNEZ, 151R
LAGNIER, 131R, 173R
LAGUILLIER, 49R
LAHOUSSE, 30R
LAIGLE, 154V
LAINE, 25R, 108R
LAIRE, 12R
LAISNEZ, 91R
LALLART, 14R, 99V, 100V, 143R
LALLEMAND, 145V
LALLEMANT, 105V
LALLIER, 73R
LALLO, 97R
LALOUX, 115V
LALY, 72V
LAMBERT, 11V, 39V, 50V, 64R, 66R
LAMOTTE, 146R, 146V
LAMOURETTE, 24R
LAMOUREUX, 14V
LANCEL, 4V, 156V
LANCON, 145V, 146V
LANCRY, 144V
LANDRON, 93V
LANDRU, 93V
LANES, 88V
LANGLOY, 134V
LANGRENE, 65R, 108V
LANGUEBIEN, 131V, 145V, 157V, 167V
LANIER, 36R
LANQUIT, 145V
LANSEL, 32V, 101R
LANSELLE, 39R
LANSIARRE, 83V
LANTÉ, 165V
LANTOINE, 43V, 95V
LAPARRE, 44V
LAPIERCE, 103V
LAPIERE, 142R
LAPORTE, 98V
LARIVIERE, 115V
LA ROCHE, 163V
LASALLE, 2R

LAURENT, 125R
LAVALLE, 30V, 34R, 35V, 51R, 133V, 152V, 164V
LAVALLEE, 27R, 64V, 89R
LAVENU, 129V
LAVESNE, 73V
LAVIGNE, 3R
LAVOINE, 110R, 111R
LAWRE, 158V
LE BARBIER, 73R
LEBAS, 87V
LEBEAU, 143V
LEBLAN, 51R, 90V
LEBLANC, 13R, 37R, 43V, 71R, 146R, 171V
LEBLON, 150R
LEBLOND, 74V, 122V
LEBON, 85V, 114R
LEBORNE, 64R
LEBRON, 155R
LEBRUN, 1R
LE CARON, 42V
LECLERCQ, 4R, 10V, 11V, 46R, 79V, 86V, 87R, 87V, 98R, 105V, 124R, 145R, 145V, 146V, 147V, 156R
LECOCQ, 40V, 170V
LECOINT, 111R
LECOINTE, 66V, 94V, 108R
LECOMPT, 28R
LECOMTE, 36R, 67V, 69R, 73R, 112V
LECREUX, 76V
LECUIEN, 142R
LECUIRE, 26V
LE CUTIER, 168V
LEDIEU, 74V
LEDRU, 20V, 28R
LEFEBVRE, 2R, 16R, 17R, 25R, 28R, 39R, 49V, 54V, 59V, 60R, 61R, 66V, 76R, 82V, 101V, 123V, 124V, 131R, 136V, 138V, 143R, 150R, 153V, 157V, 158R
LEFEBVRE DUPREY, 55R
LEFEL, 46R, 84R
LEFETZ, 117R
LEFEVRE, 170V, 172R
LEFLON, 27R, 35R, 146V
LEFORT, 71R, 129R
LEFRANC, 71V, 123V
LE FRANÇOIS, 52R, 139R
LEGAR, 7V, 42R, 77V
LEGARD, 96V
LEGAY, 145V, 163R
LEGENTIL, 96V
LEGER, 2R, 60R, 162R
LEGLAND, 160V
LEGRAND, 5R, 7R, 25V, 35R, 53V, 55R, 60R, 61R, 78R, 78V, 111V, 113R, 118R, 128R, 138R, 144V, 146V, 147V, 153V, 155V, 169R
LEGRIS, 2R
LEGROS, 93V, 167R
LEGROUX, 155R
LEHECQ, 134V
LEJOSNE, 40V, 90V, 91R, 142V, 151V
LELEU, 45V
LELON, 40R
LELONG, 11R, 33R, 106R
LEMAIRE, 10R, 75V, 86R, 86V, 97V, 98V, 107R, 125R, 128R, 128V, 129R,

130R, 135V, 136R, 144R, 149R, 154V, 159R, 159V
LE MARCHANT, 90R
LEMIRRE, 79R, 79V
LEMOINE, 12R
LENAIN, 145V, 156V
LENFANT, 103V
LENGLET, 3R, 5R, 5V, 8V, 63V, 87R, 94R, 109V, 113R, 119V, 163R
LENGRENE, 137R
LENOIRE, 11R
LEON, 89V
LEPAGE, 69R, 159R
LEPETIT, 133R
LEPINOY, 162V
LEPINTE, 145V
LEPOIVRE, 74V
LEPOT, 61R, 126V
LEPRAITRE, 130V
LEPRESTRE, 86V
LEPRETRE, 117V
LEPREUX, 145R
LEQUE, 126R
LEQUETE, 4R
LEQUEUCHE, 68R
LEQUEUX, 166R
LEQUIEN, 105R, 156V
LEQUIN, 4R
LERAT, 90R
LERICHE, 4V, 21R
LERICQUE, 42R
LEROEUX, 2V
LEROI, 170V
LEROULX, 146R
LEROUX, 34V, 36R, 48V, 55V, 65R, 74R, 145R, 159R, 163V
LEROY, 19V, 21R, 27R, 41R, 86V, 96R, 116V, 120R, 122R, 139V
LESAGE, 38R, 163R, 167V
LESCHEVIN, 165V
LESOING, 103V, 127V
LESTEVE, 154R
LESTOQUART, 108R
LESUEUR, 39R
LESUR, 171R
LETELLIER, 103V
LETIERCE, 117V, 146V, 166R
LETOMBE, 43R, 57R
LE TROUBLON, 122R
LE VAILLANT, 82R
LEVEE, 117V
LEVIER, 69V
LEVRAY, 15V, 52R, 76R, 96R, 101R, 146V
LEVREL, 6R
LHERMITE, 104R
LHOMME, 106R, 130V, 131V, 145R
LHOSTE, 16R
LIBER, 114V
LIBERSALLE, 129R, 165R
LIBERT, 33R, 80V
LIBESSART, 162V
LIEBERT, 133R
LIEGEOIS, 122V
LIEPPE, 57R
LIEVAL, 100R
LIEVRE, 20R, 113V, 136V, 166V
LILEU, 105V
LISAMBER, 138V
LOBEZ, 54V

LOCQUET, 120R
LOGER, 13V
LOGEZ, 83R, 88R, 108R, 120V
LOIR, 71R, 119R, 136R
LOISE, 145V
LOMBART, 25V, 39V, 42V
LONGATTE, 10R
LONGUEVAL, 152R
LOQUET, 95R, 150V
LOTH, 46R, 72R
LOTTIN, 31R
LOUCHAN, 122V
LOUCHET, 10R
LOUETTE, 23R
LOURDEL, 115R, 135R, 145R
LUCAS, 4R, 74V, 91V, 119R, 173R
LUNE, 58V
LUNS, 65V
MACAUX, 90V
MACMAHON, 53V
MACQ, 111V
MACRON, 94V, 170R
MAGNIEZ, 167R
MAHIEUX, 141V
MAHY, 148V
MAILLE, 22R, 38V, 85V, 110R, 114R
MAILLOT, 146V
MAILLOUX, 69R
MAIRESSE, 148R
MALBRANQUE, 60R, 111R
MALET, 8R
MALHERBES, 12R
MALLET, 101R
MALPAUX, 158R
MANCHON, 137V, 152V
MANESSIER, 60R
MANIER, 145V, 155R
MANIEZ, 80R, 152R
MANNE, 82V
MANNIER, 118R
MANOEUVRE, 153V
MANRERIN, 160R
MARCAU, 153V
MARCHAND, 71V, 157V
MARCONNOT, 11R
MARGRETTA, 157V
MARMUS, 10R
MARQUAND, 82R
MARQUIS, 156R
MARQUISE, 93V
MARSY, 68R
MARTEL, 3V, 173R
MARTIN, 2V, 3R, 30V, 108R, 113V, 137V, 146V, 159R
MARY, 83R, 165R
MAS, 93R
MASINCQ, 9V
MASSE, 15R, 62R, 68R
MASSIN, 152V, 173V
MASSON, 151V
MASSY, 1R
MAST, 143V
MATHIEU, 133R
MATHON, 67V, 86R, 87R, 138V
MATIE, 165R
MATIFA, 158V
MATIS, 60R
MAUFLINE, 124R
MAUGIN, 126R
MAURICE, 142V

MAY, 91R
MAYEUR, 100V, 137R
MAYOUL, 54V, 113V
MEAUPAIN, 124R
MELLOT, 114R
MELQUION, 92R
MENBEUF, 154V
MENSIER, 149V
MERCIER, 37V, 114R, 125V,
  129R, 145V
MERGÉ, 173V
MERLIN, 61V
MERVILLE, 56R
MESSIER, 65V
METZ, 162R
MEURISSE, 86V
MEYER, 81R
MEZERIN, 143V
MICHAULT, 152V
MICHAUX, 105R
MICHEL, 70V
MICHON, 159R
MIELET, 126V
MIGNION, 109R
MILLERIN, 81R
MILON, 143V
MILOT, 5R
MILVILLE, 138V
MINART, 6V, 24V, 26R,
  30V, 33V, 39R, 90R, 91V,
  106V, 108V, 138R, 140V,
  153V, 168V
MIQUÉ, 120V
MISE, 161V
MOCOMBLE, 85R
MOCQUANT, 48V
MOINARD, 122V
MOLIN, 13R, 121V
MONARD, 64V
MONCHAUX, 146R
MONCHEAUX, 16R
MONCHIEZ, 91V
MONCHY, 24V
MONCOMBLE, 45V, 145V
MONEL, 81V, 157V
MONET, 72R
MONIER, 3R
MONIEZ, 94R
MONMOUTON, 59R
MONPETIT, 97V, 135V
MONTAGNE, 26R
MONTALAUT, 146V
MONTFORT, 8R, 13R
MONTFROID, 15V
MONTIGNY, 42R
MONTOY, 51R
MONVOISIN, 39V, 41R,
  61R, 69R, 142V, 146V,
  163R
MORAND, 111V, 148R
MORDACQ, 17V
MORDILLAT, 59V
MOREL, 2V, 11R, 22R, 60R,
  103R, 116R, 130R, 142R,
  150V
MORELLE, 59R
MORIAUCOURT, 9R
MORISET, 149V
MORONVAL, 86R
MORTREUX, 132V
MOUCHE, 95R
MOUILLARD, 121V
MOULIN, 111V, 145V
MOUQUET, 109R
MOUTHIRON, 147V
MOUTIRON, 60R

MOUTON, 108R, 116V,
  125V, 140R
MULLER, 164R
MULLET, 51V, 141R
MURY, 165R
MUSQUINEL, 161R
MUSQUINET, 12R, 12V
NAVE, 1R
NEAUPORT, 43R
NEPVEU, 116R
NEVEU, 60R
NEVEUX, 132V
NICOLAS, 109V
NICOLE, 58R
NICOLLE, 146V
NIEPPE, 72R
NIOLET, 78R
NOBLET, 7R
NOEL, 100R, 133R, 134V
NOIRET, 33R, 74V, 101R,
  145V, 146R, 153V
NONGEANT, 160V
NONJEAN, 34R, 162V
NORMAND, 146V
OBERTI, 132V
OBRON, 23V
OBRY, 130V, 132R
OCCRE, 157R
ODOUL, 14V
OGIER, 72R
OMBREUX, 146V
OSSART, 120R, 165V
OUDART, 132V
OUDIN, 102R
PACOUX, 152R
PAIX, 124R
PAJOT, 16R, 76V, 165R
PALYART, 92V
PAMART, 44R
PAPILLON, 93R
PARADIS, 102R, 102V
PARENT, 53R
PARMENTIER, 131V
PARSY, 154V
PATER, 92R
PATTE, 36R
PATURAUX, 4V
PAVY, 69V, 88V, 111R
PAYEN, 26V, 44R, 63V,
  106V, 143V, 158R, 158V
PECHENA, 98V
PECQUEUR, 22R, 25R, 38V
PELLERIN, 48R
PENEL, 3V
PENTIL, 159V
PERIN, 76V, 169V
PERLIN, 23R
PERO, 49R, 58V, 160R
PERRIN, 48R
PERSONNE, 2R, 98V
PESÉ, 132R
PETIT, 2R, 5R, 18R, 59R,
  62R, 65V, 67V, 73R, 77V,
  78V, 81V, 97V, 98V, 99V,
  114R, 142R, 145V, 146V,
  154R, 155R, 155V, 158V,
  166V
PETITPREZ, 115R
PEUGNET, 25V, 76V, 84V,
  142R
PHILIPPE, 57R
PIANT, 137R
PICART, 112V
PICAVET, 119R
PICHON, 105R
PICQUETTE, 149V

PIERON, 17V, 145V
PIERRE-PONS, 32V
PIERREPONT, 44V
PIERREQUINT, 26R
PIERRON, 136R
PIGACHE, 99R
PIGOT, 112V
PINTE, 59R, 86V
PINTHIAUX, 166R
PIOT, 62R
PIRON, 11R
PIRONT, 74V
PITEUX, 13R, 51V, 52R,
  63V, 86R, 86V, 104R,
  146V, 151V, 166V
PLAISANT, 63R, 107R,
  107V, 115V
PLANCHON, 115V
PLANQUETTE, 4R, 33V,
  41V, 135R
PLASSAN, 88R
PLATEVOES, 19V
PLESSIS, 129R
PLOUVIER, 6V, 19R, 33R,
  67R, 73R, 130R, 167R,
  171R, 172V
POCHON, 141V
POCLET, 108R
POILLIART, 85R
POIRET, 51R
POITEAU, 11V
POLLET, 77V, 84R, 112R,
  140V, 155V
PONSIGNON, 48R
PONTHIEU, 146V
POPELIER, 149V
PORION, 130V
POTDEVIN, 12V
POTEVIN, 46V
POTIER, 71R, 119R
POTTIER, 70V, 110R
POTVIN, 28V
POUCHIN, 70R
POUILLAUDE, 80R
POULAIN, 32R, 96R, 130R
POYART, 1R
PRANGER, 77R, 131V
PRAUD, 32V
PREVOST, 3R, 77V, 125R,
  142R
PRIEUR, 174R
PRINGUE, 161V
PROCUREUR, 84V
PRONIER, 93R
PROUILLE, 49V, 129V,
  131R, 148R, 161R
PROUVE, 163V
PROUVEST, 6V
PROUVOST, 79V
PROYART, 25V
PRUNE, 66R
PRUVOST, 116V, 146R,
  151V, 163V
QUAISAIN, 69V
QUAISIN, 125V
QUECKER, 169V
QUENEL, 168V
QUENEUTTE, 145V
QUERSON, 115V
QUERTEMONT, 49V
QUEVA, 162V
QUIERNY, 119V
QUIEVAL, 27R
QUIGNION, 145V
QUIGNON, 134R, 140R,
  146V, 158R

QUINGNART, 133R
QUINT, 41V
RAIMONT, 87R
RAMETTE, 124V, 158R
RANSON, 16V
RAU, 133R
RAYEZ, 92V, 162V
RAYMONT, 83V, 153R
REDOUTE, 104V
REGNAULT, 62R
REGNIER, 116R
RENAUT, 137V
RETZ, 5R
REVER, 114V
REVILLON, 56R
RIBOLET, 7R
RICHARD, 23V, 103R
RICHEBÉ, 154R
RIDDER, 124R, 133V
RIDON, 161R
RIGAUX, 65R
RIMBERT, 155V
RINGOT, 161V
RISCHEBÉ, 154R
RIVAUX, 5R, 166V
RIVIERE, 116R
ROAU, 59V
ROBBE, 69R
ROBERT, 150R
ROBILLARD, 89V
ROBINE, 38R
ROBIQUET, 5V, 9V, 20V
ROBRIQUET, 106R
ROCHE, 75V, 79V, 126V
ROGER, 4R, 13R, 16R, 78V,
  98V, 101V, 122R, 160V,
  168R
ROGEZ, 94R, 113R
ROGIER, 132V, 163V
ROHANT, 132V
ROHART, 53R
ROHAULT, 157R
ROSE, 102R, 119R
ROSELLE, 145V
ROSSUE, 82R
ROUART, 82R
ROUCHE, 64V
ROUGEAU, 48V, 126V
ROUGET, 126V
ROULIER, 43R
ROUSSEL, 74R, 85R, 107V,
  135R, 154V, 162R, 171V
ROUSSELARD, 57R
ROUSSELLE, 82R, 172V
ROUSSILLE, 95V
ROUTIER, 79R, 85V
ROUZEYROL, 59V
ROYER, 88V
ROZEAU, 151V
RULLIEZ, 134R
RUMAUX, 128R
SACHE, 141R
SADIN, 17R, 146R
SAILLIEZ, 76R
SAINT AUBERT, 28R, 153R
SAINT JEAN, 45R
SAINT LEGER, 20R
SAINT REMY, 81R
SALMON, 3V, 6R, 7V, 9R,
  23V, 105V, 137R, 152R
SALOME, 5V
SAMSON, 163R
SANSON, 97R
SARANA, 161V
SARTIAU, 171V
SAUDEMONT, 106V, 172R

SAUTAY, 32V
SAUTHIEU, 30R
SAUTOY, 18R
SAUVAGE, 24R, 61V
SAVARY, 68V, 163R
SAVIGNAN, 59V
SAVIGNAU, 145V
SAVIGNAUT, 146V
SAVOYART, 104V
SAYON, 84V, 100R, 145V
SCAILLIEREZ, 88V
SCHEIDEGGER, 173V
SCHEISHER, 147V
SCHEU, 160V
SCHILLEMANS, 157R
SCHINITTINES, 147V
SCHLEITER, 165V
SCOUBART, 70R
SCRIBE, 90R, 172V
SEGARD, 145R
SEIGNEURIE, 121R
SELLIER, 73V
SELOMME, 62R
SENESCHAL, 21R
SENS, 87R
SERGEANT, 35R, 140V, 159V
SEVIN, 14V, 19R, 46V
SIBEL, 134R
SIMOIS, 106V
SIMON, 16R, 49V, 145V, 172V
SIX, 154V
SOHIER, 12V
SOLON, 106V, 117R, 155V
SOTHIEU, 21R
SOUALLE, 146V, 148R
SOUFFLET, 148R
SOUILLART, 129V
SOULIER, 146V
SOYON, 146V
SPINEUX, 168R
STAPART, 56V
STASSY, 142R
STIENE, 19V, 20R
SUEUR, 79V, 80R
TABARY, 15R, 127R, 150R
TAFFIN, 80V, 81V
TAQUET, 106V
TARAUGET, 29R
TARGEZ, 152R

TARLIER, 148V
TASSIN, 146V
TAVERNIER, 35R, 95R, 136V
TELLIER, 86V, 139R
TELLIEZ, 53V
TERGUET, 146V
TERNINCK, 55R
TESTART, 14R, 169R
TETART, 63V
TEYSEDRE, 40R
THELLIER, 56V
THERET, 77V, 89R, 142V
THERIE, 116R
THERIEZ, 22V
THERY, 9V, 43V, 48V, 104R, 132R
THIBAULT, 31R
THIEBAUX, 145V
THOMAS, 112R, 149V, 158V, 164V
THONIN, 47R
THOREL, 6R
THORIGNY, 1V
THORIN, 81V
THUILLIER, 67R, 145V, 146V
TILLETTE, 157R
TILLOY, 121V
TINMINE, 93R
TISON, 136R
TISSERAND, 145V
TOBOIS, 159R
TORIN, 47V, 48R
TOURBET, 143V
TOURSEL, 19R, 30V, 147V
TOUSET, 146V
TOUZET, 141R
TRANIN, 32V
TRANNIN, 44V
TRANNOY, 28V, 79R
TRAYER, 71R
TREHOUX, 43V
TREMOUTEL, 98V
TRIBOULET, 89R
TRICAU, 110R
TRIO, 22V
TURLURE, 15R
TUVIGNEZ, 122R
VAAST, 32R, 62R, 71V, 133R, 161V

VACHE, 156V
VAHÉ, 29V, 74V, 146V
VAILLE, 153R
VAISSIAU, 142V
VALET, 24R, 30R, 30V, 47R, 120V, 138V
VALLE, 149V
VALLET, 9R, 62R, 128V
VALLOIS, 159V
VANAHEERDE, 173V
VANDACLE, 37R
VANDENEN, 70V
VANDERMEULEN, 82R
VANGLE, 140V
VANHEGHE, 112V
VANHEKE, 7V
VANHOLLEWINCKEL, 7V
VANLANTHEM, 36R
VANLATHEM, 36R
VARET, 18V
VARIER, 169V
VASSE, 43V
VASSEUR, 4V, 14R, 26V, 41V, 49R, 82R, 85R, 107V, 137V, 141R, 142V, 145R, 149R, 165R, 169R, 172V
VAST, 136R
VATELLE, 118R
VATTELOT, 4V
VAUCLIN, 24V, 121R
VAUDEVILLE, 150V
VAUX, 96V
VEDEUX, 135R
VEDY, 97V
VEIRAQUET, 122V
VENNIN, 19V
VERELLE, 82V
VERGET, 145V
VERGNAUD, 168R
VERMEIL, 131R
VERMEILLE, 58R
VERNOY, 92R
VERNY, 55R
VERRET, 167V
VICHERY, 65R, 171R
VIDOCQ, 110R
VIELLE, 106V, 172R
VIGNIER, 18R
VIGNY, 29V, 146V
VILLETTE, 124R
VILLIN, 86R

VIQUART, 36R
VITASSE, 10R
VITU, 4V, 44R
VIVET, 145V, 159V
VOIER, 23R
VOITURIER, 18V
VOTURIER, 131R
VREEL, 145V
WAAST, 36R
WACHE, 128R
WACHEUX, 93V, 147V, 170V
WAGON, 146R, 159R
WAIMEL, 1R
WALDIN, 162R
WALET, 84V
WALLE, 95R, 145R, 146V, 150V, 164V
WALLIN, 64V
WALMERAD, 161R
WALTON, 20V
WANOSTAL, 123V
WANTISSÉ, 32V
WAQUEZ, 164R
WAQUIEZ, 25V
WARIN, 141R
WARMONT, 171R
WARNIER, 143R, 143V
WARNIEZ, 44R
WARTEL, 29V
WATEL, 25R
WATELIER, 106V
WATELLE, 9R, 38V
WATERLOT, 154V
WATISSET, 138V
WAVELET, 96R, 126R
WAVRIN, 60R, 111R
WEMEL, 14R
WERTERLIN, 88R
WIART, 17V
WIGNAN, 123V
WILLEBERTHON, 116V
WILLEMETZ, 129V
WILLEREZ, 139R
WILLIEN, 104V
WINGLAY, 74V
WIPAR, 145R
WISCAT, 119R
WUIMEN, 160V

Didier BOUQUET 2021